国家治理现代化视野下的政府间财政关系治理机制研究

赵福昌　著

中国财经出版传媒集团
中国财政经济出版社
·北京·

图书在版编目（CIP）数据

国家治理现代化视野下的政府间财政关系治理机制研究／赵福昌著. --北京：中国财政经济出版社，2024. 2

ISBN 978－7－5223－2641－2

Ⅰ. ①国…　Ⅱ. ①赵…　Ⅲ. ①财政关系－研究－中国　Ⅳ. ①F812

中国国家版本馆 CIP 数据核字（2023）第 246215 号

责任编辑：王芝文　　　　责任校对：胡永立
封面设计：陈宇琰　　　　责任印制：史大鹏

国家治理现代化视野下的政府间财政关系治理机制研究
GUOJIA ZHILI XIANDAIHUA SHIYEXIA DE ZHENGFUJIAN CAIZHENG GUANXI ZHILI JIZHI YANJIU

中国财政经济出版社 出版

URL：http：//www. cfeph. cn
E－mail：cfeph@ cfeph. cn

社址：北京市海淀区阜成路甲 28 号　邮政编码：100142
营销中心电话：010－88191522
天猫网店：中国财政经济出版社旗舰店
网址：https：//zgczjjcbs. tmall. com
中煤（北京）印务有限公司印刷　各地新华书店经销
成品尺寸：170mm×240mm　16 开　13. 75 印张　220 000 字
2024 年 2 月第 1 版　2024 年 2 月北京第 1 次印刷
定价：68. 00 元
ISBN 978－7－5223－2641－2
（图书出现印装问题，本社负责调换，电话：010－88190548）
本社质量投诉电话：010－88190744
打击盗版举报热线：010－88191661　QQ：2242791300

序　　言

央地关系是一个古老的主题，处于不同历史阶段和文化社会背景下的国家内部形成了不同的央地关系，形塑着不同国家的治理架构，决定着不同国家的兴盛败亡。央地关系作为一个国家的基础性制度安排，是现代国家治理领域最为重要的关系链条之一（刘尚希，2015；高培勇，2018），对于政治稳定、经济运行、社会治理等方面都具有重大影响。财政是国家治理的基础和重要支柱，央地财政关系是央地关系的基础和枢纽，也是财税体制的主体。治理的核心是多元共（善）治。健全治理机制，发挥治理效能，调动不同层级政府的积极性，是财政治理和央地财政关系治理的核心。

本书沿着中国经济体制改革的脉络，梳理了新中国成立后央地财政治理改革的演进历程。计划经济体制向市场经济体制转轨的过程，实质上是资源配置方式转换的过程。从大一统的计划经济依托“条条”计划来配置资源，转向形塑市场主体、基于市场价格、依托“块块”特别是独立自主的市场治理主体来配置资源，经济体制以及资源配置方式的转变，体现了重要的治理机制的转变。央地财政关系改革恰是这种治理机制的重要体现。

分税制改革是央地财政关系治理的重大改革，释放了重要的制度红利，但激励机制日益面临挑战。计划经济体制时期大一统的财政体制，有利于发挥集中力量办大事的体制优势，但是利益“大锅饭”问题日益制约着相应主体的积极性发挥。尽管我们有多次行政性分权放权改革探索，但主要放的是经济管理权，并未形成地方政府利益主体，也没有形成地方政府“剩余索取权”的框架，改革在“放乱收死”中反复探索，没有解决根本问题。破除利益“大锅饭”、形塑利益主体、向市场经济转轨是重塑治理机制的重大举措。如何在社会主义制度下搞市场经济，并没有现成的经验可借鉴，因此，我们基于摸着石头过河的逻辑，在借鉴西方分权理论的经验基础上推进央地财政关系改革，实行了分税制财政体制。分税制突破了经济管理权，涉及收益的“剩余索取权”分配，进行了真正分权意义上的改革，释放了制度的红利，调动了“两个”积极性。但经过二十多年运行，特别是随着经济增速换挡，地方增量调节空间收窄，分权治理改革的激励约束机制面临挑战，权责匹配机制如何健全，就成为央地财政治理面临的新问题。

不同体制下分权理论的逻辑有共性方面，但是，西方分权理论是建立在个人主义的逻辑基础上的，中国的分权是建立在集体主义的逻辑基础上的——在体现分权理论共性理念的基础上，风险的化解和出清等确有不同机制，最终导致的经济社会走向也会不同。在中国既定的“中央决策、地方执行”的前提下，如何形成中国特色的央地财政治理机制，调动两个积极性，既要激励发展的内生动力，又要防止道德风险，是国家治理现代化背景下央地财政治理改革面临的重大课题。

本书在描述央地财政关系内涵的基础上，梳理了财政收入、支出及转移支付改革演变的脉络，分析了央地财政治理改革推进的逻辑线索，并聚焦国家治理现代化的背景下，对如何匹配“中央决策、地方执行”要求推进央地财政治理改革，提出了自己的观点。本书围绕事权要素划分、权责内洽的治理机制机制进行了积极探索，以及结合预算改革推进的地方“大财政大预算”改革，是基于中国国情、具有中国特色的央地财政治理改革的积极探索，是理论自信的重要体现，对于理论深化和实践改革具有重要的现实意义。

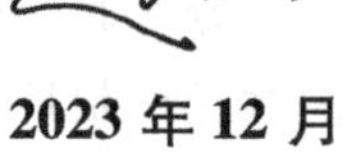

2023 年 12 月

目　　录

第一章

央地财政关系的内涵*

财政是国家治理的基础和重要支柱，科学的财税体制是优化资源配置、维护市场统一、促进社会公平、实现国家长治久安的制度保障。

财税体制中的央地财政关系，即中央与地方之间的财政关系（也被称为“财政体制”），是央地关系的核心内容，是财税体制的基石。放在央地关系中来考察，财政是国家权力结构的重要枢纽，是国家治理的基础性制度安排。

第一节　央地财政关系的含义

一、央地关系的内涵

央地财政关系是央地关系的基础和枢纽，央地财政关系的内涵需要放在

* 本章参见刘尚希、赵福昌、孙维：《中国财政体制；探索与展望》，《经济研究》2022 年第 7 期。

央地关系的整体中来把握。

央地关系，即中央和地方关系，是中央权力机关与地方权力机关之间的职责、权力与资源分配的关系。央地关系是一个多层面、多角度的体系，是现代国家治理领域最为重要的关系链条之一（刘尚希，2015；高培勇，2018）。央地关系是一个国家的基础性制度安排，对于政治稳定、经济运行、社会治理等方面都具有重大影响，是政治、经济、社会、法律等学科的重要研究对象（吕冰洋，2019）。中西语境中的“地方”，含义有别，西方国家的地方（local），多指基层政府，比如美国是指联邦、州、地方三级关系中的地方；中国语境中的地方，则指与中央相对的地方，即“中央以下的政府”（subnational）。

央地关系研究基于关系主体、关系实质及关系内容（领域）有不同侧重。就央地关系的主体而言，学界有不同认识，有的仅指中央和地方政府，有的仅指中央和地方的政权机关，有的仅指党中央国务院或地方党委政府，还有更宽泛的理解，包括政权机关和政权机关之外的人民（嵇雷和巨英，2009）。认识不同反映了关于国家权力范围的不同理解，广义国家权力包括立法、行政、司法在内的权力，中国特色的权力结构还包括监察权；狭义的国家权力则仅指国家行政权力。从央地关系的实质看，有利益关系（国家利益和地方利益之间的关系）、权力关系（一定的国家权力组织形式下的央地间权力分配及统属关系）和权利义务关系（具有隶属关系或监督指导关系的央地国家机关主体，在行使国家权力和地方权力时依法形成的权利义务关系）等不同研究视角（嵇雷和巨英，2009）。从央地关系内容或领域看，包括中央与地方政治关系、经济关系和法律关系，三者是相辅相成、不可分割的，经济关系是央地关系的基础，政治关系是央地关系的核心，法律关系是央地经济政治关系的规则形式（即法制化）。平常语境中的央地关系，多从关系内容或领域展开，并兼顾关系主体和关系实质。

央地关系也可从公共管理或公共治理维度来认识。在中国转轨过程中，有学者从政府管理层级来探讨，如立足中国五级政府、五级管理基础上的扁平化改革思路（贾康和白景明，2002）。随着实践中认识的深化和财政定位为国家治理的基础和重要支柱，也有学者从治理角度提出“两级治理、五级管理”的新认识，基于中国宪法和历史传承，纵向的国家治理结构是中央、地方两级，国家的公共权力不是均匀地在各级政府之间划分，有些权力只在中央与地方之间划分，在地方的省、市、县、乡之间不能再继续划分，如立法权、司法权等（刘尚希，2015）。因此，从管理的角度，央地关系也称为政府间关系，立足于中央与地方政府间财政关系，覆盖中央、省、市、县、乡之间的关系。从治理的角度，政府间关系则分为两个层次：一是央地关系，二是地方省、市、县、乡之间的关系。第一层次是国家层面的关系，第二层次是地方层面的关系，地方拥有一定的可以因地制宜的自主权。

央地关系的内容包括政治关系、经济关系和法律关系。央地政治关系，涉及国家主权问题，包括立法权、行政权、监察权、司法权，在中国呈现为党统一领导下的四权并立。在立法权层面，国家立法权由民意代表权力机关行使，包括制定和修改基本法律，以及授权政府制定行政法规；行政权是指由国家或其他行政主体担当的执行法律，对行政事务实施主动、直接、连续、具体管理的权力；监察权则由相应监察主体根据职责对相应事项进行监察；司法权属于检察、审判机关。央地经济关系，指税源、转移支付、灾害救援和支出责任的划分关系，以及基于国家或政府所有权及其资源占有、使用、处分和收益归属等方面的财产关系。央地财政关系与之最为直接、最为紧密，也可以说，央地经济关系是以财政关系为载体的。财政是国家赖以存在的物质基础，由此延伸来看，央地经济关系直接体现在财政资源的配置上。我国作为公有制为主体的社会主义国家，央地经济关系与国家所有的资源、资产、资金以及国有企业紧密联系在一起，涉及所有权权能和国有企业管辖层次的划分关系。这种央地经济关系只有以公有制为主体的国家才独有。“土地财政”问题就是由此衍生出来的央地财政关系，成为我国市场化、工业化和城市化过程中国有资源资本化、金融化的典型样本，也成为央地财政关系中的重大问题。财政资源配置承载着央地经济关系，其理念逻辑既遵循经济学，也超越经济学，需要基于国家治理效能来实现央地之间的有效配置，其基准不是单一维度的经济效率，而是公共风险最小化，基于公共风险的对冲来配置财政资源（刘尚希等，2018）。央地法律关系，指规范央地政治关系、经济关系中的主体资格及其权力（权利）和责任（义务）关系的一种社会形式，这既是央地政治关系的延伸和拓展，体现政治主张和国家意志，也是对公共权力央地划分、行使的制衡和约束，其中自然包括了央地财政法律关系。从世界范围来观察，不少国家的央地财政法律关系都通过位阶较高的法律作出规定，甚至在宪法中直接体现。

央地关系是一个古老的主题，处于不同历史阶段和文化社会背景下的国家，形成了不同的央地关系，如历史上的领主国家、封建国家、中央集权国家等。领主国家“建立了庞大的军事的和掠夺的机构，但是把大部分地方的管理留给保持高度自治的地方豪强”（查尔斯·帝利，2007）；对于中央集权的郡县制国家，“秦汉以来，地方政府共分为两级，郡和县……中国历史上的地方行政，一向推崇汉朝，两汉吏治，永为后世称美”（钱穆，2001）。此外，还有城邦国家、贡赋国家等多种形式，分别呈现着不同的央地关系特点。

资产阶级民主革命以来，人民的国家权力主体地位得以确立，“主权在民”成为现代国家的共同形式特征。但基于权力、权利来源的逻辑基础不同，国家及央地关系呈现不同形式。以公民权利让渡（社会契约论）形成的国家（洛克，2016；卢梭，2017），特征是个人主义至上（始于约翰·洛克，经亚当·斯密、埃德蒙·柏克发展，得到弗里德里希·哈耶克进一步强调），以此为基础建构的国家，无论是联邦制，还是单一制，多具有地方自治特征；以集体主义为基础形成的国家（马克思和恩格斯，2009），则具有中央集权国家的特征，强调国家权力的人民性，以及用于追求美好社会的天然正义性。国家权力属于人民，但不是基于社会契约的个人权利让渡，而是人民赋予国家权力。现代国家建构无论是基于个人主义逻辑还是集体主义逻辑，都否定了“公权神授”，而肯定了“公权民授”。尽管国家组织形式多种多样，但大国都面临央地关系如何处理的问题，涉及政治、经济、社会等多个维度，并通过高阶法律加以界定。据对世界193个国家的宪法进行统计分析，我们发现其中关于央地财政关系的规定，在一些联邦制国家宪法中更是明显（谭波，2016）。不管什么样的国家，央地关系都体现在央地职权和央地财权、财力和支出责任的划分上，即通常我们说的“事”和“钱”的关系（刘尚希等，2021）。

二、央地财政关系的内涵

（一）央地财政关系

央地财政关系，在中国语境下也称财政体制，指事权、财权（力）、支出责任等要素在央地之间配置的制度安排及相应机制，是财政学基础理论和财税改革的核心内容。在不同时期，学界对财政体制作了广泛探索，较早期的看法认为，财政体制是国家组织财政收支，进行财政管理，划分各级政权之间的权、责、利关系的制度（戴园晨和徐亚平，1992）。分权意义上的央地财政关系，如中国1994年实行的分税制财政体制，则是指在合理划分各级政府事权范围的基础上，主要按税收来划分各级政府的预算收入，各级政府预算相对独立，负有明确的平衡责任，各级政府间的财力差别通过中央政府向地方政府，以及上一级地方政府向下一级地方政府通过转移支付制度进行调节（楼继伟，2013）。

事权、财权、财力、支出责任要素配置是央地财政关系安排的核心。中国理论界从经济视角广泛研究央地财政关系，始于改革开放后“分级财政”的改革探索，财政管理的集中与分散问题从根本上说也是正确处理责、权、利关系问题，具体包括财政责任、财政权力、财政利益三个方面的内容（何振一，1985）。随着“放权”（行政性分权）转向“分权”（经济性分权），中国财政体制改革引入分税制，政府间财政关系有了制度保障，央地财政关系的改革定位经历了“事权与财权相匹配”“财力与事权相匹配”“事权与支出责任相适应”三个阶段，每个阶段都体现了我们对体制改革认识的深化。

事权，是指管理事务的权力，学界关于事权的认识，可归纳为两种立场：一是将事权解释为政府的职能或职责，“事权是指各级政府的职权”（楼继伟，2013）；第二种立场，则不再局限于事权本身的概念描述，而是试图通过核心的概念类比和转换来明晰相应的内涵，认为“事权等于支出责任”，有的学者解释道：“通常来讲，当述及财政活动和政府公共收支时，多使用‘支出责任’（expenditure responsibility）；当论及政治统治和政府强制时，多使用‘政府权力’（government power）”（冯兴元，2010）。我们认为，事权是一级政府在公共事务和服务中应承担的任务和职责，支出责任是政府承担的运用财政资金履行其事权、满足公共服务需要的财政支出义务。对于委托性事权而言，支出责任和事权执行主体则不自然对应。

事权范围，基于国家权力而言，广义的事权包括立法权、行政权、司法权，在中国还强调监察权，这是从应然角度讲的；但是，从实然角度讲，关于央地财政关系的讨论，多聚焦在狭义的事权概念，即聚焦在行政权上。事权的具体形态，从央地关系来看，则指国家权力在央地间的配置，对应着中央事权、地方事权和共同事权，三者按照一定理论原则进行划分。

财权是各级政府为履行公共服务职能而拥有的财政资金的筹集权与支配权，包括税权（费权）、产权和债权。财力是一级政府在一定时期为履行公共职能拥有的全部可支配财政资金，是财政资源分配的最终结果（财政部干部教育中心，2017）。财权和财力是一对既相互联系又相互区别的概念。一方面，财权对应的财力具有明确性，即有财权一定会对应着相应的财力。但是，财权在内涵上不等同于财力，财权强调“各级财政筹集、支配和使用资金的权力”，其中筹资的权力，包括征税（费）权、财产转让权和发债权，本质上是获取财力的权力，而财力强调“经济力量（多指资金）”，本质上是一种支付能力。财产转让权、发债权、征税权可带来多少财力，呈现一定的不确定性和不可预期性，可获取的财力取决于一定区域的经济增长潜力及其税源变化，并不表明与履行一定事权所需的财力相等同。所以，财权与事权不匹配是常态，而匹配是非常态。发达地区与欠发达地区拥有的财权并无多大差异，而获取的财力则是相差甚远。

财权和财力在体制的安排中各有不同的功能，不能简单地替代。财权的安排有助于发挥地方的主动性和积极性，促进区域经济增长，涵养财源和税源，有助于提升地方的努力程度。但是，地方再努力，各个地方之间的财力差距因经济发展环境、条件的不同而凸显，这就需要在体制安排中通过转移支付来平衡各地方之间的财力。这从结果上保障了地方各级财政能力。因此，在央地财政关系的安排上，财权划分和财力分配需要统筹协同，过于强调财权或者财力在央地财政关系中的地位和作用，都是不可取的。

央地财政关系有集权和分权两种模式。中国历史上高度集权的计划经济条件下，计划指令只有国家一个主体，企业、政府部门甚至地方政府都只能是国家统一计划生产体系中的一个环节和部分（苏东斌，2009）。但这种模式面临着计划信息和个人需求脱节的局限问题（哈耶克，2016），相关主体的积极性不高。为调动积极性，中国在计划经济框架下不断尝试“放权”“收权”改革，后来适应建立市场经济体制改革的要求，理论界提出了从“行政性分权”到“经济性分权”的看法（赵人伟，1987；刘吉瑞，1988；贾康，2013；刘尚希，2015），一直到分税制财政体制。然而在所谓的“行政性分权”阶段，并没有实质上的“分权”，地方政府的主体地位不明确，责权利不清晰，只能称之为“放权”；分税制改革才是真正的“分权”改革，地方政府成为利益主体（刘尚希，2019）。

联邦制国家是分权的典型，故而有“财政联邦主义”的概念。但凯恩斯主义之后，联邦制国家也日渐集权，中央政府的职能不断扩大。从世界发展趋势来看，无论是单一制国家，还是联邦制国家，都失去了纯粹性，它们其实都是单一制与联邦制的某种程度的混合或者兼具两种政体的某些特点，现实中并不存在仅仅是单一制或者联邦制的“纯粹模型”（苗连营和王圭宇，2009）。央地财政关系也是一样，纯粹的集权和分权在现实中是不存在的，一般都是某种程度的集权和分权的组合，其差异性体现在是靠向集权一点，还是靠向分权一点；或者是某个维度集权程度大一些，某个维度集权程度小一些。

（二）央地财政关系的多维内涵

央地财政关系内嵌于一国的政治、经济、法律等基本制度，其内涵会随国体、政体不同而相异，也会随财政定位的变化而调整。如财政联邦主义一度流行，甚至奉为圭臬。在西方国家也随着一次次的经济金融危机而走向财政集权，中央财政收支的占比远高于中国。再如，在理论上，财政的定位超越经济学（许毅和沈经农，1987）上升到国家治理（刘尚希，2015；高培勇，2018），央地财政关系内涵也随之超越了经济学范畴和经济关系，蕴含并协同整合了经济、政治、法律等多维关系。

1. 经济关系

央地财政关系中的经济关系是指中央与地方作为公共资源配置主体之间的关系。央地收入划分、支出划分以及转移支付制度，决定了央地在国家财政收支中的占比、权力责任关系，对地方政府行为产生直接影响，并传导到市场、社会，分配、再分配等各个领域和各个方面。

央地财政关系对国家经济治理具有举足轻重的作用和整体性的影响。一方面，通过事权、财权、财力等要素的安排，为央地公共资源配置奠定基础，让公共资源配置和市场资源配置形成合力，促进经济效率提升。同时，通过政府与市场关系的耦合，明确政府行为规则，促进形成全国统一市场和公平竞争市场环境。另一方面，促进基本公共服务均等化，为区域协调发展提供基础条件。基本公共服务均等化，涉及人力资本积累的平等化，事关不同区域居民的发展机会的公平性。其中还涉及是财力的均等化，还是公共服务的均等化，区域成本差异，是提升基本公共服务均等化过程中不可忽视的基准选择问题，也是央地财政关系中的一个基础性问题。

从传统的经济视角观察，财政关系是经济体制的重要内容。在我国改革开放过程中，财政改革是作为经济改革突破口来看待的。财政改革离不开放权、分权。在计划经济向市场经济转轨过程中，理论界曾一度提出行政性分权（实质上是“放权”）和经济性分权。行政性分权是指在保持指令性计划体系下政府内部分层次计划协调（吴敬琏等，1986；楼继伟，1987），是调动中央与地方两个积极性的一种分权战略（《社会主义产权制度与产权理论》课题组，1991）。经济性分权是指国有企业不再是国家行政机关的附属物，成为自主经营、自负盈亏的经济实体，国家对企业的经济活动不再进行直接控制，而是通过各种市场参数（经济手段）进行间接引导（赵人伟，1987）。体现在央地财政关系上，则强调不是以行政权力协调而是以市场机制为基础，让地方成为相对独立的利益主体，由此形成地方区域之间的经济竞争和财政竞争。20 世纪 90 年代市场化改革之后，政府和企业、中央与地方之间的关系才开始成为主体之间的关系，多元主体的“分权”改革启动，与市场经济发展逻辑相契合的制度安排开始形成。

央地财政关系改革的主要目标是促进经济增长（福利提升）和公平分配。具体来看，一是宏观经济有四大目标：经济增长、物价稳定、充分就业和国际收支平衡，实现这些目标离不开央地两个积极性。这就需要科学合理的央地财政关系。二是促进公平、实现基本公共服务均等化。健全财力与事权相匹配的财税体制，科学界定各级政府的基本公共服务支出责任（楼继伟，2013），促进财力协调、区域均衡，缩小地区、城乡发展乃至群体收入差距，避免各地经济社会发展发生“马太效应”和两极分化，以增强整个国家发展的包容性与和谐性。三是提升公共资源配置效率，让中央和地方政府更好发挥各自比较优势、加强各自薄弱环节，更好地履行各自职能，提升公共资源配置效率（朱之鑫，2013），一方面要促进各级政府分工履行好各自的公共财政职能，做好政府范围内的事，发挥好政府作用；另一方面要保证市场更有效发挥资源配置的决定性作用，提高公共资源配置效率。

2. 政治关系

央地财政关系中的政治关系是指央地作为公权力主体之间的财政权力、财政责任配置关系。不同的国体和政体，就有不同的权力和责任配置关系。我国作为“主权在民”的人民共和国，具有单一制国家的显著特征，地方权力来自于中央授权，但这并不妨碍地方是一个相对独立的公权力主体，并承担相应的公共责任，维护公共利益。公权力主体之间的财政关系包括央地之间的事权、财权、财力等财政体制要素，通过它们的协同组合，为国家整体职能的有效实施提供基础条件。

从历史变迁来看，央地财政关系本身就是作为政治关系来看待的，其政治属性是不言而喻的。“从理解一般国家权力受到国家筹措资金为自己付账的能力的限制这个角度，黎塞留（财政是国家的命脉）无疑是正确的”（詹姆斯·B. 柯林斯，2016）。中国宋代苏辙在《上皇帝书》中所言：“财者，为国之命脉而万事之本”也是这个意思。这意味着财政能力是政治能力的表征，央地财政关系是央地政治关系的集中反映。从世界上看，央地财政关系处理得好，国家就会长治久安，相反，就可能分崩离析。

从作为一个整体的国家来观察，长治久安是古今中外所追求的目标，央地财政关系的构建就是实现这个目标的手段或基本途径。保持中央权威和政治控制力，是央地财政关系设计首先要考虑的。通过分权让地方有活力，发挥地方不可替代的作用，同样是不可或缺的。控制力与活力两个方面的兼容只有置于央地财政关系中才能得以实现，正是在这个意义上，央地财政关系与财政和市场关系、财政和社会关系一起构成国家治理的基础。一方面，央地财政关系需要把中央权威和调控能力内置其中。财权、财力与事权以及央地能力优势如何匹配组合就成为央地政治关系的关键，成为政权组织形式的内核。另一方面，央地财政关系应当有效调动地方发展经济、主动治理的积极性。地方积极性的调动对发展至关重要，中国经济在过去几十年中实现高速增长的奇迹，与地方招商引资的积极性以及地方之间经济竞争是分不开的。推进国家治理的现代化也需要地方作为治理主体的积极性充分发挥出来。

集权和分权是描述央地关系特征的一个重要概念。集权是指决策权、执行权和监督权向上级机关的转移和集中，也可以说主要是指决策权的集中。高度集权在体制上的表现是只有一个权力主体，其他都是附属物。财政上的统收统支就是在传统的计划体制下财政集权的一种形态。分权通常被理解为国家实体通过把权力和责任转移下去而形成的地方自治的扩张（安德鲁·海伍德，2008）。分权的内在逻辑是非单一主体的存在，具有自治的特征。财政分权体现为一定程度的财政自治，如有自己的税种和收入，以及独立安排支出的权力等。财政集权和分权都是相对的，差别在于程度不同，或不同权力维度上的差异，绝对的集权体制和绝对的分权体制都是不存在的。

3. 法律关系

法律是行为规范和治理规则。央地财政关系中的法律关系是指央地作为法律主体之间的财政权力、财政责任和财政利益关系，简称为权责利关系。财政法律关系的客体包括公共利益中的国家整体利益、地方局部利益和央地行为及其筹资权力和支出责任。央地财政关系的法治化，也就是对各级政府财政权责利的划分以宪法或法律的形式加以明确，有利于提升国家的整体治理能力，从国家制度建设层面维护中央权威，形成既有秩序又有活力的地方治理（封丽霞，2020）。发达国家普遍以宪法和法律的形式，对各级政府的职责等事务作出明确甚至详细的规定，由此确立起央地财政关系的基本框架（楼继伟，2013）。中国央地财政关系的法定框架由宪法以及宪法相关法、法律、行政规定组成，目前中国宪法和法律对中央与地方职权的划分并不详尽，尤其是财政权责的划分主要借助于行政规定，中央与地方财政关系的法治化仍有待进一步推进。

法既是规范约束，也是认可和保障，特别是对于地方政府的财政权责。中国仍有待于制定财政基本法如《中央和地方财政关系法》等法律，这有利于明晰中央和地方之间在决策、执行、支出责任和监督等事权要素上的权限，以降低地方行为预期的不确定性（刘尚希和赵大全，2013）。单一制和联邦制的国家财政权力、责任配置都通过法律作出规定，从世界范围来看，中国的相关规定法律位阶偏低，财政集权和分权关系处理多依赖于行政规定，且稳定性较低。

第二节　央地财政关系的相关理论

一、大国央地财政关系

任何国家都有权力的组织结构问题，但只有大国才会凸显央地关系和央地财政关系。因此，一般语境中的央地财政关系，就是指大国的央地关系和央地财政关系。

（一）央地关系的主要影响因素

国家规模决定央地关系，或者说地方政府是否有必要存在。一般来说，越小的国家，其央地关系就越是简单，甚至设立一级政府就够了；相反，越是大国，央地关系就越是复杂，地方政府就显得越是重要。这里的国家规模是从地理、人口、经济、政治等多个维度综合考虑，比如日本虽然不是地理大国，但是人口大国、经济大国。地理范围不广、人口数量不多、区域差异不大的小国基本上没有设立地方政府的必要，如新加坡。而大国区域差异显著，政府履行职责所需处理信息较为复杂，单一层级政府无法对国家进行有效管理，多层级政府结构是大国有效管理的必要条件，必然涉及如何处理央地财政关系问题，其核心内容是如何在各层级政府中合理而有效地分配职责和财政资源（楼继伟，2013）。

资源配置方式是影响央地财政关系的重要因素，不同的资源配置方式决定不同的政府职能和央地财政关系。计划经济条件下，财权高度集中在中央，地方财政作为中央财政计划的执行者，不具有实际意义上的法律主体资格，也不具备对自身行为负责的权力，财政上吃“大锅饭”。市场经济条件下，央地间职责的划分、税权与财力的分配等都要遵循市场经济的内在逻辑，公共资源配置应促进市场资源合理配置，至少应不起妨碍作用。

单一制国家权力结构的特点是自上而下授权，地方的权力来自于中央授权，中央对地方权力配置及其财政收支有很强的控制能力。分权是联邦制的基础和起点，是一个从“分”到“合”的过程，一些国家央地财政权力和其他权力采取了“地方余权主义”的划分方式：除了宪法特别授予联邦的权力外，其他所有权力都归属地方（楼继伟，2013）。联邦制即“以共同治理实现自治”（埃拉扎尔，1967），主要包括宪法设计与权力分享两个维度。联邦制下的分权，一般由宪法来规定。一个国家是否在法权上属于联邦制对于分析并不重要，重要的是看它是否构成事实上的联邦制，有以下五个判断要件：层级制、地方自主、统一市场、硬预算约束、权责关系制度化（韦恩加斯特，2008）。相同的国家结构形式，也会面临央地财政关系的差异。如单一制的中国与法国，有中国特色的央地财政体制，“中央决策、地方执行”，呈现显著的集体主义特征；法国则是强调个人主义，呈现地方自治特色。但是两者在处理地方财政危机时，相对于联邦制，具有一定的相似性，多是中央先接管，然后进行地方财政重整。

央地财政关系具有路径依赖性。由于各国的历史、文化、政治、地理以及经济发展水平各异，在央地财政关系的制度安排上都体现出各自的特色。

例如，美国联邦政府面临的问题是如何使同一地区内部，即城区和郊区之间特定公共服务的均等化，而不追求各地方财政能力的均等化，仅针对低收入人口、少数民族、缺少受教育机会者提供专项转移支付。在我国，从计划经济向市场经济转轨，所表现出的路径依赖更为显著。无论是财政包干制取代传统体制，还是分税制代替财政包干制，都是在保持地方既得利益的前提下，共同分享改革所产生的增量收益。因此，我国央地财政关系受计划经济影响很大，在一些方面仍然带有旧体制的印记，存在新旧体制转化过程中的“路径依赖”问题（楼继伟，2013）。

要注意的是，财政上分权并非意味着政治上的分权，中国特殊的“政治集权、经济分权”模式就是典型的例子。中央统一决策体现在政治上，把握大方向；授权地方执行，其相当的自主决策权则体现在经济上，地方对于公共资源配置具有相当的自主权。也有学者称中国为“行为联邦主义”，虽然从宪法上看中国不是一个联邦制国家，但在改革开放后为促进经济增长，中央政府下放部分权力到地方，使中央和地方关系越来越具有行为联邦制的特征（郑永年，2013）。

（二）中央地方分级治理框架

央地关系是公共部门内部的纵向关系，对应的财政模式应是“分级财政”。分级财政有两种方式，分级管理和分级治理。治理与管理不是相互替代的关系，而是互补的。国家管理是随着社会的分工复杂化和公共化而产生的，管理需要科学精神与人文情怀，是在一定治理结构下来展开的，国家治理也是国家的“再组织化”和“再结构化”，使经济社会主体的权力、权利、责任和义务处于一个更合理的结构之中。治理与管理有共同的基础和功能，即公共权力和秩序，管理是通过外在力量维护秩序，而治理强调的是共治，是多元主体共同来参与，是一种内生的秩序（刘尚希，2015）。

传统语境中的央地分级，多聚焦在经济领域的财政分级管理，在分税制之后，有学者提出“一级政权、一级事权、一级财权、一级税权、一级预算、一级产权、一级债权”的省以下分税制改革思路（贾康和白景明，2002），突出了五级政府、五级财政，通过政府层级扁平化解决主体税种与政府层级不匹配的问题，但这种看法难以适应国家治理现代化的要求。

分级治理成为国家治理改革的取向。分级治理与分级财政需要保持内在的一致性，不能错位。从国家治理角度来看财政体制，中国实行的是两级体制：国家财政体制和地方财政体制（刘尚希，2015）。中央地方分级治理框架下，国家财政体制即中央与地方之间的财政关系坚持分税制，地方财政体制因地制宜，有利于充分发挥中央和地方两个积极性。从世界范围来看，有的治理级次与政府级次吻合，而有的则不一致，尤其是大国的政府级次与治理级次往往不一致。比如，从政府级次来看，中国有中央、省、市、县、乡（镇）五级政府；而从国家分权治理级次来观察，中国是两级治理架构，即中央、地方两级分权的治理架构。在两级治理框架下，地方是一个整体，省级、地市级、区县级、乡镇级之间的权限划分属于地方内部的事务性分权。财政体制的设计首先要考虑的是治理级次，而非政府级次。

二、财政分权理论

财政分权理论始于20世纪中期，包括第一代和第二代财政分权理论。

（一）第一代分权理论

第一代财政联邦主义又称为古典财政联邦主义，主要是由哈耶克（1945）、蒂布特（1956）、斯蒂格勒（1957b）、布坎南（1965）和奥茨（1972）等提出并发展起来的。其主要是从经济效率、公共物品的双重性和各级政府的差异性入手，探讨不同级次政府之间职能划分，论证财政分权的必要性。第一代财政联邦主义通过“用脚投票”的选择机制（蒂伯特，1956）和俱乐部理论（布坎南，1965；麦圭尔，1972）论证了地方政府在提供公共物品的原则和必要性。另外在中央政府和地方政府差异性方面，传统财政联邦主义回答并证明了地方政府分权的必要性（斯蒂格勒，1957b）、各级政府分散化提供公共品的比较优势（奥茨，1972）以及地方政府对于本地信息的掌控可以有效降低信息成本（哈耶克，1945）。

（二）第二代分权理论

20世纪90年代中期，以钱颖一（1994）、韦恩加斯特（1995）等基于英国、美国等国家市场经济的发展经验，在传统的财政分权理论的基础上，创新性地引入了激励相容机制（钱颖一，1994）和机制设计学说（韦恩加斯特，1995；钱颖一 & 罗兰德，1998），将财政联邦主义的研究视角转变为经济增长和市场保护方面，并逐渐发展为第二代财政联邦主义，又称为“市场保护型联邦主义”（韦恩加斯特，1995；1999；蒙蒂诺拉等，1995）。

西方的财政分权理论是基于个人主义之上的理念逻辑基础上的。中国的财政分权改革，借鉴了西方的分权理论，但是又存在集权主义传统的理念逻辑差异，如何建立体现中国特色的社会主义的财政分权理论，如何在“中央决策、地方执行”与权责内洽的治理机制之间做到高的统一，是我们深化央地财政关系改革面临的重大课题，具体理论将在第五章中的理论部分深入分析。

三、央地财政分权的理论逻辑

改革开放四十多年，中国经济增长创造世界奇迹，很多第二代财政联邦主义的学者致力于“市场保护型联邦主义”和中国经济增长相关性的研究，并利用中国的经验数据论证了之间的因果性（蒙蒂诺拉等，1995；钱颖一和温盖斯特，1996）。林毅夫和刘志强（2000）运用生产函数回归分析，对中国分税制改革之前 1970 ~ 1993 年省级面板数据进行了研究，认为财政分权与经济增长呈显著的正相关关系，但也表明其选取的指标有待改进的地方。实际上，财政分权和经济增长之间也存在着诸多争议（蒂森，2003；杨其静和聂辉华，2008）。

地方自主权体现在政治和经济两个层面。从政治层面看，单一制和联邦制，都有维护中央权威和国家统一等要求，特别是单一制，政治上呈现集权特征；但是，从经济层面看，则在维护中央权威的前提下，体制安排通过赋予经济上的自主权来调动地方积极性。通常所说的财政联邦主义，就是融单一制的政治属性和联邦制的经济属性于一体。因此，从政体上讲，尽管有的西方国家是单一制，有的则是联邦制，但在财政体制上，可以说几乎都倾向于实行“财政联邦制”（孙开，1994）。

财政联邦主义是研究中央与地方财政关系的主要理论基础，但与中国财政改革的现实存在诸多不一致，单纯使用财政联邦主义的分析框架对中国当前的财政体制缺乏足够的理论解释力。地方公共品的供给是财政联邦主义的重要出发点，但在中国财政分权的首要目的是调动地方发展经济的积极性，推动市场化改革，处理好政府与市场关系。中国财政分权的理论逻辑、实践逻辑与财政联邦主义有根本性的区别。

四、集体主义模式下的央地关系理论

（一）高度集权背景下的“放权”

从历史发展趋势和方向来看，西方发达国家在央地财政关系划分上都在向财政集权发展，即中央收入、支出占比都是上升的；而中国是从高度集中的计划体制转向市场化改革，央地财政关系逐步向分权发展，公共资源配置的分权程度甚至超出许多西方国家。中国的事权划分更多地体现了单一制转轨国家的事权结构特征（刘尚希等，2018）。中国纵向层级结构中，行政压力从上而下传递，在县乡之间表现尤为明显（荣敬本和赖海榕，2000），地方政府的运行是对各种来源不同的发展压力的分解及其应对（周飞舟，2009），也有学者将中国上下级之间关系定义为糅合了行政权分配、经济激励和内部控制的行政发包关系（周黎安，2014）。

（二）从“放权”到“分权”

改革开放以前，中国实行计划配置方式，财权高度集中在中央，地方财政作为中央财政计划的执行单位加以考虑和设置，财力分配上实行平均主义（楼继伟，2013）。1956 年，毛泽东提出社会主义建设和改造的十大关系，处理“中央和地方的关系”要在巩固中央统一领导的前提下，扩大一点地方的权力，让地方办更多的事情。中央要注意发挥省市的积极性，省市也要注意发挥地、县、区、乡的积极性[①]。此后，中国的财政体制步入“放权”“收权”循环的探索之中。放权是在原有的集中体制框架内下放部分财力的支配权，企业、地方政府的主体地位并没有明确，只是赋予企业和地方政府一定的决策权和财务权，自身努力与物质利益适当挂钩，以调动企业和地方政府的积极性（刘尚希，2019）。在改革初期，放权对打破体制僵化，调动各方面积极性发挥了重要作用，但也面临“放乱收死”的困局，改革深化是在市场化之后的事情。

中国改革开放初期，央地财政关系上的放权，逐步增加了地方财力，扩大了地方自主权，调动了地方当家理财、增收节支的积极性，促进了地区经济发展，但也存在“诸侯经济”等负面作用（戴园晨和徐亚平，1992），地方相互之间、地方与中央各部之间出现互相封锁的现象（许毅，1980）；同时，由于在具体实施过程中过分强调了地方的利益，致使地方财力增加过猛、中央财力相对匮乏，影响了中央财政调控的能力（邓子基，1992）。

市场化改革使“放权”转变为“分权”。市场经济条件下，政府间职责的划分、税收权力与收入的分配等都要遵循市场经济的内在逻辑、促进资源

① 中共中央文献研究室：《毛泽东文集》（第七卷），人民出版社，1999 年版。

合理配置。中央集中的基本上是宏观经济管理责任和调控权，地方在最适合于地方政府行使社会经济管理能力的领域应有更为明确的自主管理权（楼继伟，2013）。与放权中的单一主体不同，分权有助于多元主体的形成。或者说，分权的过程实质也是多元主体渐渐形成的过程，而多元主体的形成又为进一步的分权创造了条件。

分税制改革后，央地财政关系形成了更清晰的中央与地方两级主体，中央决策、地方执行。中央在事权、财权、财力划分上具有决定权，维护中央权威，确保法制统一、政令统一、市场统一。同时，对经中央决定属于地方的事权、财权和财力，地方依法依规履行和享有，地方有了明确的利益预期，其主动性和积极性得到极大释放。

分税制既要分税，也要分产。构建公共产权制度，是实现公有制与市场经济相结合的唯一途径，处理好中央与地方关系不可或缺的基础。西方社会私有产权为主导，其财政收入主要是税收，而我国目前的社会产权结构是以公共产权为主导，但我国的财政收入忽视了以公共产权为基础的其他收入形式，由此导致公共产权未能在财政上得到充分实现。1994 年的财税改革更多是“分税”，而没有“分产”，公共资源特别是土地自发无序地成为地方的“第二财政”（刘尚希和吉富星，2014）。

（三）从“分权”到“治权”

由“适应市场经济体制”到“匹配国家治理体系”，从建立“与社会主义市场经济体制相适应的财税体制基本框架”到“建立与国家治理体系和治理能力现代化相匹配的现代财政制度”，标志着中国的财税体制改革迈上了一个新的更高的平台（高培勇，2014）。全面深化改革的总目标是实现国家治理体系、治理能力的现代化，治理的基本内涵是基于权力和权利的多元共治，与此相适应，“分权”改革转向多维度的“治权”改革，即对权力、权利进行治理，包括保障民权和约束公权（刘尚希，2019）。

市场决定资源配置是市场经济的一般法则，政府的职能作用主要是弥补市场失灵、提供公共物品、满足公共需要，这是财政收支运行必须遵守的规律性；同时，财政又必须制定符合市场经济要求的现代财税制度，推动国家治理体系和治理能力现代化，这就是财政学有机组成的两个方面（陈共，2015）。但仅从市场失灵出发推导政府作用和财政职能难以匹配财政“国家治理的基础和重要支柱”的定位（郭庆旺，2017），只有继续推进分权改革，同时又进行超越分权的治权改革，才能满足国家治理现代化的需要。

建立与国家治理能力现代化相匹配的现代财政体制，央地财政关系应在坚持“分权”的基础上走向“治权”，才使分权改革找到新的方向——从调动地方发展经济的积极性转向激发地方治理的主动性，以公权来保障民权，以公共服务来保障民生和使所有人获得基本的能力和平等的机会，并通过治权来保障分权的稳定性。财政能力不等于政府能力，收入能力也不等于财政能力，因此，不能认为只要财力充足，地方能力就会“水涨船高”。当前存在的地方“小马拉大车”（基层政府履行的事权超出了自身的能力）现象与此相关。就会形成这样一种循环：能力不够造成问题——抽鞭子（加强监督）——问题更多——监督加力，最终导致财力浪费、事情办不好，治理风险加大。完善财政体制框架，体制要素需要从事权、财权、财力三要素扩展为四要素：能力、事权、财权、财力，形成新的体制框架，加强横向和纵向的财政统筹，体现发展的整体性和约束性。纵向统筹主要是提高上级政府（中央、省）在规则、标准和口径等方面的制定能力，数字化的宏观指导以及事权、支出责任的适当上移。统一市场、区域外溢性、碳交易等虚拟市场增多、数字经济的跨时空特点、智慧公共管理、公共服务的规模化、人口流动、产业链供应链全球化条件下的安全性、稳定性等都要求事权、支出责任上移。

（四）两级治理框架下的地方财政体制

地方财政体制即省以下财政体制，是大国央地财政关系的重要组成部分，是地方治理的基础。“省直管县”和“乡财县管”是地方财政体制改革的曲折探索，与城市化趋势并不吻合，真正称之为“县”的区域政府日渐减少，县改市或县改区的越来越多，城市政府日渐成为地方治理中的主体部分。地方作为一个相对独立的治理主体，其体制应当因地制宜，地方设几级政府不应一刀切，只有这样才能适合于国家区域之间地理环境、经济社会、历史文化差距差异很大的现实状况，有效的地方治理也才可能真正形成（刘尚希，2015）。改变仅对本级负责的“层级财政”，实行“辖区财政”责任制，也就是每一级财政都负有对辖区范围内财政的纵向均衡责任和横向均衡责任，使每一层级政府和各区域政府的权力与责任对称，实现治权与我国政治架构的逻辑内恰。

五、不同的分权模式

无论是什么样的分权模式，其目标都在于调动地方的积极性，形成激励相容的机制。分权总是能充分调动地方的主动性和积极性，且能持久有效。与分权不同，放权虽然也能调动积极性，但是容易出偏差且不持久，很难把握放权的“度”，总是陷在“一放就乱，一收就死”的循环之中（刘尚希，2019）。唯有分权才能从这个循环中彻底跳出来。

（一）基于不同事权划分的两种分权模式

纵观世界，央地事权划分有“事项法”和“要素法”两种，前者主要在发达国家，后者主要在中国。

事项法体现为央地事权按照事项来划分，即将事项的决策、执行和支出责任等完整地界定为中央事项或地方事项，谁决策，谁执行，谁承担支出责任。中央和地方按事项管辖各自特定的领域，并对该事项有完整的财政权责。央地事项分工明晰，在分工范围内相对独立地运行，央地的职责任务是分开的，互不承担责任。一旦出现财政危机，各自独立解决，地方可采用破产机制，重整财政。按照事项来分权，并不表明分权程度大，相反，在发达国家，中央财政的集中度越来越高，其收支占比均在50%以上。这保障了中央的政治控制力和国家的凝聚力。

要素法是按事权要素在央地之间进行划分，即将决策、支出责任、执行、监督等不同的事权要素在央地之间进行划分与配置，一个事项的决策、执行、支出责任和监督可分别由中央或地方来承担。从整体来看，除了少数事项纯属中央与地方之外，多数的国家公共事务都是“中央决策、地方执行”，这与我们党的统一领导体制是相匹配的。这种分权方式也并不意味着地方权限小，中央集中程度高。从中国一般公共预算收支来看，中央占比很低，其收入占比为长期以来不足50%，而支出占比长期以来不足15%。若是把基金预算、国有资本经营预算考虑进来，中央占比更低。这表明财政资源的配置权主要是在地方，中央主要是在方向、原则上提出指引和要求，并对地方进行监督。

要素法划分事权体现央地共治的特征。1994年中国分税制改革所形成的中央与地方事权划分格局，由中央或地方单独行使的财政事权较少，绝大部分事权都是由中央与地方共同承担。在机构设置、政府职能与支出责任方面，则越是基层政府越多。在事权划分的具体操作中，还结合中国的国情，将其按照要素分为决策、执行、监督等，决策与监督一般属于中央事权，而执行一般属于地方事权，部分事权也可以表现为中央与地方决策和执行上的共担（刘尚希等，2018）。中国的分权模式是以上两种模式的混合，偏重要素法。西方国家的分权模式也在向着混合模式演变，典型的如美国联邦政府也开始干预州和地方事务。

骤然一看，中央与地方在相同领域都拥有权责，分工上存在交叉重叠，似乎要素法这种分权模式不如事项法清晰。其实，这是从不同视角观察得出的印象。事项法分权模式是基于制度主义的，而要素法分权模式是基于行为主义的。制度主义以“界域”划分为基础，追求楚河汉界的分治，行为主义以行为“规则”区分为基础，以不同主体行为之间的协同合作成效为目标。从分权模式的演变趋势来观察，基于行为主义的分权模式与人类风险社会的到来更具有契合性。

（二）中央对地方的激励和考核

基于行为主义的分权模式，中央的治理策略是“标尺竞争”，即将地方的经济发展关键指标，设计为可度量、可考核的标尺，用来取代以前更习惯使用的对地方政府的政治说教，从而激励地方官员为比拼“政绩”展开激烈的横向竞争（张军等，2007）。然而，地方发展经济的激励不仅有来自经济和财政激励（Jin Hehui，Qian Yingyi，Barry R. Weingest，2005；李学文等，2012）、政治激励（马斯金等，1997；周黎安，2004），还有中央为地方保留的自主筹集财力的制度空间。未来央地财政关系改革，除了明确央地事权与支出责任关系外，仍需着重考虑央地财政关系在激励和约束地方财政行为中的作用（吕炜等，2019）。在完善基于行为主义分权模式基础上，央地财政关系中的治权改革日趋重要，风险社会和数字革命的到来，更凸显了治权的重要性。

第三节　央地财政关系处理的基本原则与具体安排

一、央地财政关系处理的原则

（一）基于“效率”的原则

合理划分各级政府职能，明确各自的收入和支出责任，使不同层级的政府各司其职，高效提供相应的公共服务，同时避免相互之间的恶性竞争和推诿，需要遵循外部性、信息复杂性、激励相容三项原则（楼继伟，2013）。第一，地方政府活动要与其受益范围相对应，若其活动使其他地方受益或受损，即产生了外部性，则该活动应由上级政府负责，以避免地方政府行为扭曲（吕冰洋，2014）；第二，与中央政府相比，地方政府更接近本辖区的民众，从而对于所辖居民的需求和效用更为了解（斯蒂格勒，1957a），因此信息越复杂的事项，越应该让地方政府管理；第三，在事权划分时需注重激励相容原则，即各级政府只要按照划定的职能尽力做好自己分内的事，在客观上就能够实现全局利益最大化，如果激励相容不能实现，那么职能划分在处理外部性和复杂信息上所带来的效益会由于相应政府层级缺乏激励而不能实现（李俊生等，2014）。效率原则是基于经济学视角提出的，固然很重要，但难以满足国家治理的需要，诸如区域公平、主体行为的不确定性、风险的无界传递、社会数字化等治理问题，仅仅依靠效率原则难以解决。

（二）政府间收入划分的原则

为避免收入划分对市场的扭曲，主要是对税基具有较强流动性的收入，由更高层级政府同意征收，以防止地区间为争抢税源而干扰市场主体的正常经营活动。同时，收入划分应当强调规范统一，维护税收的公平，避免引发区域间矛盾和相互攀比，冲击制度的稳定性。马斯格雷夫（1983）从理论上提出税种划分的七个标准：第一，收入再分配作用较大的累进税归中央；第二，具备稳定经济功能的税种归中央，相对平稳、收入波动不大的税种归地方；第三，税源区域分布不均的税种归中央；第四，以流动性要素为征税对象的税收归中央；第五，依赖于居住地的税收归地方更加合理；第六，以非流动性生产要素为征税对象的税收归地方；第七，受益性税收还有收费可以满足各级政府的需要。但现实情况与此有较大的差距，因为税权划分还涉及立法权、征管成本、区域差距等因素的影响。

二、央地财政关系的具体安排

（一）事权和支出责任划分

1. 合理确定国家行为准则

市场经济体制存在两种资源配置系统，一是市场，二是国家。二者的关系在经济理论中争议不断。市场机制是资源配置的有效方式，但是，市场配置资源无法覆盖社会的所有领域。“看不见的手”不是万能的，国家这只“看得见的手”必须与之协同作用，就像一个人，只有左手或右手，那是残缺不全的。如何确定市场和国家的行为准则，一直是中国经济转型过程中关注的重点。传统的理论是从政府职能边界入手来思考的，例如，从交易费用角度看，为交易寻找合适的交易结构，以此来确定市场和国家的边界。这是基于制度主义的逻辑，与现实背离越来越远，市场领域国家不能介入，公共领域市场不能介入的理论禁区早已被打破。国家与市场的关系不再是基于界域来划分作用范围和确定国家职能，而是转向了行为主义和公共风险防范化解，基于行为准则来分工协作。在不确定性条件下，无法事先通过制度来界定各自的活动范围。公共风险是无界的，往往需要跨界的行为合作。国家行为准则一旦确定，央地事权和支出责任也就有了划分的基础。

2. 事权（支出责任）划分

在传统理论和实践中，讨论央地分权问题，都是基于事项法来展开的。由于观察视角的绝对化，一度认为基于中国实践形成的“中央决策、地方执行”是一个问题，需要按照西方国家的分权模式进行改革。随着中国进入发展新阶段，国家治理现代化需要财政超越经济属性而全方位支撑国家治理，过去的理论表现出明显的局限性，这需要基于治理效能或公共风险控制来进行新的探索。

无论是单一制国家还是联邦制国家，央地事权划分方面都有大致的框架，主要是：中央政府是国家安全、经济稳定和收入再分配的主要承担者；资源配置（提供公共服务）主要由地方政府提供，但是一旦涉及全国性公共产品以及具有大范围规模经济和空间外溢的活动仍然需要中央承担或者参与（楼继伟，2013）。中国划分央地事权的混合模式与政治体制的内在逻辑更融洽。

基于两级治理、五级政府的基本格局，中国的地方财政体制安排应突出省市县的辖区责任。

（二）财权划分

一般认为，财权是指一级政府为满足一定的支出需要而筹集财政收入的权力以形成自筹的财力，包括税权、产权、举债权等。

1. 税权划分

在马斯格雷夫提出的税种划分的标准的基础上，参考国际通行的做法，按照税种属性划分政府间收入，通常将体现国家主权的税种划分为中央收入，如关税、进口环节税收等；将税基较为稳定和地域化属性明显的税种划分为地方收入，如房产税、市政税等；将税基流动性较强、地区间分布不均衡的税种划分为中央收入或中央按较高比例分享，如增值税、企业所得说。

2. 产权划分

与私有制国家不同的是公有制国家有大量的资产资源，因此，只分税是不充分不完整的，还需要分“产”，即确权。公共产权涵盖国家和集体所有的自然资源、经营性资产、非经营性资产等。明晰产权，是在所有权的各项权能上进行划分或设置共享模式，明确每一项权能的权利与义务。例如，国有资源所有权属于国家，但收益权可划给地方或者中央与地方分享，但前提是中央必须给地方“确权”。在我国，中央与地方关系中除了公共权力之外，还有一个重要方面，即国家所有权，这是一项财产权。中国法律规定，属于国家所有的公共资源由国务院行使所有者权利，即国家所有权代表是中央，地方无法律资格来行使国家所有权。公共资源在中央与地方之间如何界定权限，也就是国家所有权的各项权能——占有权、使用权、处分权和收益权等如何在中央与地方之间分解并明确界定长期悬而未决（刘尚希和吉富星，2014），作为以公有制为主体的国家，央地财政关系中亟待确权，明确产权归属及其收益关系。

3. 举债权划分

举债权包括公债的发行权和公债的使用权。地方举债权在不同国家有不同的规定，在单一制国家多是由中央审批或者限额授权。中国的地方举债权体现为地方在全国人大批准的限额内自主发行债券和使用债券资金。按照两级治理的模式，目前中国政府举债权划分为两级，省以下没有举债权。

（三）转移支付制度

1. 转移支付制度类型

财政转移支付是指政府间通过预算安排的无偿资金拨付。从资金转移方向划分，包括自上而下的纵向转移支付，和同级政府之间的横向转移支付，以及纵横结合转移支付。从资金用途是否限定划分，包括不规定资金用途、旨在促进各地方政府提供均等化基本公共服务和保障国家重大政策实施的一般转移支付和规定资金用途、专款专用的专项转移支付。从目标和功能划分，包括以均等化为目标的转移支付、解决辖区间外溢性问题的转移支付、中央委托地方事务引致的转移支付、以增强国家政治控制力为目标的转移支付（刘尚希和李敏，2007）。

2. 设计原则和方法

一般而言，有效的转移支付制度应当融合公平与效率。一方面，实现地区财政均衡，促进基本公共服务均等化；另一方面，通过基本公共服务均等化促进人力资本积累及其均等化，提升区域经济效率。转移支付制度设计蕴含短期目标与长期目标。实现地区财力均等化是转移支付的短期目标，这主要是缓解地方财力差距。从长期来看，转移支付制度目标是促进公共服务均等化，加快经济欠发达地区的人力资本积累，从根本上增强自我发展能力。

随着人类进入风险社会，应该加入风险原则，坚持“以人为本”的理念，提高转移支付对冲风险的功能，避免一些地区陷入“资源诅咒”陷阱之中，从而对转移支付产生依赖。有必要调整转移支付瞄准农村、中西部等特定地域的静态倾斜，转向基于人口流动的动态倾斜，让转移支付“跟人走”，避免与人脱节（刘尚希，2021）。

（四）地方财政体制

从中国两级治理架构出发，财政体制分为两个层面：国家层面的财政体制，与国家治理架构相适应；地方层面的财政体制，与地方治理架构相匹配。国家财政体制改革，即中央与地方之间的财政关系仍要坚持分税制，有利于调动地方的积极性。地方财政体制不一定要照搬国家分税制，可因地制宜。地方内部不具有同质性，分税制无法从国家层面贯穿到地方内部的各级政府之间。因此，地方财政体制可以有地方特色，在中央统一领导下，让地方有充分的自主权和责任约束，这是调动地方积极性、让国家充满活力的前提，也是保障国家稳定统一、“活而不乱”的条件（刘尚希和武靖州，2019）。

第二章

中国央地收入划分改革的演进

财政体制中的收入划分，是伴随着中国的经济体制改革、财税体制发展变化而不断演进的。在经济转轨过程中，财政收入从国家预算收入演进到政府预算收入，再到全口径政府预算体系，是一个从高度集权到逐步适应分权化改革的一个演进过程；收入划分也呈现出计划经济体制下的行政性分权（行政权的收放）、转轨过程中的经济性分权，最后到国家治理现代化阶段的财政收入权的治理阶段，主要体现收入权上的多元主体治理格局重塑，实际上是政府与市场、中央与地方、财政与部门等方面相应非政府主体的赋权和政府权力的规范与约束，着力打造一个多元有序、权责清晰内洽的收入划分治理格局。

第一节　中国央地收入划分制度的历史演变

中国在不同发展阶段财政收入呈现为不同收入形式，但央地财政收入划分对象始终都是以预算收入为主体。预算收入是指在预算年度内通过一定的形式和程序，政府凭借国家政治权力，有计划地筹措并归国家支配的资金，是实现国家职能的财力保障。从来源上看，按照我国现行的预算体系，预算收入包括一般公共预算收入、政府性基金预算收入、国有资本经营预算收入和社会保险基金预算收入。其中一般公共预算收入和政府性基金预算收入又包括税收收入、收费收入、产权收入和债务收入等。从中国央地收入划分的角度看，预算收入划分主要集中在税收收入。其他形式的收入，如收费收入、产权收入和债务收入等，多按照行政隶属关系划分收入归属，社会保险基金预算收入具有专项收入的性质，收入划分的层次取决于社会保险统筹的层次。一些专项收费收入在制度设计上就明确了央地划分的比例，不再具有收入划分的本源含义。综上，中国央地收入划分主要是聚焦在税收收入方面，直到包含四本预算的政府预算体系建立健全后，政府间收入划分也开始覆盖政府性基金、国有资本收益、社会保险基金等。本节将按照中华人民共和国成立到分税制改革、分税制改革到党的十八届三中全会确立全面深化改革以及国家治理现代化改革三个阶段展开论述。

一、计划经济时期行政性分权背景下的收入划分尝试

中华人民共和国成立后，为适应政治经济形势的发展，财政体制合理化方面一直进行着不懈的探索。1950 年，为了解决中华人民共和国成立初期百废待兴与财力分散薄弱的矛盾，建立了高度集中的“统收统支”财政体制。在第一个五年计划期间（1953～1957 年），为了发挥地方的积极性，实行了划分收支、分级管理的财政体制，在集中的前提下给予地方一些财政权限。在“大跃进”期间（1958～1960 年），中央下放财权和财力，实行以收定支的财政体制。进入经济调整时期，为了适当集中财权财力，实行总额分成，一年一变的财政体制。1968 年，社会经济秩序一度出现混乱，恢复高度集中的“统收统支”体制。1971～1973 年，为适应经济体制放权改革，实行财政收支“包干制”管理改革。1974～1975 年又将“包干制”改为“收入按固定比例留成（即在地方所负责组织的计划收入中，按一定比例提取归地方的财力，当时称旱涝保收），超收部分另定分成比例，支出按指标包干”的财政体制。1976 年，为了改变中央财政缺乏足够调剂能力的状况，又改行“收支挂钩、总额分成”的办法。总之，1976 年以前财政体制变动中的多次探索，一直没能改变财政体制的“高度集中”特征和形成相对稳定的体制模式，属于中央高度集权体制下的“行政性分权探索”。虽然也有收入分成等

中央与地方的收入划分形式，但只是财政管理权上的探索，并没有改变地方执行而中央最终责任兜底的模式。同时，在债务收入方面，新中国成立初期为恢复经济建设，促进东北地区经济发展，1950年在东北发行了地方生产建设折实公债，这是中华人民共和国成立以来第一支地方政府债券。1950～1958年为恢复经济中央政府发行的债券既有内债也有外债，到1968年偿还完所有的中央债券，出现了十年既无内债又无外债的时期。改革开放后，中国开始了“分灶吃饭”体制下预算收入划分的探索。

（一）“分灶吃饭”体制

党的十一届三中全会确定了改革开放的总方针，在新的政治和经济形势要求下，中国采取了“分灶吃饭”的财政体制。该财政体制虽然也有收入分成等中央与地方收入划分形式，但如同改革开放前只是财政管理权力上的探索一样，依然没有改变地方作为执行主体角色和中央最后兜底责任的要求。“划分税种、核定收支、分级包干”财政体制的实施，成为当时新形势下的要求。总体来说，从1978年开始的经济体制改革，到1994年我国划分中央和地方财政收入之前的核心思想就是“分灶吃饭”体制，但已经初具地方作为分级管理的利益主体色彩。将农村家庭联产承包责任制改革的成功经验推广到城市，1984年前后开始探索“城市改革”，即全面推行经济改革。财税体制改革是经济体制改革的重要方面。首先是税制改革，改革目标，一是让企业成为自主经营、依法纳税的商品生产者和经营者，而不是利润全部上缴国库，生产和利润全部听命于“大一统”的计划，确立了新型政府与市场的关系。二是适应对外开放，以满足改革开放引入涉外企业为起点，开启了企业所有制多元发展的新里程。三是尽力校正价格扭曲和政府定价造成的资源错配和收入分配不合理。围绕上述目标，国有企业在实行了利润留成和企业基金制度之后，分别在1983年和1984年实行了两步“利改税”，1985年实行“拨改贷”，以及后来的“利税分流”。经过一系列改革，1984年税收体系初步搭建，形成“利税并存”① 的财政收入格局，为现代市场经济基础上

① 国营企业按11个税种向国家缴税：把原工商税按性质划分为产品税、增值税和营业税，对国有大中型企业征收企业所得税和调节税，还征收“能源交通重点建设基金”和“预算调节基金”（即两项基金）等。这时，内外资税收不同的“双轨制”特点进一步凸现：对内资企业征收产品税、增值税和营业税，对外资企业则征收工商统一税。对内资企业征收企业所得税和调节税，对外资企业征收外商投资企业所得税。对内资企业职工征收个人收入调节税和奖金税，对外国个人则开征了个人所得税，形成按企业的所有制性质设置税种的多重企业所得税制。

的分税制奠定了基础。这种税制格局建立在计划经济和固定价格的基础上，是不稳定的。随着“指令性”“计划性”的松动，以税代价，赋予税收过多调节功能的税制必定受到冲击，后来探索试行“一户一率”的承包制。同时，在债务方面，由于“分灶吃饭”体制划分，地方财力下降，在1979年和1980年中央财政连续两年出现赤字。为平衡财政预算、改变困难局面，政府决定重新利用债务工具来筹集资金。1979年恢复举借外债，1981年恢复内债发行，内债管理采取年度发行额管理的方式。在行政性分权改革的探索中，地方政府逐渐拥有收支管理权，部分地方政府事实上开始举借债务，但国家管理政策是禁止的。总之，这一时期地方政府举债管理政策上是禁止的，事实上地方债是存在的，不过都是自主借债。

（二）“包干制”

1986年，中央政府终于认识到，价格放开、发挥市场供求机制是必然的改革措施，税制必须统一，财政职能必须调整，决定实行“价、税、财”联动配套改革。但到1986年10月却临阵退却，放弃配套改革转为推行全面的承包制。企业承包“税、利”，财政实行地方向中央包干，到1988年形成了六种财政包干形式并存的局面。财政“包干制”等改革打破了财政统收统支“大锅饭”的局面，但弊端明显，中央与地方陷入“年年谈判，体制年年变动的局面”。同时，包干制客观上在包干比例制定上无法准确预测国民经济的增长速度和波动，主观上无法有效控制地方利益最大化的内在动机，由于“包干制”定好了地方政府收入的基数，地方则通过预算内转预算外或“藏富于民”“藏富于企业”的方式，获得了收入增量的大头。随着后来财政困难允许部门自筹资金满足事业需要，“不给钱给政策”，收费演化为乱收费，并进一步侵蚀税基，财政格局逐渐演化为“两个比重”过低，中央财政越来越困难的局面。1992年预算外资金达3854.92亿元，占当年全国财政收入的110.67%。中央财政收入比重逐年下降（见图2-1），甚至到了靠向地方借款弥补资金缺口的境地，财政包干制已越来越不适应社会主义市场经济发展的要求。

总之，计划经济时期“统收统支”体制下放权让利改革的尝试和“分灶吃饭”财政体制的探索，都属于行政性分权改革，并不是现代分税制意义上的收入划分改革，但是，一方面，它积累和形成了市场化改革的税制基础，确立了税、费、利、债并存的收入格局，“大一统”体制下国家作为单

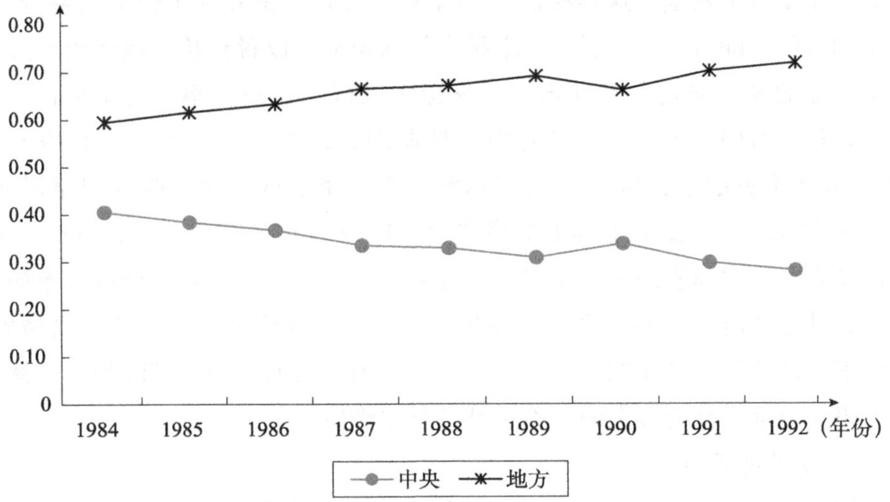

图 2－1　1984～1992 年中央和地方财政收入所占财政收入的比重变化

资料来源：《中国统计年鉴（2018）》。

一主体的模式渐渐被打破，政府与市场的主体追歼形塑，多元主体格局形塑已具雏形；另一方面，通过中央和地方之间“收权”和“放权”的反复尝试及对其机制作用认识，央地政府间权责日趋清晰，为分税制财政体制改革的收入划分奠定了坚实的基础。

同时，在此阶段，随着社会主义市场经济体制转轨的探索，地方政府发展经济的积极性提高，由于地方财政收入不足，于是向中央提出要求发行地方政府债券，以筹得资金。国务院于 1985 年出台《关于暂不发行地方政府债券的通知》，要求各地方政府不得发行地方政府债券，自此进入中央明令禁止地方政府发行债券举借债务的时代，但在明确的规范举债形式之外，并未明确地方政府不能举借政府性债务或禁止“绕道”“变通”举债的形式。

二、分税制改革时期

为了解决“包干制”财政体制的弊端，适应社会主义市场经济体制改革的要求，1994 年我国实施财税体制改革，在新中国财政史上具有里程碑意义。央地财政收入划分是财政体制的重要内容。理论上有按税种、税基、税率等不同划分的方法，中国则采用按税种划分的方法，其中共享税比重又比较高。通过改革，建立了分税制财政体制，中央与地方财政收入有了稳定的渠道，财政收入保持了较快的增长速度，增强了中央政府的宏观调控能力，促进了经济结构调整和优化。实行分税制财政体制在中国财政体制改革历程中具有划时代的意义，是构建公共财政体系的重要支撑框架，也是建立社会主义市场经济体制的必然要求。

（一）分税制财政体制改革的背景

20 世纪 80 年代末 90 年代初，由于全国财政收入占 GDP 的比重（见图 2－2）和中央财政收入占全国财政收入的比重迅速下降，中央财政困难日益加重。1993 年上半年，国家财政特别是中央财政十分紧张：全国财政收入一季度比 1992 年同期下降 2.2%，按可比口径也仅仅持平；工商税收入 1400 亿元，比上年期增长 12%，扣除出口退税因素，仅比上年同期增长 1.4%。而 1993 年一季度国内生产总值增长 151%，上半年达到 14%，比 1992 年 GDP 增长 128% 高出不少。财政收入增长与经济增长比例失衡、脱节，全国生产增长速度很高，而国家财政特别是中央财政十分紧张；税收增幅小，财政支出却大幅增长。资金不到位的现象出现：粮食收购财政亏损性补贴资金不到位；重点建设资金不到位，重点项目难以推进，如铁路、港口、民航等。按照往年的进度，重点建设资金上半年至少要付全年的 40%，而 1993 年上半年仅为 19.5%，差了将近一半；重点生产企业和重点出口企业缺乏流动资金。同时，中央财政支出的硬支出一分也不能少，导致中央政府收支出现了难以为继的局面。

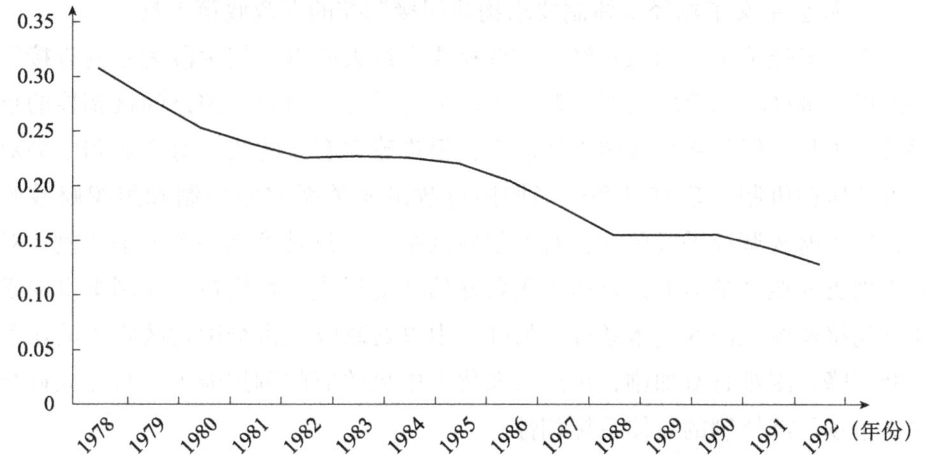

图 2－2　1978～1992 年财政收入占 GDP 比重变化

资料来源：《中国统计年鉴（2018）》。

党的十四大确立了建立社会主义市场经济体制的总体目标。我国各项经济体制都按照市场经济的要求加快改革。在财政体制方面，原有财政体制采取多种形式的财政包干办法，既不规范，也明显不能适应社会主义市场经济的要求，财政包干体制弱化中央财政宏观调控能力，造成地方政府减免税无序竞争、重复建设和区域封锁等问题呈愈演愈烈之势。在此背景下，分税制财政体制改革迫在眉睫，以适应改革和发展的需要，适应市场经济制度的基本要求，税制改革必须是全方位革故鼎新，体现市场经济的本质特征，而不能在原有的基础上修修补补。同时，治理通货膨胀，实现经济尽快“软着陆”，提高“两个比重”，建立规范的分税制体制，增强宏观调控能力，都对全面深化财税改革提出了迫切要求。

（二）分税制财政体制改革的必要性

1. 社会主义市场经济需要建立统一开放的大市场

在市场经济体制下，资金、人才、劳动力、生产资料和消费资料可自由流动，使资源得到合理配置。这要求政府营造良好的经济发展氛围，以利于企业在市场经济条件下公平竞争。通过市场实现资源的有效配置，达到提高全社会合效的目的。但财政包干体制对不同产品按不同税率征收的流转税全部作为地方收入，导致各地政府为了自身利益，热衷于发展那些税高利大的企业，重复建设和资源浪费严重；同时，这种体制强化了政府对企业生产经营的干预，不利于政府职能的分离。

2. 社会主义市场经济体制要求构建间接调控的财政政策工具

在市场经济下，国家对经济的调控要由过去的以计划手段为主的直接管理向以经济杠杆为手段的间接调控手段为主转变。财政调控是间接调控的重要政策工具。但是在财政包干体制下，很难建立有效的政府对企业和中央对地方的协调机制，政府对企业仍按照行政隶属关系实施控制和组织财政收入；中央财政调控手段单一，对上解地区基本上只是控制一个上解比例；对收不抵支的地区基本上只是运用无条件的补助形式。财政包干体制本身缺乏建立间接调控机制的基本条件。另外，中央财政收入占全国财政收入的比重不断下降，困难日益加剧，也严重弱化了中央政府的调控能力，与建立社会主义市场经济体制的总体目标相悖。

3. 社会主义市场经济要求有全国统一、规范而又稳定的财税制度

市场经济体制需要减少不必要的波动和人为因素的干扰。而财政包干体

制类型多，计算复杂，人为因素影响大，容易造成各地区间的苦乐不均，不利于地方经济的均衡发展，不利于营造规范的社会主义市场经济环境。经过理论界和实际部门多年的反复研讨，并在20世纪90年代初期部分省市的分税制财政体制试点的基础上，最终决策部门形成了基本的共识：我国需要通过改革建立与社会主义市场经济体制相配套的、合理规范的财政体制。

（三）分税制财政体制改革的主要内容

所谓分税制其真正的含义在于作为财政收入来源的各个税种，原则上要分别划定为国税或地方税（可保留为数有限的共享税），企业均按照法律规定，既向中央政府缴纳国税，又向地方政府缴纳地方税。在这一格局中，相对于“大一统”的计划经济体制，各级政府可以主要根据以本级税收为主的收入，相应安排其支出，相对独立地组织本级预算平衡，做到“一级政权，一级事权，一级财权，一级税基，一级预算”。同时，中央政府应保持必要的自上而下安排转移支付的调控能力。以分税制为基础的分级财政体制的关键点在于，一方面，可有效淡化过去实行的各级政府对企业“条块分割”式的行政隶属关系控制，企业将不再把税款只缴给作为自己行政主管的特定一级政府（再由地方政府与中央政府分成），而是分别把不同的税缴给不同的各级政府，从而有助于消除政府对“自己的企业”过多干预和过多关照，促使企业自主经营，充分地展开公平竞争；另一方面，它可以清晰地划分中央政府与地方政府间的财源和财政收入，稳定地规范各级政府间的财力分配关系，在发挥中央与地方“两个积极性”的基础上形成各级预算各行其道的真正的分级财政。

1993年，国务院发布了《关于实行分税制财政管理体制的决定》，对分税制财政体制改革作了部署：首先，正确处理中央和地方的分配关系，调动两个积极性；其次，合理调节地区之间财力分配，既要有利于经济发达地区继续保持较快的发展势头，又要通过中央财政对地方的税收返还和转移支付促进区域均衡发展；再次，中央对地方（增值税与消费税，简称“两税”）税收返还数额明确规定“为了保持现有地方既得利益，逐步达到改革的目标”。采用的是增量调控的方式，以1993年为基期年核定，1994年以后的税收返还额在1993年基数基础上逐年递增，递增率按全国“两税”平均增长率的1:0.3确定，即两税全国平均增长1%，中央财政对地方的税收返还增长0.3%。显然，收入增长较慢的省（区、市）可多得一些增量，但这不利于收入增长较快的省（区、市）。为充分调动各地组织税收努力的积极性，1994年8月24日，《国务院关于分税制财政管理体制税收返还改为与本地区增值税和消费税增长率挂钩的通知》决定把中央对地方税收返还额的递增率改为“按本地区增值税和消费税增长率确定”。

1. 分税制改革配套的税制改革

从计划经济体制向市场经济体制转变的转轨改革是我国重大的制度创新。市场经济体制改革需要一系列配套改革，包括税制、分税制、价格、外贸、投资等。为了实现重塑市场主体的目标，需要全面系统改革税收制度，适应市场经济体制改革要求，为分税制改革奠定基础。

（1）所得税的改革。第一，统一内资企业所得税。企业所得税改革的核心是，建立刚性统一的内资企业所得税制，以规范国家与企业的分配关系，促进企业在公平竞争环境下转换机制，增强活力，真正走向市场。改革的主要内容包括：一是统一税种。把原国营企业所得税、集体企业所得税、私营企业所得税3个税种，并为企业所得税，适用于各种经济成分的内资经营企业，同时取消国营企业调节税，并分步取消对税后利润征收的国家能源交通重点建设基金和国家预算调节基金。二是统一税率。把对各种经济成分适用的不同税率以及减征税率，统一为33%的税率。对一些利润低的小规模企业，适用27%和18%的低税率。三是统一计税标准。改变过去计算应纳所得额依附于各行业、各经济成分企业财务、会计制度的做法，明确统一按国家税法规定执行，使各种企业的计税口径一致、计算方法相同。取消原国有企业、城镇集体企业的税前还贷和税前提留各项基金办法，以及各类企业的不同税前列支标准，规定了统一适用的准予列支和不得列支的范围、项目和标准。四是统一征收方法和优惠政策。明确规定对国有企业不再实行承包上交所得税的办法，统一由机关计算征收；明确了企业所得税的优惠原则和项目，取消了原有过多的免税优惠。

第二，简并个人所得税。个人所得税的改革是把个人所得税、个人收入调节税和城乡个体工商业户所得税3个税种，合并为个人所得税。改革的主要内容包括：一是增加应税项目。由于个体工商业户所得税并入个人所得税，新增“个体工商户的生产、经营所得”和“对企业事业单位的承包经营、承租经营所得”项目，适应各种动产、不动产交易日渐活跃和有奖活动日趋增多的情况，新增了“财产转移所得”和“偶然所得”项目。二是调整费用扣除额。把中国籍公民的生活费用扣除标准，从原 400～460 元提高为 800 元，同时新增了附加扣除费用的规定，适于外籍人员。三是调整税率。规定对不同的应税项目，分别适用不同的九级和五级超额累进税率以及统一的 20% 比例税率。对劳务报酬所得中一次所得高的，还有加成征税的规定。四是采用统一的计算征收办法。统一采用“分项扣除、分项定率、分项征收”的征税模式，以利于实现源头扣除，堵塞税收征管漏洞。

（2）流转税的改革。把原本对内资企业征收的产品税、增值税、营业税 3 个税种，以及对外商投资企业和外国企业征收的工商统一税，加以调整合并，形成以增值税为主体的增值税、消费税、营业税三税并立，双层次调节的新流转税制调节模式，在生产和流通环节征收增值税。在此基础上再选择少数消费品征收消费税，对提供一般劳务服务、转让无形资产和销售不动产，仍维持征收营业税。以上各税对内外资企业统一适用。另外，还取消已不符合市场经济要求的集市交易税和牲畜交易税两个小税种。

增值税是工商税制改革的核心，一是对产品的生产，批发、零售和进口环节全面实行增值税，对绝大部分劳务和销售不动产暂不实行增值税。二是采取基本税率、低税率和零税率 3 档税率。基本税率为 17%；低税率为 13%，适用基本食品和农业生产资料等；出口商品一般适用零税率。三是实行价外计征的办法，即按照不含增值税税金的商品价格和规定的税率计算征收增值税。四是实行根据发票注明税金抵扣税款的制度。零售以前各环节销售商品的时候，必须在发票上分别注明不含增值税的价格和增值税税金。为了适应中国消费者的习惯，在商品零售环节实行价内税，不在发票上单独注明税金。五是对于年销售额较小、会计核算不健全的小规模纳税人，实行按照销售收入金额和规定的征收率计征增值税的简便办法。六是改革增值税纳税制度。对增值税的纳税人进行专门的税务登记，使用增值税专用发票，建立对购销双方交叉审计的稽查体系和防止偷漏税、减免税的内在机制。

消费税改革的要点是：考虑到原征收产品税的产品全部改为征收增值税后，将有不少产品的税负大幅度下降，为了保证财政收入，体现基本保持原税负的原则，同时考虑对于一些消费品进行特殊调节，选择少数消费品在征收增值税的基础上再征收一道消费税。消费税的税目设有 11 个，主要包括烟、酒、化妆品、贵重首饰、摩托车、小汽车、汽油、柴油等。消费税采用从价定率征收和从量定额征收两种模式，按照不含增值税税金而包含消费税税金在内的价格和规定的税率计算征收消费税。

营业税改革的要点是：就原营业税改征增值税以后的剩余项目征收，共设置9项征税项目和3档税率。改革后营业税的征税范围包括提供劳务、转让无形资和销售不动产。交通运输业、建筑业、邮电通信业、文化体育业等，税率为3%；金融保险业、服务业、转让无形资产、销售不动产等，税率为5%；娱乐业的税率为5%～20%。从事上述营业、转让、销售活动的单位和个人，应当按照其营业额和规定的税率计算缴纳营业税。

【专栏2－1】

财政体制与增值税转型

由于流转税改革是以增值税为主体而进行的，理解当时中国所选增值税的类型及考虑因素，有助于理解分税制改革中的增值税改革及以后的增值税转型。

按照增值税的基本原则，征收增值税时，对纳税人的生产资料中的非固定资产项目，如原材料、半成品、零部件、燃料、动力、包装物等，其购进时所含进项税款都是允许从销项税额中扣除的，但对购建的固定资产，如厂房、机器、设备等，其购建时所含进项税款是否扣除，又如何扣除，在不同的国家实施的办法不一，增值税也因此划分为三种不同的类型，即生产型增值税、收入型增值税和消费型增值税。

生产型增值税是指在征收增值税时，不允许扣除资本性资产价值中所含的进项税款。就整个社会来说，增值税的计税依据既包括消费资料，也包括生产资料，相当于生产的固定资产和各种消费产品的生产总值，即征收的范围与国民生产总值一致，故称为生产型增值税。生产型增值税的法定增值额大于理论增值额，对固定资产在全部资产中所占比重较大的行业或企业，即资本有机构成较高的行业或企业，带有明显的重复征税因素。

收入型增值税是指在征收增值税时，对资本性资产所含的进项税款，只允许扣除当期其折旧部分所含的进项税款，即以销售收入减除原材料、辅助材料、燃料、动力和折旧等投入的中间性产品的价值后的余额为课税增值额。其计税依据相当于工资、租金、利息、利润之和。就整个社会而言，其计税依据相当于国民收入，故称为收入型增值税。从理论上讲，收入型增值税与增值税的理论含义是相吻合的，但由于资本性资产的损耗与转移是分期分批进行的，其价值转移过程中不能获得任何扣税凭证，不便于采用当时所实行的发票扣税法。

消费型增值税是指在征收增值税时，允许将纳税期内购入的全部资本性资产价款一次性全部扣除。即以销售收入减除投入生产的中间性产品的价值和同期购入的固定资产的价值后的余额作为课税增值额。就全社会而言，其计税依据相当于全部消费品的价值，故称为消费型增值税。消费型增值税的法定增值额在购入固定资产的当期小于理论增值额。

当时我国采取的增值税类型是生产型增值税。从理论上思考，生产型增值税国民经济发展中有其独特的功能。

首先，生产型增值税更能发挥税收的财政职能，有利于保证财政收入，增强国家宏观调控能力。由于纳税人外购固定资产中已纳进项增值税不允许从销项税额中扣除，课税的基础价值大体上相当于国家最终产品流量的货物总价值。这样，生产型增值税就具有抵扣额小、税基宽的特点。在同样税率的条件下，可以取得较多的税收收入，从而保证了财政收入的规模和稳定，有利于提高财政收入占 GDP 的比重。1994 年财税体制改革的重要目标之一是增强中央宏观调控能力，生产型增值税正是达到这一政策目标的有效手段。也就是说，我国当时的财政收支状况也决定了国家只能选用生产型增值税。

其次，生产型增值税对消除投资膨胀、抑制非理性投资发挥着积极的作用。生产型增值税在一定程度上存在重复征税，抑制固定资产投资，这是它最主要的缺陷。但在特定的经济环境下却成为它的优点。20 世纪 90 年代中期，中国步入新一轮经济增长，投资规模盲目膨胀，产业结构失调和重复投资现象严重，抑制投资膨胀成为经济生活的重点。在此背景下，国家选择了生产型增值税，为中国实现宏观经济软着陆打下了基础。

最后，采用生产型增值税有利于发展劳动密集型产业。20 世纪 90 年代中期以来，“下岗”已开始成为一个全社会关注的社会问题，如果解决不好下岗职工的再就业问题，势必影响国家的稳定。同时，农村涌现出了大量的富余劳动力。如何让下岗失业人员再就业成为政府工作的一大难题。生产型增值税限制了资本有机构成高的产业的发展，有利于资本有机构成低的产业的扩张，从而便于社会提供更多的就业机会，扩大就业总量。统计表明，大多数下岗人员多是从事餐饮、商业、家政服务等第三产业，或进入私营企业及其他中小型企业。这些企业大都是资金投入相对较少、技术含量低、劳动密集型产业。因此，生产型增值税对缓解全社会的就业压力、解决下岗人员再就业、农村富余劳动力等问题提供了保障。

可见，选用生产型增值税，有助于国家在短时期内增加财政收入，解决财政收入紧缺的矛盾，同时，可以在一定程度上抑制固定资产投资，有助于控制通货膨胀，实现宏观经济软着陆，并有利于发展劳动密集型产业，解决劳动力资源富余的问题。

增值税转型的必要性。生产型增值税的实施在促进国家财政收入的稳定和限制固定资产投资规模膨胀方面发挥了一定的作用。但是，随着中国经济的进一步发展，特别是1997年东南亚金融风暴以后，我国经济形势出现了较大的转变，经济增长放缓、通货膨胀变为通货紧缩、东西部发展差距拉大、国内有效需求不足等成了困扰我国经济发展的阻碍因素。在此情况下，原有的生产型增值税本身所固有的缺陷也日益显现。

第一，生产型增值税抑制了投资需求，不利于鼓励企业扩大投资。有效需求不足是当时中国经济发展面临的主要问题，由于生产型增值税对固定资产所含的税额不予扣除，相应增加了企业固定资产的投资成本，企业投资的税负较重，从而影响了企业的投资积极性，不利于企业扩大投资、促进设备更新和技术进步。由于抑制了投资需求，从长远的角度看，不利于国民经济的增长。

第二，生产型增值税存在重复征税因素，加重了企业的税收负担，在一定程度上阻碍了市场经济的发展。生产型增值税将购入的固定资产支付的进项增值税计入固定资产成本，然后以折旧的形式计入产品成本，导致对固定资产的重复征税。因为，企业要将购置固定资产时所支付的进项税额逐期转入产品成本，含进项税转移的固定资产价值要高于固定资产本身的买价。企业每期生产并销售的产品中所包含的固定资产价值必然增加，由此造成销项税增加，造成重复征税。重复征税有悖于市场经济的规则。

第三，生产型增值税不利于基础产业和高新技术产业的发展，影响了企业的设备更新和国家产业结构的优化。由于现代科学技术的迅速发展，产品成本结构发生了根本性的变化，高投入、高附加值的高新技术产业投资大，直接物耗比重不高，能得到抵扣的进项税额就少，实际税负上升，不利于扶持高新技术产业的发展。同时，企业自行开发或购进无形资产不能抵扣进项税额，导致技术性费用投入越高的企业，其增值税税负也越高，越是物化劳动大、技术投入少的企业税负反而低，这在一定程度上影响了对科学技术的开发和应用。基础产业和高新技术产业的资本有机构成较高，固定资产投资较其他产业要高得多。征收生产型增值税的结果是高新技术企业、基础设施企业以及高投入企业的固定资产投资不能抵扣增值税，不利于这一类企业的扩大再投资和设备更新。而且，高新技术企业的设备更新较快，基础设施及高投资企业的投资额巨大，若用生产型增值税，将不利于高新技术企业、基础设施企业和高投资企业的发展。从总体上看，全社会的资本有机构成是呈现逐渐提高的趋势，生产型增值税与资本有机构成逐渐提高之间的矛盾就越来越突出。由于国家的产业政策越来越鼓励高新技术产业的发展，而生产型增值税不利于这一产业政策的实现。

第四，生产型增值税抑制了产品的出口，影响对外贸易的发展。在实行生产型增值税的情况下，中国的出口商品中包含了固定资产的所含税项，因而提高了出口商品的价格，降低了出口商品在国际市场上的竞争力，不利于中国出口的增长。从进口角度看，从国外进口的商品由于在大多实行消费型增值税的出口国已经扣抵了税额，而中国国内的商品中却包含了对固定资产的重复征税，从而使本国商品与进口商品在国内市场的竞争中处于不利的地位。中国加入世界贸易组织后，对外贸易发展迅速，进出口规模日益增大，在此情况下，生产型增值税对进出口贸易产生的负面影响将日渐突出。

第五，生产型增值税进一步加剧了东西部地区经济发展的平衡。中国东部地区的加工业、轻工业相对集中，而西部地区因自然资源丰富，重工业相对集中。西部地区的采掘业等基础产业比重大，这类产业的资本有机构成较高、投资额大，实行生产型增值税就造成西部地区的基础产业的税负相对高于东部地区加工业的税负。因此，生产型增值税不利于东西部地区的平衡发展，不利于西部大开发政策的推进。

由于生产型增值税存在上述缺陷，它已经不适应我国当时的经济发展形势，实现从生产型增值税向消费型增值税的转型已成为一项紧迫的工作。因此，鉴于21世纪以来东北老工业基地经济发展面临的困难，以及国际金融危机对中国宏观经济的影响，国家果断地作出了生产型增值税向消费型增值税转型，并从2004年起在东北地区的部分行业先行试点的决定，并且，2008年11月，中国对《增值税暂行条例》进行了修订，增值税“转型”作为一种应对2008年国际金融危机的措施之一，从2009年1月1日起打破行业和地域限制，在全国普遍推开（为后续“营改增”即增值税扩围奠定了基础）。

（3）其他税种的改革。第一，改革资源税。主要体现以下原则：统一税政，简化税制，把盐税并作资源税的一个税目；实行普遍征税、级差调节，把征税范围扩大到列明的矿产资源，采取按产品类别从量定额的征收办法；统筹规划资源税负担与流转税负担结构。

第二，开征土地增值税。土地增值税以转让房地产的增值额为课税对象，以利于规范土地、房地产交易秩序，合理调节土地增值收益，维护国家权益。

第三，改征农业特产税。把原征收产品税的10个农林水产品税目与原农林特产农业税加以合并，重新规定应征税收入的项目、税率、征收办法，改称农业特产农业税。

第四，取消和简并一些税种。取消了调控作用日益削弱、已无存在必要的国营企业奖金税、集体企业奖金税、事业单位奖金税、国营企业工资调节税4个税种；把特别消费税、烧油特别税并入具有特殊调节作用的消费税；为了简化和规范税制，推进分税制改革，把开停征屠宰税和筵席税的管理权下放给地方。

（4）改革和完善关税制度。为适应改革开放和对外经济贸易发展的需要，1993～2001年实行了五次关税税率下调，由39.6%下降到15.3%，相应的不同税目商品在每次调整中税率调整幅度不同。1992～2001年，我国除了关税水平有了大幅度的下降之外，在结合外经贸发展的实际情况、借鉴其他国家经验、遵循国际惯例基础上，对税则税目、征税方法等也进行了较大的改革。

此外，我国先后在1993年底、1995年和1995年底分三步对进口税收优惠政策进行了系统的清理。1997年亚洲金融危爆发后，我国及时调整进口税收政策，鼓励引进国外的先进技术和设备，扩大利用外资。2000年和2001年为我国加入世界贸易组织做准备，对进口税收优惠政策再次进行了清理，仅保留了法律、行政法规规定的15项进口税收优惠政策。至此，我国对进口税收政策基本完成了全面清理和规范，进口税收优惠政策从以地区优惠为主全面转向以产业优惠为主，按照符合国际惯例、符合社会主义市场经济的要求、符合“公平税负、鼓励竞争”等原则，促进税制进一步走向法制化和规范化。

2. 分税制改革中的收入划分改革

划分收入和支出范围，以及通过建立健全转移支付平衡地区间的财力缺口构成分税制改革的重要内容。其中，收入划分是在完善税制改革的基础上，对现行的税种在中央和地方之间进行划分，包括中央税、地方税和中央地方共享税三种类型。需要指出的是，1994 年的分税制改革是五级政府、两级治理的改革。分税制改革中的收入划分主要是中央收入和地方收入的划分。地方包括省及省以下各级政府。省以下的收入划分留给省级政府推进。

政府间收入的划分是分税制改革的重要组成部分，应结合分税制的指导原则推进。然而，分税制改革需结合政府职能来考虑，政府间收入划分要先考虑政府与市场的关系处理，明确政府的职能范围，通过政府职能界定来设计分税制改革的指导原则，进而确定政府间收入划分的原则。

对多层级政府而言，如果可能，将政府职能全部划归中央政府最为简便，可避免层级之间的利益冲突。但因为信息具有复杂性、不对称性，将政府职能全部划归中央政府会导致效率低下。地方政府接近当地居民，更了解其愿望和需求，因此，也有观点认为应当将政府职能尽可能下放，这样更符合信息充分原则，但这又会产生局部利益和全局利益的冲突。如合理划分各级政府的职能，明确各自的收入和支出责任，既让不同层级的政府各司其职，高效提供相应的公共产品和服务，又能避免相互之间恶性竞争和推诿。改革的方向应当是遵循现代国家的通行做法，依据“三原则”划分各级政府职能。

（1）外部性原则。假如一项活动只是一个地方得益或受损，此事项就交给这个地方来管理。一项活动不仅是一个地方受益或受损，还有其他方受益或受损，就具有外部性。如果外部性是跨区域的，就适于更高区域级别政府管理。

（2）信息处理的复杂性原则。信息处理越复杂、越可能造成信息不对称的事项，越应让地方政府管理。因为地方政府熟悉基层情况，能掌握更为真实、准确的信息，比中央政府有明显优势。如社会保险中养老保险信息相对简单，只需知道人的年龄、生死、就业状况就可以发放。医疗保险还需要知道身体情况、药品、医院等，信息高度不对称。相比之下，中央政府有条件全面管理养老保险，而医疗险更需要中央和地方政府合作管理。

（3）激励相容原则。要设计一种体制，使所有的参与人即使按照自己的利益去运作、也能实现整体利益最大化，这种体制就是激励相容的。而我国食品、药品安全的管理体制是激励相容的反面例子。不适当的划分政府间职能，会造成经济社会运行的低效率。

上述可视作分权理论划分中收入划分的技术性原则，根据政府职能划分的原则，改革设计者结合行政体制和地区间的发展水平，因地制宜，制定了更为细致和适合中国国情的分税制改革原则，妥善地处理了中央和地方的关系，减少了矛盾，收入划分改革按以下原则①进行。

一是正确处理中央与地方的分配关系，调动两个积极性，促进国家财政收入合理增长。既要考虑地方利益，调动地方发展经济、增收节支的积极性，又要逐步提高中央财政收入的比重，适当增加中央财力，增强中央政府的宏观调控能力。鉴于我国中央“两个比重”过低的问题，中央要从改革后财政收入的增量中适当多得一些，以保证中央财政收入的稳定增长。

二是合理调节地区之间财力分配。既要有利于经济发达地区继续保持较快的发展势头，又要通过中央财政对地方的税收返还和转移支付，支持经济不发达地区的发展和老工业基地的改造。同时，促使地方加强对财政支出的约束。

三是坚持统一政策与分级管理相结合的原则。划分税种不仅要考虑中央与地方的收入分配，还必须考虑税收对经济发展和社会分配的调节作用。中央税、共享税以及地方税的立法权都集中在中央，以保证中央政令统一，维护全国统一市场和企业平等竞争。税收实行分级征管，中央税和共享税由中央税务机构负责征收，地方税由地方税务机构负责征收。共享税中地方分享的部分，由中央税务机构直接划入地方金库。

四是坚持整体设计与逐步推进相结合的原则。分税制改革既吸取国外经验，又从我国实际出发，在明确改革目标的基础上，实施办法力求规范化，但必须抓住重点，分步实施，逐步完善。针对当时收入流失比较严重的状况，通过划分税种和分别征管堵塞漏洞，保证财政收入的合理增长；先把主要税种划分好，其他收入的划分逐步规范；作为过渡办法，当时实行的补助、上解和有些结算事项继续按原体制运转；逐步提高中央财政收入占全部

① 参见《国务院关于实行分税制财政管理体制的决定》。

财政收入的比例，对地方利益格局的调整也逐步进行。总之，通过渐进式改革先把分税制的基本框架建立起来，在实施中再逐步完善。

具体的中央与地方收入划分主要在遵循市场经济国家一般做法的基础上，结合我国实际情况确定，即：维护国家权益、涉及全国性资源配置、实施宏观调控所必需的税种划归中央，中央收入占全国财政收入的大头。将同经济发展直接相关的主要税种划为中央和地方共享税。将适合地方征管的税种划为地方税，并充实地方税税种，增加地方税收入。在1994年的分税制改革中，中央专享收入有8种，地方专享收入有18种，中央与地方共享收入有3种。具体税种如表2-1所示。

表2-1　　1994年中央与地方税收划分表

中央固定收入	地方固定收入	中央与地方共享收入
1. 关税 2. 海关代征的消费税和增值税 3. 消费税 4. 中央企业所得税 5. 地方银行和外资银行及非银行金融企业所得税 6. 铁道部门、各银行总行、各保险总公司等集中缴纳的营业税、所得税、利润和城市维护建设税 7. 中央企业上交的利润 8. 外贸企业的出口退税	1. 营业税（不含铁道部门、各银行总行，各保险公司集中缴纳的营业税） 2. 地方企业所得税（不含地方银行和外资银行及非银行金融企业的所得税） 3. 地方企业上缴利润 4. 个人所得税 5. 城镇土地使用税 6. 固定资产投资方向调节税 7. 城市维护建设税（不含铁道部门、各银行总行，各保险总公司集中缴纳的部分） 8. 房产税 9. 车船使用税 10. 印花税 11. 屠宰税 12. 农牧业税 13. 农业特产税 14. 耕地占用税 15. 契税 16. 遗产和赠与税 17. 土地增值税 18. 国有土地有偿使用收入	1. 增值税（中央分享75%，地方分享25%） 2. 资源税（海洋石油资源税归中央，其他资源税归地方） 3. 证券交易税（中央分享50%，地方分享50%）

（四）分税制财政体制改革的收入划分调整

分税制改革规范了中央和地方的收入划分关系，中央政府收入占财政收入的比重也不断提高，宏观调控能力也随之增强，初步达到了改革的初衷。但是分税制改革也遗留了一些问题，比如一些为了推进分税制改革顺利进行而采取的过渡性措施在分税制实施后显得不合时宜，并且在分税制改革时难以推进的“硬骨头”影响着我国社会主义市场经济体制的建设。所以分税制改革后，改革设计者又对分税制财政体制进行了调整和完善。

1. 实施所得税收入分享改革

从国际上看，绝大部分国家把所得税作为中央税，少数国家将所得税作为以中央为主体的共享税。1994 年分税制改革时，由于各方面因素的影响，决定暂缓所得税收入分享改革。实际是按照企业的隶属关系分税，地方国有企业所得税、集体企业所得税、外商投资企业所得税归地方，中央国有企业所得税归中央。随着社会主义市场经济体制的逐步建立和经济社会的不断发展所得税按隶属关系和税目划分收入的负面影响逐渐凸显。一方面，企业所得税按隶属关系划分收入，一定程度助长了一批地方政府为追逐税收利益搞地方保护主义和重复建设，阻碍了企业的兼并、重组，制约了经济结构调整；另一方面，随着投资主体多元化、按隶属关系划分企业所得税，在实际操作上也存在不少问题。中央与地方之间经常出现收入混乱的情况。此外，东部地区收入占比日益增多，中西部地区日益减少，地区间财力差距越来越大。

为了促进社会主义市场经济的健康发展，进一步规范中央和地方政府之间的分配关系，建立合理的分配机制，防止重复建设，扭转地区间财力差距扩大的趋势，支持西部大开发，逐步实现共同富裕，国务院决定实施所得税收入分享改革，并发布《国务院关于印发所得税收入分享改革方案的通知》等文件，自 2002 年 1 月 1 日起，除了少数特殊行业、企业（铁路运输、国家邮政、中国工商银行、中国农业银行、中国银行、中国建设银行、国家开发银行、中国农业开发银行、中国进出口银行、海洋石油天然气企业、中国石油天然气股份有限公司、中国石油化工股份有限公司等）缴纳的企业所得税归中央政府以外，其他企业所得税收入和个人所得税收入实行中央与地方按比例分享，将按企业隶属关系等划分中央与地方所得税收入的办法改为中央与地方按统一比例分享，中央保证各地区 2001 年地方实际所得税收入基数实施增量分成。国务院曾规定中国石油天然气股份有限公司、中国石油化工股份有限公司（以下简称“两大公司”）所得税作为中央与地方共享收入范围。但由于不少产油省份担心两大公司所得税年度之间波动过大，影响地方既得利益和预算安排，要求将这部分税收继续作为中央收入。经国务院批准，补充下发了相关文件，明确两大公司所得税继续作为中央收入。为了保证改革的顺利实施，防止所得税征管脱节，改革方案出台后，原来国家税务局、地方税务局征管企业所得税、个人所得税（包括储蓄存款利息所得个人所得税）的范围暂不作变动。从2002年1月1日起登记注册的企事业单位的所得税，由国家税务局征收管理。

2002年的税收分享比例是中央政府和地方政府各50%；自2003年起，中央政府的分享比例提高到60%，地方政府的分享比例降低到40%。中央因改革所得税收入分享办法增加的收入全部用于对地方，主要是中西部地区的一般转移支付。2008年实行统一的企业所得税以后，为了保证《中华人民共和国企业所得税法》的顺利实施，妥善处理地区间利益分配关系，做好跨省市总分机构企业所得税收入的征缴和分配管理工作，2008年中央实施跨省市总分机构企业所得税分配及预算管理改革。属于中央与地方共享收入范围的跨省市总分机构企业缴纳的企业所得税，按照统一规范、兼顾总机构和分支机构所在地利益的原则，实行“统一计算、分级管理、就地预缴、汇总清算、财政调库”的处理办法。总分机构统一计算的当期应纳税额的地方分享部分，25%由总机构所在地分享，50%由各分支机构所在地分享，25%按一定比例在各地间进行分配。总机构在每月或每季终了之日起十日内，按照以前年度各省市分支机构的经营收入、职工工资和资产总额三个因素，将统一计算的企业当期应纳税额的50%在各分支机构之间进行分摊（总机构所在省市同时设有分支机构的，同样按三个因素分摊），各分支机构根据分摊税款就地办理缴库，所缴纳税款收入由中央与分支机构所在地按60:40分享。分摊时三个因素权重依次为0.35、0.35和0.3。当年新设立的分支机构第二年起参与分摊；当年撤销的分支机构第二年起不参与分摊。

为进一步提高企业所得税征管质量和效率，2009年国家税务总局对新增企业的所得税征管范围做进一步修改、完善和重新调整。以2008年为基年，2008年底之前国家税务局、地方税务局各自管理的企业所得税纳税人不作调整。2009年起新增企业所得税纳税人中，应缴纳增值税的企业，其企业所得税由国家税务局管理：应缴纳营业税的企业，其企业所得税由地方税务局管理。

2. 提高中央分享印花税的比例

证券交易印花税于1990年7月1日在深圳证券市场开始课征，由卖出股票者按成交金额的6‰单向交纳。同年11月，深圳市对股票买方也开征6‰的印花税（作为地方税），开启了我国证券市场双边征收印花税的历史。1991年10月，鉴于股市持续低迷，深圳市又将印花税税率下调为3‰。在随后几年的股市中，股票交易印花税成为最重要的市场调控工具，1997年5月9日，为平抑过热的股市，股票交易印花税税率由3‰上调至5‰；1998年6月12日，为活跃市场交易，又将印花税税率由5‰下调为4‰，1999年6月1日，为拯救低迷的B股市场，国家又将B股印花税税率由4‰下降为3‰。

在税率不断变化的同时，税收分享比例也在不断变化。1994年，我国进行分税制改革，按照国务院发布的《关于实行分税制财政管理体制的决定》规定将新设立的证券交易印花税定性为中央地方共享税，由中央和地方政府各分享50%。改革开放以后，我国证券交易市场有了很大发展，证券交易规模不断扩大，证券交易印花税也有了较大幅度的增长。由于证券交易印花税仅在上海和深圳市征收，并由上海和深圳市共同分享，不少地方提出不同意见。为妥善处理不同地区的财政分配关系，中央政府持续提高印花税的分享比例：1994年的分享比例是中央政府和地方政府各得50%；1997年中央政府的分享比例提高到88%，地方政府的分享比例降低到12%；自2000年起，中央政府的分享比例分三年分别提高到91%、94%和97%，地方政府的分享比例逐年降低到9%、6%、3%。其中，2000年的分享比例，自2000年10月1日起执行。中央由此增加的收入主要用于支持西部贫困地区的发展，并作为补充社会保障资金的一个来源。

3. 实施出口退税负担机制改革

1994年分税制规定出口退税全部由中央财政负担，但由于税收退大于征，影响到出口退税的可持续性。在征管条件无法迅速改善的前提下，降低出口退税率就是有效的做法。1995年下半年和1996年初出口产品增值税退税率连续两次下调，就是财政因素所致。

1997年7月亚洲金融危机爆发后，我国出口形势严峻。为了应对亚洲金融危机和周边国家货币贬值给中国宏观经济形势带来的挑战，1998年我国实行了积极的财政政策，扩大内需，稳定出口，出口退税率也相应调高。1998~2003年，我国出口综合退税率从8.29%提高到9.24%，然后又升至11.8%。分税制改革后出口退税由中央全部负担，与增值税实行中央与地方共享的体制不符，中央负担沉重，出口欠退税较多。2000年之后，受出口骗退税问题的困扰，出口退税拖欠问题也越发严重。2001年，国家采取了“免、抵、退”政策，内销生产型企业可用当月应退税款抵消当月应纳增值税税款。2004年，出口退税率再次下调。为了调动地方政府打击骗退税的积极性，同时，将出口退税的负担比例与增值税分享比例一致起来，2004年起，中央开始考虑建立中央和地方共同负担出口退税的新机制。以2003年出口退税实退数额为基数，超基数部分的退税额由中央政府和地方政府按照75∶25的比例分别负担。后由于原来沿海出口退税较多的省份，特别是口岸城市反映出口退税负担过重，自2005年起，上述比例改为92.5∶7.5。并且出口退库的方式也有所改变，出口退税改由中央统一退库，相应地取消了中央对地方的出口退税基数返还，地方负担部分年终专项上解。

4. 成品油税费改革

20世纪90年代末，交通和车辆收费问题突出，社会反映强烈，相应税费改革被提上议事日程。1999年10月31日，第九届全国人民代表大会常务委员会第十二次会议通过了《全国人民代表大会常务委员会关于修改〈中华人民共和国公路法〉的决定》，其中规定：筹集公路建设资金，除了各级人民政府的财政拨款，包括依法征税筹集的公路建设专项资金转为的财政拨款以外，可以依法向国内外金融机构或者外国政府贷款国家采用依法征税的办法筹集公路养护资金，具体实施办法和步骤由国务院规定。依法征税筹集的公路养护资金，必须专项用于公路的养护和改建。国务院在制定将公路和车辆收费改为征税的实施办法的时候，应当取消各种不合理收费，确定合理的征税幅度，并采取有效措施，防止增加农民负担；同时防止增加车辆用油以外的其他用油单位的负担。成品油税费改革的序幕拉开。2000年9月，财政部、国家计委、国家经贸委、公安部、建设部、交通部、国家税务总局、国家工商行政管理局、国务院法制办公室、国务院经济体制改革办公室、中国石油天然气集团、中国石油化工集团共同研究制定《交通和车辆税费改革实施方案》。2000年10月，国务院发布《国务院批转财政部、国家计委等部门〈交通和车辆税费改革实施方案〉的通知》。为加快车辆和税费改革步伐，国务院决定于2001年1月1日先行出台车辆购置税。考虑到当时国际市场原油价格较高，为稳定国内油品市场，燃油税的出台时间将根据国际市场原油价格变动情况再定。

2008 年下半年国际市场油价持续回落，为实施成品油价格和税费改革提供了十分难得的机遇。为建立完善的成品油价格形成机制和规范的交通税费制度，促进节能减排和结构调整，公平税负依法筹措交通基础设施维护和建设资金，国务院决定自 2009 年 1 月 1 日起实施成品油价格和税费改革。该项改革提高现行成品油消费税单位税额，不再新设立燃油税。成品油税费改革的主要内容：一是取消公路养路费等收费，取消公路养路费、航道养护费、公路运输管理费、公路客货运附加费、水路运输管理费、水运客货运附加费六项收费。二是逐步有序取消政府还贷二级公路收费。三是提高成品油消费税单位税额，汽油消费税单位税额每升提高 0.8 元，柴油消费税单位税额每升提高 0.7 元，其他成品油单位税额相应提高。四是规定成品油消费税属于中央税，由国家税务局统一征收（进口环节继续委托海关代征）。纳税人为在我国境内生产、委托加工和进口成品油的单位和个人。纳税环节在生产环节（包括委托加工和进口环节）。计征方式实行从量定额计征，价内征收。五是提高成品油消费税单位税额后，对进口石脑油恢复征收消费税。六是新增成品油消费税连同由此相应增加的增值税、城市维护建设税和教育费附加具有专项用途，不作为经常性财政收入，不计入现有与支出挂钩项目的测算基数。为确保地方利益不受影响，该项税收返还的存量资金保证地方"六费"基数，增量资金原则上不调整地方既得利益，主要根据各地批发环节燃油销量分配，显然地方燃油消耗量越大，分享的税收越多。同时规定，"改革增加的消费税、增值税，虽然列在中央，但中央也不用于安排本级支出，全部由中央财政通过规范的财政转移支付方式分配给地方"。除由中央本级安排的替代航道养护费等支出外，其余全部由中央财政通过规范的财政转移支付方式分配给地方。改革后形成的交通资金属性、资金用途、地方预算程序和地方事权均不变。

5. 其他政府间收入划分的调整

除了以上税种外，还对营业税、车辆购置税税种的收入划分进行改革。

（1）营业税改革。为了发挥税收的调控作用，进一步理顺国家与金融保险企业之间的分配关系，促进金融保险企业之间的平等竞争，保障国家财政收入，从 1997 年 1 月 1 日起，将金融保险业营业税税率由 5% 提高到 8%。提高营业税税率后，除各银行总行、保险总公司缴纳的营业税仍全部归中央收入外，其余金融、保险企业缴纳的营业税，按 5% 税率征收的部分归地方，提高 3 个百分点征收的部分归中央。后来为了支持金融保险行业的改革，从 2001 年起，金融保险业营业税税率每年下调 1 个百分点，分三年将金融保险业营业税税率降至 5%，中央分享部分也随之取消。从 2012 年 1 月 1 日起，铁道部集中缴纳的铁路运输企业营业税（不含铁路建设基金营业税）由中央收入调整为地方收入，铁道部集中缴纳的铁路建设基金营业税仍作为中央收入。

（2）车辆购置税改革。自 2001 年起开征，车辆购置税收入全部归中央政府。船舶吨税自 2001 年重新纳入预算管理，收入全部归中央政府。固定资产投资方向调节税自 2000 年起暂停征收。

6. 国债余额管理制度的构建和对地方违规举债的管理

2006 年，国债余额管理制度确立。1981 ~ 2005 年，我国一直实行年度发行额管理方式，2006 年起采用余额管理方式①。这意味着中央公债的发行数量控制让位于余额管理，只要年末不突破限额，国债就可以不受限制地发行，这样财政部就能根据资金需求、市场情况灵活掌握发债计划，降低筹资成本，配合财政政策实施，只要不突破未到期国债的上限，也可以实施短期国债的滚动发行。

1994 年《中华人民共和国预算法》明令禁止地方政府举债行为，同时规定“各级政府预算应做到收支平衡，不列赤字”，从制度上堵住地方政府通过债券融资发展地方经济的可能性。随着 2008 年金融危机的爆发，我国经济颇受影响，为带动国内经济的恢复，中央政府率先发行地方政府债券，转贷地方使用，带动了地方政府举债行为，地方政府的债务急剧增加。2009 ~ 2010 年，国家出台文件，对中央代发地方政府债券、财政担保行为、地方政府融资平台、地方政府发行债券试点等工作进行规范性规定，开始正视对地方政府债券进行全方位的管理及疏导。

分税制改革以来的央地收入划分，是区别于计划经济体制下的行政性分权改革，无论是政府与市场的关系，还是中央与地方的关系，真正体现了现

---

① 国债余额指立法机关不具体限定中央政府当年国债发行额度，而是通过限定一个年末不得突破的国债余额上限以达到科学管理国债规模的方式。国债余额包括中央政府历年预算赤字和盈余相互冲抵后的赤字累积额、向国际金融组织和外国政府借款统借统还部分（含统借自还转统借统还部分）以及经立法机关批准发行的特别国债累计额，是中央政府以后年度必须偿还的国债价值总额，能够客观反映国债负担情况。

代意义上的“财政分权”，地方政府需要在自己财力的基础上，对自己最终的预算平衡负责，相应的权责主体和主体权责日渐明晰，这也极大地增强了地方政府组织收入的积极性，甚至出现了一些恶性竞争阻碍全国统一大市场的行为，不管怎么样，分税制在收入划分上相对充分体现了财政治理的效能，“两个比重”切实提升，中央的宏观调控能力大幅改善。

三、国家治理现代化要求下的央地间收入划分的深化

2013年，党的十八届三中全会通过的《中共中央关于全面深化改革若干重大问题的决定》赋予财政以“国家治理的基础和重要支柱”的新定位，确定了建立现代财政制度的财税体制改革的目标。财税体制改革要发挥中央和地方的积极性，保持现有中央和地方财力格局总体稳定的局面，结合税制改革，考虑税种属性，进一步理顺中央和地方收入划分。党的十八届三中全会后，在税制改革方面，政府间收入划分以营业税改征增值税（“营改增”）为主线，调整和开征了一些税种，形成了以中央地方共享税为主体的政府间收入划分格局，保证了中央和地方收入的稳定性。

（一）“营改增”

国家在“十二五”规划之“改革和完善税收制度”中提出，按照优化税制结构、公平税收负担、规范分配关系、完善税权配置的原则，健全税制体系，加强税收法制建设。扩大增值税征收范围，相应调减营业税等税收，从此我国“营改增”的改革开始拉开序幕。中国“营改增”改革试点从2012年初开始，至2016年5月1日“营改增”改革全面实施，期间历时近5年半时间，经历了以下几个阶段：2011年11月16日，财政部和国家税务总局下发了《关于印发〈营业税改征增值税试点方案〉的通知》和《关于在上海开展交通运输业和部分现代服务业营业税改征增值税试点的通知》两个文件，规定自2012年1月1日起在上海市开展交通运输业（暂不含铁路运输）和部分现代服务业营业税改征增值税试点。2012年7月31日，财政部和国家税务总局下发了《关于在北京等8省市开展交通运输业和部分现代服务业营业税改征增值税试点的通知》，规定试点地区应自2012年8月1日起开始面向社会组织实施试点工作，北京市在2012年9月1日前，江苏省、安徽省在2012年10月1日前，福建省、广东省在2012年11月1日前，天津市、浙江省、湖北省在2012年12月1日前分别完成新旧税制转换。2013

年 5 月 24 日，财政部和国家税务总局下发了《关于在全国开展交通运输业和部分现代服务业营业税改征增值税试点税收政策的通知》，规定自 2013 年 8 月 1 日起，在全国范围内开展交通运输业和部分现代服务业“营改增”试点。2013 年 12 月 12 日，财政部和国家税务总局下发了《关于将铁路运输和邮政业纳入营业税改征增值税试点的通知》，规定自 2014 年 1 月 1 日起，铁路运输和邮政业在全国范围内开展营业税改征增值税试点。2014 年 4 月 29 日，财政部和国家税务总局发布了《关于将电信业纳入营业税改征增值税试点的通知》，规定自 2014 年 6 月 1 日起，电信业纳入营业税改征增值税试点。2016 年 3 月 23 日，财政部和国家税务总局下发了《关于全面推开营业税改征增值税试点的通知》，包含了《营业税改征增值税试点实施办法》等 4 个重要附件，规定自 2016 年 5 月 1 日起，在全国范围内全面推开营业税改征增值税试点，“营改增”范围扩大到建筑业、房地产业、金融业和生活服务业。同时，允许企业将购进机器设备所含增值税纳入抵扣范围，允许企业将新增不动产纳入抵扣范围。此外，新增行业的原营业税优惠政策继续执行。“营改增”改革全面推开，减轻了企业税负，促进了经济结构转型升级。

2016 年国务院发布《国务院关于印发全面推开营改增试点后调整中央与地方增值税收入划分过渡方案的通知》，将增值税中央和地方的划分比例由原来的中央占 75%、地方占 25%，划分为中央与地方各占 50%，过渡期为 3 年。

财政部、国家税务总局《关于全面推开营业税改征增值税试点的通知》中的附件一《营业税改征增值税试点实施办法》发布后，增值税出现了“一税两制”现象：其中，2009 版的《中华人民共和国增值税暂行条例》继续实施，其三档税率分别为 17%、13%、0；《营业税改征增值税试点实施办法》第十五条规定的增值税税率为四档，分别为：纳税人发生应税行为，除本条第（二）项、第（三）项、第（四）项规定外，税率为 6%；提供交通运输、邮政、基础电信、建筑、不动产租赁服务，销售不动产，转让土地使用权，税率为 11%；提供有形动产租赁服务，税率为 17%；境内单位和个人发生的跨境应税行为，税率为零，具体范围由财政部和国家税务总局另行规定。因此，由于“一税两制”现象的存在，综合《中华人民共和国增值税暂行条例》与《营业税改征增值税试点实施办法》，增值税税率实际上有五档，分别为 17%、13%、11%、6%、0。

2017年4月28日，《财政部 国家税务总局关于简并增值税税率有关政策的通知》发布，决定自2017年7月1日起，简并增值税税率结构，取消13%的增值税税率。本次修订后，“一税两制”制度下的增值税税率，取消了13%，增值税税率变为四档：分别为17%、11%、6%、0。除零税率外，尚有三档税率，即17%、11%、6%。同年10月30日，国务院常务会议通过《国务院关于废止〈中华人民共和国营业税暂行条例〉和修改〈中华人民共和国增值税暂行条例〉的决定（草案）》，标志着实施60多年的营业税正式退出历史舞台。

2018年4月4日，《财政部国家税务总局关于调整增值税税率的通知》决定调整增值税税率，“纳税人发生增值税应税销售行为或者进口货物，原适用17%和11%税率的，税率分别调整为16%、10%”。本次调整后，增值税税率除零税率外，尚有三档，即16%、10%、6%。《2019年国务院政府工作报告》指出：“2019年政府工作任务……实施更大规模的减税。普惠性减税与结构性减税并举，重点降低制造业和小微企业税收负担。深化增值税改革，将制造业等行业现行16%的税率降至13%，将交通运输业、建筑业等行业现行10%的税率降至9%，确保主要行业税负明显降低；保持6%一档的税率不变，但通过采取对生产、生活性服务业增加税收抵扣等配套措施，确保所有行业税负只减不增，继续向推进税率三档并两档、税制简化方向迈进。”

2019年9月26日，国务院发布《实施更大规模减税降费后调整中央与地方收入划分改革推进方案》，进一步保持和确定了2016年增值税收入划分过渡方案的决定，即增值税收入划分“五五分享”比例不变，即中央分享增值税的50%、地方按税收缴纳地分享增值税的50%。并且调整完善增值税留抵退税分担机制。建立增值税留抵退税长效机制，结合财政收入形势确定退税规模，并保持中央与地方“五五”分担比例不变。为缓解部分地区留抵退税压力，增值税留抵退税地方分担的部分（50%），由企业所在地全部负担（50%）调整为先负担15%，其余35%暂由企业所在地一并垫付，再由各地按上年增值税分享额占比均衡分担，垫付多于应分担的部分由中央财政按月向企业所在地省级财政调库。

（二）证券交易印花税

2001年11月16日，财政部调整证券（股票）交易印花税税率。对买卖、继承、赠与所书立的 A 股、B 股股权转让书据，由立据双方当事人分别按 2‰的税率缴纳证券（股票）交易印花税。2007 年 5 月 30 日，根据资本市场运行情况，财政部突然宣布将两市证券交易印花税由 1‰上调至 3‰。2008 年 4 月 24 日，根据资本市场运行情况，财政部将印花税下调至 1‰。同年 9 月 19 日，我国的证券交易印花税实行单边征收（卖出时征收），税率为 1‰，持续至今。

为了完善分税制财政体制，保证税收公平，根据《国务院关于调整证券交易印花税中央与地方分享比例的通知》，从 2016 年 1 月 1 日起，将证券交易印花税由现行按中央 97%、地方 3% 比例分享全部调整为中央收入，结束了证券交易印花税中央与地方共享的历史。

（三）环保税

2016 年 12 月 25 日，十二届全国人大常委会通过《中华人民共和国环境保护税法》，决定 2018 年 1 月 1 日起正式实施。环保税的纳税人为在中华人民共和国领域和中华人民共和国管辖的其他海域，直接向环境排放应税污染物的企业事业单位和其他生产经营者。征税对象为大气污染物、水污染物、固体废物和噪声等 4 类。在税收优惠方面，规定了 5 项免税情形：农业生产（除规模化养殖）排放污染物；机动车、船舶和航空器等排放污染物；向城镇污水集中处理、生活垃圾集中处理场所排放的污染物；符合标准综合利用的固体废物排放物；其他情形。并且，环境保护税的征收机关是污染物排放地的税务机关。

在环保税法颁布之后，国务院于 2017 年 12 月 25 日发布《环境保护税法实施条例》。其后，财政部、国家税务总局、生态环境部、工信部等部门也相继发布了环保税实施的配套政策文件。地方政府在环保税法授权范围内，制定和发布了各地的具体税额标准。环保税相关配套制度和政策的制定，进一步细化了环保税法和实施条例的规定，保证了环保税制度的可操作性，实现了环保税费制度的平稳转换和成功落地。

2018 年 1 月 1 日起，《中华人民共和国环境保护税法》实行，标志着中国有了首个以环境保护为目标的税种。根据财政部统计，2018 年环境保护税收入为 151 亿元。考虑到环境保护税是按季申报缴纳，因而 2018 年实际征收的只是前三季度的税款，按全年进行估算的环保税年收入规模应约为 200 亿元。与同期同口径的排污费收入相比，环保税收入规模有所增加。环保税的顺利平稳实施，为后续完善制度、加强征管，以及进一步促进企业污染治理和减少污染排放奠定了良好开局。环保税为地方排污费平移而来，因此，费改税之后，仍属于地方收入。

（四）消费税改革

2019年9月26日，国务院发布《实施更大规模减税降费后调整中央与地方收入划分改革推进方案》指明了消费税下一步改革的方向，后移消费税征收环节并稳步下划地方，这有利于建立健全地方税收体系，培养地方税源。按照健全地方税体系改革要求，在征管可控的前提下，将部分在生产（进口）环节征收的现行消费税品目逐步后移至批发或零售环节征收，拓展地方收入来源，引导地方改善消费环境。具体调整品目经充分论证，逐项报批后稳步实施。先对高档手表、贵重首饰和珠宝玉石等条件成熟的品目实施改革，再结合消费税立法对其他具备条件的品目实施改革试点。改革调整的存量部分核定基数，由地方上解中央，增量部分原则上将归属地方，确保中央与地方既有财力格局稳定。

（五）税收返还

1. 消费税

为深化财税体制改革，理顺中央与地方收入划分，促进外贸稳定发展，国务院决定，进一步完善出口退税中央和地方负担机制，调整消费税税收返还政策。2015年2月16日，国务院发布《国务院关于完善出口退税负担机制有关问题的通知》，中央对地方消费税不再实行增量返还，改为以2014年消费税返还数为基数，实行定额返还。

2. 增值税

1994年实施的增值税返还如前文对两税返还所述，平稳进行；2016年，国务院发布的《关于印发全面推开营改增试点后调整中央与地方增值税收入划分过渡方案的通知》规定，中央与地方按“五五分成”，中央上划收入以2014年为基数通过税收返还方式还予地方。计算方式如下：中央返还或地方上缴基数＝“营改增”后地方分享增值税（即50%的部分、含原营业税）－［“营改增”前地方分享增值税（即25%部分）＋营业税（100%）］。如果为负值，即前者小于后者，则为中央返还基数；如果为正值，即前者大于后者，则为地方上缴基数。

“营改增”的变动并不影响两税返还最初设计，各地方实际得到增值税收入取决于基期 2014 年确定的税收返还额及各地区自身增值税增长率（或增量）。与前期相同，既要保持现有财力格局不变，又要注重调动地方积极性；但同样可以通过渐进递减设计调整中央地方增值税收入划分方案，使税收返还对地方财政收入增加效应逐渐弱化。上述方案同时规定“中央集中的增值税收入增量通过均衡性转移支付分配给地方，主要用于加大对中西部的支持力度等”。

2016 年 12 月 11 日，国务院发布《关于实行中央对地方增值税定额返还的通知》，从 2016 年起，调整中央对地方原体制增值税返还办法，由 1994 年实行分税制财政体制改革时确定的增值税返还，改为以 2015 年为基数实行定额返还，对增值税增长或下降地区不再实行增量返还或扣减。返还基数的具体数额，由财政部核定。自此，两税税收返还数额与各地区自身增值税增长率挂钩的历史结束。央地时间收入划分形成新的格局（见表 2-2）。

表 2-2　当前央地间收入划分情况

中央税	国内消费税，关税，进口环节增值税和消费税，船舶吨税，车辆购置税，海洋石油资源税，证券交易印花税，铁路运输、国家邮政、各银行总行、石油天然气企业缴纳的所得税等
中央与地方共享税	国内增值税，共享比例：中央 50%、地方 50%。
	企业所得税和个人所得税，中央分享 60%、地方分享 40%
地方税	环境保护税，房产税，城镇土地使用税，城市维护建设税，土地增值税，资源税（不含海洋石油资源税），印花税（不含证券交易印花税），车船税、耕地占用税，契税，烟叶税，教育费附加等

（六）地方政府债券的发行

2014 年底，财政部对政府性债务进行甄别，属于政府偿还责任的归为地方政府债务，不属于政府偿还责任的归为市场，政府不再承担偿还责任。通过甄别将存量债务规模锁定，并通过债务置换，将非政府债券置换为政府债券，降低了地方政府利息支出。同时，由财政部代地方发行部分地方政府债券。

2015 年 1 月 1 日，新《中华人民共和国预算法》生效。政府举债一般通过发行债券的方式。标准化的债券发行可以降低举债成本。新《中华人民共和国预算法》赋予省级政府发债权，并同时实行债务余额管理制度。地方债分一般债券和专项债券。随着地方政府债务正式赋权发行，地方政府举债融资机制不断规范完善，基本形成覆盖地方政府债务管理的“闭环”风险防控体系。主要体现以下几个方面：

1. 建立规范的地方政府举债融资管理机制

在党的十八届三中全会通过的《中共中央关于全面深化改革若干重大问题的决定》和全面深化改革方案基础上，预算法修订实施，国务院、财政部先后发布《关于加强地方政府性债务管理的意见》，以及限额管理、地方政府一般债务和专项债务预算管理办法等一系列文件，建立规范的地方政府举债融资机制，赋予地方政府依法适度举债权限，明确了地方政府债务“谁来发、怎么发、怎么还”等问题。进一步明确“怎么管”问题，对地方政府债务实行规模控制，依法设置地方政府举债规模的“天花板”；强化预算管理，一般债务和专项债务分别纳入相应的一般公共预算和政府性基金预算管理，地方政府债务接受人大和社会监督。

2. 建立地方政府债务风险管理机制

建立风险管理机制，控制和化解地方政府性债务风险。一是实施地方政府债务风险预警。综合运用债务率、偿债率等指标，每年组织评估、预警、通报地方各级政府债务风险情况，督促各省级政府制定风险化解规划或应急处置预案，多渠道筹集资金化解存量债务风险。二是风险应急处置机制。先后出台《地方政府性债务风险应急处置预案》《地方政府性债务风险分类处置指南》，对地方政府性债务风险应急处置作出系统性安排，妥善做好风险事件应急政策储备。三是建立地方政府债务日常监督机制。财政部门印发办法，授予专员办就地查处的权力，实现地方政府债务常态化监督。

同时，根据运行中的问题，财政部门出台文件规范管理，严禁借政府投资基金、政府和社会资本合作（PPP）、政府购买服务等名义变相举债，使具体领域管理更加明确细化，并对相关问题进行了整改。

3. 探索建立项目收益与偿债自求平衡的地方专项债券发行机制

在严格执行法定限额管理的基础上，财政部会同有关部门印发土地储备、政府收费公路专项债券管理办法，试点发行项目收益与融资自求平衡的专项债券品种，开好规范举债的“前门”。

第二节　中国央地收入划分改革的成效及面临的挑战

1994 年的税制及分税制改革，奠定了适应市场经济体制要求的政府间治理关系基础。税制改革基于国家作为管理者和所有者的角色，分别征缴税收和产权收益，正确处理了政府和市场的关系，为社会主义市场经济和分税制奠定了基础。在此基础上，在央地之间进行收入划分，并将中央“振兴财政”的意图贯穿到财政体制改革中，在适应社会主义市场经济体制要求、规范央地财政关系改革的同时，实现了“两个比重”提高，和“两个积极性”的提升，比较好地实现了改革的初衷。但随着新问题、新情况的出现，叠加原有体制机制问题，现行的收入划分格局也面临着新的挑战。

一、中国央地收入划分改革的成效

中国央地收入划分因循经济、财政改革而与时俱进改革，从形塑治理格局，到提升各主体的积极性，取得了积极的治理效果。

（一）调动中央与地方“两个积极性”，提高“两个比重”

中央与地方税收收入的划分及税务机构的分设，大大促进了中央与地方两个积极性，继而提高了税收收入占国民生产总值的比例。税务机构分设前，全国税收由同一税务局统一征收，税务局出现关注重要税种收入的征集而忽略地方小税种的征集情况。国税和地税机构分设后，国家税务局和地方税务局所负责征管的税收多是各自独享或共享的税收，这种受益与征管的结合是征税动力的源泉。而税收返还制度中的“增量返还”机制的设计也体现了调动地方积极性的目的。

“两个比重”切实提高。1994 年的分税制改革及其不断完善，较好地处理了国家与企业、个人以及中央与地方的分配关系，调动了中央和地方两个积极性，建立了财政收入稳定增长的机制，符合激励相容的原则。过去延续计划经济体制的管理模式，地方只处于执行的角色，自身作为独立的利益主体的色彩不够，既缺少承担主体责任的能力，也缺少基于自身利益的谋事动力。分税制改革，改变了过去行政性分权的做法，探索经济性分权改革，中央和地方财政分级管理，地方政府成为相对独立的利益主体，进而也有了财政利益动机。

中央财力和地方财力都不断壮大，财政收入占 GDP 的比重和中央财政收入占全国财政收入的比重逐步上升（见图 2－3）。1999 年全国财政收入迈上万亿元台阶，2003 年和 2005 年又相继突破 2 万亿元和 3 万亿元大关，2022 年达 203703 亿元。其中，中央财政收入 94885 亿元，地方财政收入 108818 亿元。财政收入（小口径统计，仅包括一般公共预算收入）占 GDP 的比重由 1993 年的 12.19% 提高到 2022 年的 16.83%，扭转了分税制改革前财政收入占 GDP 的比重不断下降的趋势；中央财政收入占全国财政收入的比重，由 1993 年的 22% 提高到 2022 年的 53.42%，改变了改革前中央依靠地方的被动局面、由地方向中央转移支付，变成中央向地方转移支付，从制度上保证了中央财政在资源分配上的主导地位，强化了中央政府的调控职能。国防、国家重大项目建设资金需要得到有效保障，有利于实现全国性的重大战略目标，增强了中央政府应对自然灾害和宏观经济波动的相机抉择能力。

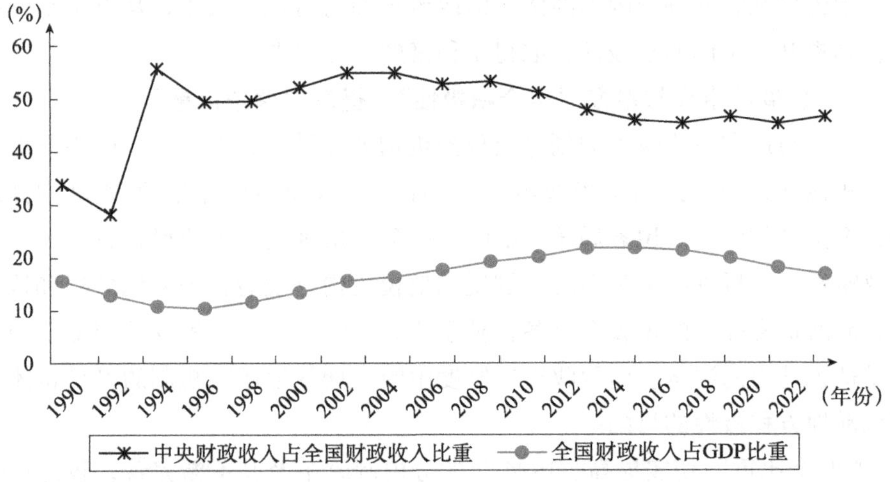

图 2－3　1991～2022 年“两个比重”占比

资料来源：《中国统计年鉴》及财政部网站数据。

（二）促进了经济体制、增长方式“两个转型”

分税制及相应的配套税制改革，正确处理了政府与市场、中央与地方的财政关系。市场成为资源配置的核心机制，市场主体进一步形塑，政府的职能边界进一步清晰化，政府间收支划分进一步规范化，奠定了财政体制机制的基础。

首先，我国收入划分改革适应了经济体制由计划经济向市场经济转变。中央政府与地方政府按税种划分收入的市场决定型分税取代之前中央与地方一对一谈判而形成的集中分成式分税，有利于奠定市场经济的宏观基础，实现政府职能的转变。计划经济体制下，中央政府是一个集中分配者，地方政府取得的收入很大程度取决于各个地方政府与中央“讨价还价”的结果；而在市场经济体制下，地方政府收入取决于其划定税种的收入变化，从而使其提供的公共产品和服务水平可以在边际上影响其收入数量。这是市场经济的财政基础，也是市场经济在政府部门的延伸。我们可以把各个地方政府看作是市场竞争者，其提供的公共产品和服务是其提供的“商品”，而税收则是其获得的收入或者“商品”的价格。计划经济体制下，这种“商品”的价格与“商品”本身的价值没有必然联系，但市场经济体制下，这种“商品”同样符合价格规律。从另一个角度来看，计划经济体制下的企业税收收入按隶属来划分，容易导致地方割据和地方保护主义，故而分税制改革有利于建立全国统一市场，促进资源的自由分配。

其次，预算收入划分改革在一定程度上实现了经济增长从粗放型模式到集约型模式的转变。税权的集中规范了地方政府的行为，尤其是地方政府减免税权的取消，极大地遏制了地方政府间的恶性竞争并减少了重复建设，一定程度上修正了粗放型的经济增长模式。

（三）为公平统一的大市场营造良好的税收环境

税制改革及其完善，奠定了与市场经济体制相适应的基础。基于税收划分原则在央地间划分收入，最大限度地弱化了税收划分及税基的流动性对区域公平的影响问题。税基易流动的划分为中央税，不宜流动的划分为地方税，有助于消除地方简单粗暴的恶性竞争、抢夺税源，激发地方眼睛向内的动力。同时，流转税为主体的税制，特别是增值税的引入，消除了重复征税问题，内外资企业税制的统一，内资企业税制的统一，税收以收入为目标转向以公平的营商环境为目标的制度理念在悄然变化，再到增值税转型、扩围（“营改增”）等改革，资源税从价计征变为从量计征，等等，都在着力打造公平的税收环境。

（四）收入划分规范化、法治化进一步提升

法制化是财政治理的重要基础和保障。在财政体制随经济体制转轨过程不断发展变化中，收入划分的法制化程度不断提升。

一是税收法定程度大幅提升，为财政治理奠定坚实基础。法制是财税治理的重要保障，在改革的过程中，从早期的三个涉外税种立法，到党的十八届三中全会以来18个税种先后有12个税种完成立法（含原来三个完成立法的涉外税种），尚未完成立法的税种也正在路上，整体上看税收法定程度有效提升，为税收治理奠定了坚实的基础。

二是收入划分方式不断简化、规范。随着税制改革的推进，先是税制本身的统一规范，进而把原有的体制补助、体制上解固化到一般转移支付中，还有将税收返还由增长返还变为固定返还并纳入到一般转移支付管理，等等，分税制收入划分特征更鲜明，制度更加规范。

二、中国央地收入划分面临的挑战

中国财政体制中的收入划分对于探索推进市场经济体转轨、实现与市场经济体制相适应的财税体制改革目标、法制化不断提升等奠定了现代治理的基础，取得了积极成效。但是，改革本身的渐进性及新情况的出现，也使收入划分面临新的挑战。

（一）央地收入划分存在的问题

1. 收入划分与支出责任不匹配，导致转移支付“小马拉大车”

分税制改革后，地方政府事权延续分税制改革前的格局并呈缓慢上升之势，但财权及对应的财政收入因体制调整而大幅下降，之后二者关系大致稳定。分税制改革赋予了中央政府更多的税收收入归属权，但中央与地方的事权划分仍旧延续了1994年的事权划分。分税制改革的主要目的是提升“两个比重”，增强中央政府的宏观调控能力，随着这一目标的实现，分税制怎么完善，体制怎么改，就成为改革亟待解决的问题。

在我国特殊的体制背景下，分税制运行中也存在一些“财权上移，事权下移”的情况，演变到现在，地方政府的支出责任比例基本保持在85%左右，而收入在50%左右。其中大量的地方事权落实是依靠中央的转移支付来实现的，转移支付承担了过多的体制职能，形成了“小马拉大车”的局面。并且转移支付和税收收入分享对地方政府来说具有较大不确定性。央地税收收入分享比例变动相对较频繁，转移支付一度存在一般性转移支付比例过小、专项转移支付比例过多、碎片化严重、效率低下等问题，地方政府缺乏稳定预期。

自 2013 年经济进入新常态，经济增速由高速增长变为中高速增长，再加上一系列减税降费政策，我国税收增速呈逐步下降态势，地方政府在整体税收增速下降的情况下，财政预算平衡十分紧张。地方政府为了满足其财权上的自主性需求、迫于财政压力不得不转向非税收入。虽然非规范收入在特定阶段一定程度上满足了地方政府的资金需求，却产生了很多负面效应，如加重了纳税人负担、资金难以管理、资金使用效率低、土地财政，以及由此带来的房地产调控问题等一系列复杂的经济社会问题。

2. 地方主体税种缺失，地方税体系碎片化严重

虽然现在划分给地方的税种较多，但其中不少税种普遍存在税源分散、征管困难、税收规模小的问题。地方税体系亟需一种收入稳定可持续、对地方财政收入起主要作用的主体税种。地方主体税种应当是税源充足、稳定、持续的。缺乏地方主体税种，会使地方政府对每一个地方税种都产生过分依赖，任何一个税种的收入波动都会影响地方税收政策和公共决策，不利于地方财政体制和社会的稳定。

我国实行“营改增”之前，营业税是地方税收中的第一大税种，也是地方财政税收的最主要来源，2006～2015 年，地方税收的 30% 左右都来自于营业税收入。这种状况说明了营业税收入在地方税收中占比非常大，一旦营业税收入发生变化，就会严重影响地方税收收入。随着我国在全国范围内实施“营改增”，营业税已经成为中央和地方共享税种，即使中央作出较大的让步，分成比例再次下调，地方主体税种的缺失也会引发地方税收收入的下滑。地方税体系碎片化严重。当前地方税体系稳定性差，影响着地方财政的稳定和安全，政府现代财政职能得不到充分发挥。当前地方自有税种能筹集财政收入功能不足，虽然所占地方政府税收收入比重近年来有所提高，但是存在着“一税独大”的局面，2015 年，占地方政府的税收收入达到了 62%，其中大部分都是来自于营业税的收入，通过十年数据分析营业税平均几乎占到地方税收的 1/3。地方税收主体税种严重的单一化，除了营业税之外，其他小税种筹资能力更加有限，单项税种收入比重均不超过 10%，短期内，其他税种很难承担地方税主体税种的角色。除了营业税之外，占地方财政税收收入比重最高的地方税种就数契税和城市维护建设税，2016 年占地方财政税收收入比重分别为 6.2% 和 5.9%。这一数据也表明了共享税已成为中央与

省级政府间纵向平衡的主要税种，省级以下地方政府同样采用这种纵向平衡法。如图 2－4 所示，2017 年包括增值税、消费税、企业所得税和个人所得税在内的共享税和中央税在地方税收中属于大宗税种，占地方税收高达 70%以上。

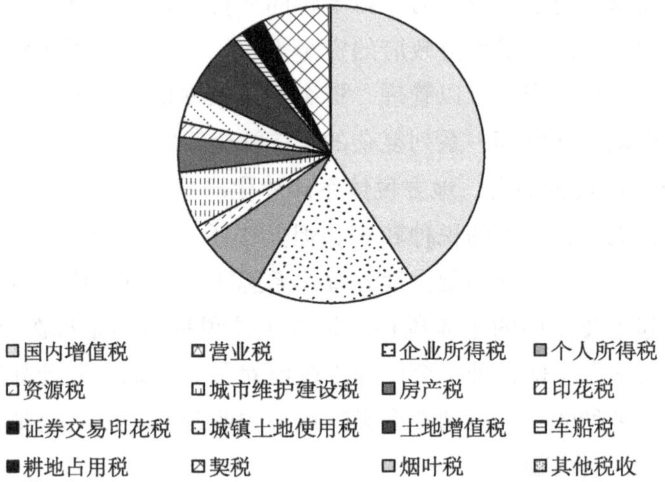

图 2－4　2017 年各种税种占地方税收收入的比重

当前结构性减税以及"营改增"的实施，从全国范围来看，税收收入规模总体降幅较大，这与国家宏观税收政策调整有关，然而，此次调整，曾作为地方主体税种的营业税完全被增值税取代。当前分税制体制下，大税种几乎都划为了中央税和共享税，地方税种虽多，但规模较小，短期内无法成为营业税的替代主体税种。这一切都让地方主体税种的构建，成为财税改革的核心挑战之一。随着我国"营改增"改革全面推开，营业税已退出历史舞台，地方税更加依靠分享的增值税，地方税体系主体税种缺失、碎片化问题进一步凸显。

3. 税收立法权限集中于中央，地方税收立法权配置有限

在税收立法权方面，总体表现为中央集权。税收立法权限高度集中于中央，地方仅有非常有限的税收立法权。我国税收立法权高度集中在中央，即全国人大及其常委会；其余大多是以中央行政机关以行政法规、部门规章和实施细则等方式颁布。地方政府税收立法权仅给予省级立法机关和政府，省以下是不具有税收立法权的。但是《中华人民共和国环境保护税法》中明确规定省级（自治区、直辖市）人民政府有权在税额表规定幅度内，根据本地

区实际环境情况，报同级人大常委会决定，对应税大气污染物和水污染物的具体适用税额进行确定和调整。总而言之，我国地方政府并没有真正意义上的税收立法权。在现行央地财政收入和支出划分的格局下，地方缺乏税收立法权的因地制宜的相机调整，就更加依赖转移支付，从一定意义上也不利于地方积极性的发挥。

4. 收入划分存在引致地方竞争，影响全国统一大市场形成

央地财税收入划分，大头是共享税，如增值税和所得税，这些税都与地方经济规模和结构紧密相关，出于利益动机，导致地方竞争愈演愈烈，甚至存在一些恶性竞争，各种形式的显性或隐性的地方保护主义仍比较突出，影响了全国统一大市场的形成，给国家经济整体带来了效率损失。

5. 税收法治化任务艰巨，尚有部分税种法定待深化

我国税收立法级次偏低，税收法律级次一般分为税收法律、税收法规和税收规章，严重影响依法治税的进程。健全的税收法律体系是依法治税的前提，税收法律级次越高或者税收法律在整个税收法律体系中所占的比重越大，税收立法就越趋科学、合理。2013 年内中国有 18 个税种，大部分税种征收依据是全国人大或其常委会制定的法律。税收实体法的立法已在加快，截至 2022 年，仍有 1/3 的税种是在“条例”和“暂行条例”层面，一些“暂行条例”甚至暂行了 20 多年。

不可否认，税收法治化问题的存在有历史原因，也有一定的合理性。全国人大授权国务院制定征税条例或暂行条例，较好地适应了改革开放初期经济社会形势多变的现实。在充分肯定这一点的同时，我们需要明白，“授权”对应的是改革目标还不明确的“摸着石头过河”的年代，现在按照社会主义市场经济体制和国家治理现代化目标要求，充分发挥市场在资源配置中的决定性作用，税收法治化程度迫切需要提高。

（二）央地收入面挑战的成因分析

1. 转移支付承担了过多的体制职能

分税制财政体制内容包括事权和支出责任划分、收入划分及转移支付安排三项内容。只有事权划分合理了，支出责任才合理，将事权与支出责任相匹配，进而考虑财权或财力与事权和支出责任的匹配情况。税收收入归属权的合理划分应当建立在事权和支出责任的合理划分的基础上。税权划分与事权和支出责任的划分协调同步，配以转移支付制度调节，才会使分税制财政

管理体制完善发展，中央与地方政府间财政关系得到规范。

改革开放以来，我国分税制改革都注重税收收入的划分，受路径依赖、改革渐进性及管理水平等因素影响，事权和支出责任划分都没有深化。这使我国税权划分合理依据不充分，并不能匹配公共财政为居民提供有效公共服务的根本目的。首先，事权划分与支出责任划分不匹配，中央与地方共有事权中往往中央承担决策权，地方承担执行权，而支出责任最终兜底则在地方；其次，财权（力）也没有与支出责任相匹配，税权及税收和转移支付等规范性收入没有与支出责任匹配。总体格局就是地方收支匹配性差，越来越依赖大量的转移支付来保障事权的落实，转移支付承担过多的体制职能，导致了现实中收入划分落实的诸多问题。总的来说，我国税权划分与事权和支出责任划分仍存在一定程度脱节，是不科学、不合理、不规范的税权划分模式。

2. 收入划分目标的多元性和形势匹配性的协调及动态调整不够

分税制改革时的收入划分，目标有多重，首先是提高“两个比重”，然后是调动地方积极性，还有促进全国统一市场的形成等，改革初期侧重“两个比重”，其他目标就难以同等兼顾。而且，随着改革推进和经济社会的进步，有的目标逐步实现，如提高“两个比重”，有的目标如市场公平和收支匹配等则突显出来，改革过程中的动态调整机制没有与时俱进等。这些是导致收入划分问题的重要原因。

3. 共享税程度过高，不利于分税制功能发挥

我国的税收收入中增值税和所得税是大头，这些税必须在中央和地方政府之间共享。然而这些税都是税基流动性较强的税种，而且增值税在生产环节征收，容易出现辖区间争夺税源的问题。尤其在目前地方税收入大部分来自于共享税的情况下，各地方政府更容易在共享税税源按机构所在地或经营活动所在地划分上发生矛盾。此外，“营改增”后中央与地方按5:5的比例分享增值税，地方政府很大程度上依赖于增值税，显然会激励地方追求数量型经济增长。再者，企业所得税以及个人所得税列入地方政府共享收入，不利于收入再分配以及地方政府的收入稳定。

4. 财税法治水平待提升

基于改革开放初期中国立法环境及改革开放需要，在税权关系安排上，赋予行政部门过大权力。中国大多数税收制度基本上都是由财政部、国家税

务总局拟定的部门规章，缺乏稳定性和严肃性。世界上很多国家央地税权关系划分都在宪法中有所确立，而中国的央地税权关系与税收制度一样是通过行政部门的规章来确立的，省以下的税权关系更是交由各省在遵守中央政策、规章精神的前提下自行出台政策进行安排。这就使各地在执行政策时自主性较大，比如税收优惠政策由于招商引资的需要，各地一度出现政策恶性竞争的问题。

中国税收立法集中于中央，执法集中于地方。这就出现了中央立法、地方执法的局面，容易出现地方保护主义等情况，导致执法不严。此外，我国缺乏专业的司法人才及相应的司法机关，司法缺乏权威，容易受到行政的干扰。

总之，中国央地之间政府收入划分的演进历程，充分体现了财政治理的演进过程。从计划经济时期高度集中统一的经济体制，逐步实现经济体制转轨，财政治理相向而行，从“利税分流”“两步利改税”到多种所有制企业（主体）并存（特别是涉外企业和涉外税制的建立），不断形塑政府与市场关系，同时，反复“放权、收权”的行政性分权改革探索也为后续经济性分权改革积累了经验。转轨到社会主义市场经济体制之后，以流转税为主体税种的税制建立，以及后续税种的健全，税收划分不断完善，对于消除重复征税、规范税收优惠、营造公平的市场环境，发挥了重要作用；同时，央地间收入“相对彻底”的分权以及最终收支平衡责任的地方主体化，对于提高地方的积极性发挥了重要的治理效能。到国家治理现代化阶段，在进一步完善政府与市场、中央与地方收入治理的基础上，进一步完善增值税，收入体制目标由分税制初期的组织收入逐步转化为更突出良好的营商环境，政府与社会的治理关系也不断得到强化（社会团体的税收优惠等），多元善治的治理格局日臻完善。但同时，经济放缓、财政收入增速下行对分税制改革以来的激励机制带来挑战，以及法治化提升等，成为进一步完善税收改革和收入划分治理面对的重大课题。

第三章

中国央地财政事权和支出责任划分改革的演进

央地财政事权和支出责任划分改革也是伴随经济体制改革和财政体制改革的深化而不断推进。在高度集中统一的计划经济体制下，地方和企业因缺乏自主权而影响积极性，中央和地方之间财政关系通过“收权”“放权”进行过积极改革探索，但难以形成规范的长效机制；后续探索向市场经济转轨的央地财政关系改革，打破大一统的“大锅饭”体制，逐步实行“分灶吃饭”分级财政管理体制，到后来的包干制，一定程度上调动了地方的积极性，但同时弱化了中央的宏观调控能力，“两个比重”过低，亟待振兴财政。随着转轨改革的推进，中国推进分税制财政体制改革，规范了央地财政支出划分，实现了由行政性分权到经济性分权的转变，明晰了主体权责，强化了中央和地方的主体责任，极大地调动了两个积极性。到了国家治理现代化改革阶段，财政是国家治理的基础和重要支柱，定位被提到前所未有的高度，以多元共治善治为目标的财政治理改革迈向新阶段，财政事权和支出责任划分先后出台总体指导意见、共同事权和各领域的事权与支出责任清单；同时，政府部门间权责主体和主体权责进一步明晰，问责机制不断健全，财政治理现代化水平进一步提升。

第一节　财政事权和支出责任划分改革的历程

我国的财政事权与支出责任划分，早期就是收支划分。伴随着经济体制改革转轨探索和市场经济体制的不断完善，从大一统体制到分级财政管理，由行政性分权到经济性分权改革，最后到国家治理现代化改革，都呈现出不同的内涵和发展变化。

一、中国央地事权和支出责任划分的历史沿革

中国事权和支出责任划分改革，大致按照分税制财政管理体制实行和党的十八届三中全会为时间节点分三个阶段描述。

（一）分税制改革以前的事权划分

总的来看，向市场经济体制转轨以前，中央对于事权划分虽然经过多次微调，但仍是“上下一般粗”，应由政府承担的职能基本上仍是上下对口，上面出政策，下面对口执行，执行责任压力最后都压到基层政府，但是如果出现系统性风险，最终责任还是由中央兜底，大量事项由中央和地方共同承担，执行压力和兜底责任不能形成出清机制，政策目标难以实现。中华人民共和国成立到分税制改革实行，财政事权和支出责任划分改革大致以改革开放为时间节点分两段来回顾。

1. 改革开放以前的央地事权划分的尝试与探索

这个阶段，资源配置以“条条”为主导。1950 年实行“高度集中、统收统支”财政体制，财政管理权限集中在中央，财力集中在中央，各项财政收支（除地方附加外）全部纳入统一的国家预算。1951 ~ 1979 年，中国在整体上统收统支的财政管理体制模式下，开始探索“划分收支、分级管理”等方式，探索基于行政隶属关系在中央与地方之间划分收入和支出，相比“高度集中、统收统支”的体制，由“收支两条线”变为收支挂钩，赋予地方一定的财政管理权，有助于调动地方的积极性，同时避免了资金频繁地上缴下拨以及分散中央的精力的问题，使中央有精力考虑国家财政的重大问

题。改革开放以前，中国实行的是典型的计划经济体制，地方政府是整个国家机器的有机组成部分，财政体制是与当时的发展形势相适应的。但是，财政体制改革探索主要是行政和经济管理权，由于中央的高度集中统一管理，期间虽然也曾进行过放权让利改革的积极探索，但是集权的性质没有根本性变化，地方缺乏相应的自主权，地方积极性受到一定程度的抑制。中央对地方的分权采取的是行政性分权①，在这一框架下，中央和地方的事权划分只是行政和经济管理权的划分，核心的剩余管理权与剩余索取权问题没有明确，事权划分自然是不可能清晰。党的十一届三中全会以前，中央、地方组织架构及事权调整频繁，且不够规范，首先是政府、企业、公民的职能（责）边界不清，以基层为例，乡改为公社，"工农商学兵"，即公共服务与生产消费事务统一到公社。要求社员也要亦工、亦兵、亦农。与之相适应，政府各层级的事权是相同的，只有地域范围的差别，表现为国家掌握的各种资源层层分解。中国实行的是高度集中统一的计划经济体制，地方政府和企业都是国家这个大机器的组成部分，期间也根据相应的问题进行了适应性调整，先后有放权让利改革的探索，但总体上仍然是行政和经济管理权的收放调整，与现代治理意义上的"分权"改革仍有距离。

2. 分灶吃饭体制时期的央地事权划分

分灶吃饭财政体制，在确保巩固中央统一领导和统一计划，确保中央必不可少开支的前提下，明确划分各级财政的权力和责任，做到权责结合，各行其职、各负其责，充分发挥中央和地方两个积极性，共同承担平衡国家财政收支的责任。

（1）"划分收支、分级包干"财政管理体制。1980 年起实行"划分收支、分级包干"财政管理体制，即"分灶吃饭"财政体制，主要内容是按照经济管理体制关系规定的隶属关系，明确划分中央和地方财政收支范围，财政支出按企事业的隶属关系划分。具体划分如下：

一是按照经济管理体制规定的隶属关系，明确划分中央和地方财政的收支范围。财政支出按企事业的隶属关系划分。属于中央财政的支出有：中央的基本建设投资，中央企业的流动资金、挖潜改造资金和新产品试制费、地

① 所谓行政性分权是指在国有制经济中所有制关系以及相应的权力组织结构基本不变的前提下，通过国家行政和经济管理权在中央和地方政府间的调整来调动中央和地方两个积极性的分权战略。

质勘探费，国防战备费，对外援助支出，国家物资储备支出，以及中央级的农林、水利、气象等事业费，工业、交通、商业部门的事业费，文教卫生科学事业费和行政管理费等。属于地方财政的支出有：地方的基本建设投资，地方企业的流动资金、挖潜改造资金和新产品试制费，支援农村人民公社支出，农林水利气象等事业费，工业、交通、商业部门的事业费，城市维护费，城镇人口下乡经费，文教卫生科学事业费，抚恤和社会救济费，行政管理费等。特大自然灾害救济费、特大抗旱防汛补助费、支援经济不发达地区资金等由中央专项拨款。

二是地方财政收支的包干基数，按照上述划分收支的范围，以 1979 年财政收支预计执行数为基础，经过适当调整后计算确定。地方的财政支出，首先用地方的固定收入和固定比例分成收入抵补，如有多余，上缴中央；如果不足，则用调剂收入弥补。如果固定收入、固定比例分成收入、调剂收入全部留给地方，仍不能满足地方支出的，则由中央按差额给予补助。

三是地方上缴比例、调剂收入分成比例和定额补助数由中央核定下达后，原则上五年不变。地方在划定的收支范围内自求平衡。地方每年的各项支出，均由各地根据国民经济计划的要求和财力情况自行安排，中央各部门不再下达支出指标。在预算执行过程中，除遇有特大自然灾害中央可以酌情补助，国家采取的一些重大措施中央规定可以另行解决的部分，以及企事业的上划和下拨以外，均不再调整地方包干基数或补助数额。

四是凡是涉及全国性的重大问题，如税收制度、物价政策、公债发行、工资奖金标准、企业成本开支范围和专项基金提取比例以及重要的开支标准等，各地区、各部门都必须执行全国统一的规定，未经批准，不得变动。

1980 年的财政体制改革，在预算管理上由以“条条为主”改为以“块块为主”，有助于调动地方积极性，也有助于地方统筹安排本地区经济发展规划，便于安排中长期计划。

（2）“划分税种、核定收支、分级包干”财政体制。随着两步“利改税”“利税分流”改革到位，1985 年开始财政体制改为“划分税种、核定收支、分级包干”财政体制，收入由按行政隶属关系划分转向按税种划分，在收入划分方面对之前的体制作了适应性调整。中央与地方支出范围仍按行政隶属关系划分。中央支出主要包括中央经济建设支出，国防、外交及中央级科教文卫事业费，行政管理费支出等；地方支出主要包括地方经济建设支出，地方科教文卫事业费和行政管理费支出等。

1985 年的财政体制实行后，由于多种因素影响，财政运行出现了一些新问题，中央财政收入占比下降、运转困难；发展快的地区认为上缴比例过高影响积极性，而一些地区则收入下降、收支矛盾突出。

（3）多种形式的包干制财政体制。1988 年起开始实行财政包干制，共有收入递增包干、总额分成、总额分成加增长分成、上解递增包干、定额上解、定额补助六种不同的包干制度安排。

分灶吃饭财政体制阶段，针对财政体制运行中暴露出来的问题，中国积极进行了改革探索，与其他改革相协同，财政体制改革先后通过“利税分流”“两步利改税”形塑了政府和企业的关系，逐步形塑“独立自主、自负盈亏”的市场主体；同时通过“分灶吃饭”的分级财政管理体制（即包干制），地方“自主支配、自我负责”的程度进一步提升，地方的积极性得到进一步调动，但是这个过程中，超过包干制约定的增长率（量）之外的增量都落在地方政府，“两个比重”（全国财政总收入占 GDP 比重、中央财政收入占全国财政收入的比重）不断降低，导致中央财政困难、中央宏观调控能力弱化，同时也存在签订包干合同时“吵基数”等问题，包干制体制呈现易变、不稳定、不规范的问题。

党的十一届三中全会以后，全国开始了经济体制改革，理论界和实际部门负责人对传统体制下企业没有自主权、国家集中过多，特别是中央统得过死的问题看法一致，普遍认为应当通过改革下放权力，逐步把中央管的企业交给地方管，改变中央统一掌握资源分配权的局面。1980 年进行的财政“分灶吃饭”改革虽然提高了地方的积极性，但是事权依然保留“上下一般粗”的体制。[①] 1988 年，行政性分权进一步发展为五大包干，即企业、财政、外贸、投资、信贷划块包干。1993 年，价格、税收、财政、外汇、外贸、金融全面改革，终止了这种恶性循环。企业和市场的职能归位了，政府应承担作用的职能凸显了，只是尚未在事权上做明确划分。

但是，相比高度集中统一的计划经济体制，央地在事权划分上的调整力度进一步加大，“分灶吃饭”财政体制的实行，特别是包干制，赋予了地方一定程度的自主权，对于调动地方的积极性发挥了重要作用。但是，由于分

① 楼继伟：《中国政府间财政关系再思考》，中国财政经济出版社 2013 年版，第 296 页。

权改革不够彻底，叠加事权及政策的频繁调整，以及一些形势变化的大起大落，地方呈现出自主能力难以与支出需求相匹配的矛盾，呈现为不匹配是常态、匹配是非常态的状况，以至于地方“负赢不负亏”的情况，特别是包干制“包盈不包亏”的问题突出，演化下来的结果就是，亏损仍然需要向中央讨价还价，而盈利的地方增量大头都落到了地方。这既影响了事权划分的稳定性、规范性，也影响到了中央的宏观调控能力。当时而言，北京市增长包干，上海市总额包干，两者包干制几年里，除了完成包干合同约定的增长率（量），其他没有增长，但是从后来的实践看，两个地方不同程度地存在藏富于企、藏富于民的情况，导致两个比重不断下降。

（二）分税制改革到党的十八届三中全会的央地事权划分

1994 年的税制和分税制改革并没有对政府间事权和支出责任进行明晰划分，但是中央与地方在收入端的划分进一步明晰，分税制改革时关于事权划分的表述实际上是对当时中央与地方分工情况的白描：“根据现在中央政府与地方政府事权的划分，中央主要承担国家安全、外交和中央国家机关运转所需经费，调整国民经济结构、协调地区发展、实施宏观调控所必需的支出以及由中央直接管理的事业发展支出……地方财政主要承担本地区政权运转所需支出以及本地区经济、事业发展所需支出……”这种表述是原则性的，责任边界是含糊不清的。因此，1994 年分税制财政体制改革并没有真正重新划分中央和地方的事权，而是把当时既有的中央和地方事权作为划分支出范围和确立支出类型，具体内容如表 3－1 所示。

表 3－1　　分税制中央与地方财政支出划分

类别	内容
中央财政支出	国防费、武警经费，外交和援外支出，中央级行政管理费，中央统管的基本建设投资，中央直属企业的技术改造和新产品试制费，地质勘探费，由中央安排的支农支出，由中央负担的国内外债务的还本付息支出，以及中央本级负担的公检法支出和文化、教育、卫生、科学等各项事业费支出
地方财政支出	地方行政管理费，公检法支出，部分武警经费，民兵事业费，地方统筹的基本建设投资，地方企业的技术改造和新产品试制经费，支农支出，城市维护和建设经费，地方文化、教育、卫生等各项事业费，以及其他支出

资料来源：中国政府网。

改革中，省对市县财政管理体制改革主要就是把上述“地方财政主要承担本地区政权机关运转所需支出以及本地区经济、事业发展所需支出”的规定，根据既有的省对市县各级支出范围细分为省和市县财政主要承担本级政权机构运转所需支出及本级辖区经济、事业发展所需支出。分税制财政体制改革，重点在收入端改革，提高“两个比重”，提升中央财政的宏观调控能力，达到振兴财政的目的。对于支出端的改革，基本在外部性、信息充分性和激励相容的原则下，对原有的中央和地方事权进行了划分，主要是划分了支出范围；对支出责任，不少共同承担责任的支出事项，由中央决策并给予一定的补助，预算平衡的兜底责任，实际上留给了地方，成为后续财政体制治理运行问题的原因。

（三）党的十八届三中全会以来财政事权和支出责任划分

党的十八届三中全会将财政定位为“国家治理的基础和重要支柱”，财政事权与支出责任划分需要基于财政治理的要求，针对存在问题，不断深化改革。

1. 财政体制存在的问题

在新的形势下，中央与地方财政事权和支出责任划分大体延续着分税制改革时确定的事权和支出责任划分，存在不清晰、不合理、不规范等问题，主要表现在：政府职能定位不清，一些本可由市场调节或社会提供的事务，财政包揽过多，同时一些本应由政府承担的基本公共服务，财政承担不够；中央与地方财政事权和支出责任划分不尽合理，一些本应由中央直接负责的事务交给地方承担，一些宜由地方负责的事务，中央承担过多，地方没有担负起相应的支出责任；不少中央和地方提供基本公共服务的职责交叉重叠，共同承担的事项较多；省以下财政事权和支出责任划分不尽规范；有的财政事权和支出责任划分缺乏法律依据，法治化、规范化程度不高。这些状况不利于充分发挥市场在资源配置中的决定性作用，不利于政府有效提供基本公共服务，与建立健全现代财政制度、推动国家治理体系和治理能力现代化的要求不相适应，必须积极推进中央与地方财政事权和支出责任划分改革。

2. 改革的部署与推进

党的十八届三中全会对全面深化改革作出部署，明确提出要深化财税体制改革、建立现代财政制度。先将义务教育、基本就业服务、基本养老保险等涉及人民群众基本生活和发展需要、需要优先和重点保障的八大类 18 项基本公共服务事项，纳入事权和支出责任划分改革范围，逐项明确中央与地方的支出责任分担方式和具体比例。同时，结合政府支出分类，按照统一的原则和标准加快明确分领域财政事权和支出责任划分。2014年6月30日，中央政治局会议审议通过的《深化财税体制改革总体方案》，确定了财政事权和支出责任划分改革的基本原则和总体要求。2016年8月24日，国务院发布《关于推进中央与地方财政事权和支出责任划分改革的指导意见》（以下简称《指导意见》）。《指导意见》反映了党的十八大和十八届三中、四中、五中全会提出的建立事权和支出责任相适应的制度、适度加强中央事权和支出责任、推进各级政府事权规范化法律化的要求，通过合理划分中央与地方财政事权和支出责任，为政府有效提供基本公共服务提供保障，推动建立现代财政制度，推进国家治理体系和治理能力现代化。其指导思想是科学合理划分中央与地方财政事权和支出责任，形成中央领导、合理授权、依法规范、运转高效的财政事权和支出责任划分模式，落实基本公共服务提供责任，提高基本公共服务供给效率，促进各级政府更好履职尽责。《指导意见》出台为我国财政事权和支出责任划分改革指明了方向，中央和地方财政事权和支出责任划分改革的主要内容要求如下。

（1）适度加强中央的财政事权。坚持基本公共服务的普惠性、保基本、均等化方向，加强中央在保障国家安全、维护全国统一市场、体现社会公平正义、推动区域协调发展等方面的财政事权。强化中央的财政事权履行责任，中央的财政事权原则上由中央直接行使。中央的财政事权确需委托地方行使的，报经党中央、国务院批准后，由有关职能部门委托地方行使，并制定相应的法律法规予以明确。对中央委托地方行使的财政事权，受委托地方在委托范围内，以委托单位的名义行使职权，承担相应的法律责任，并接受委托单位的监督。要逐步将国防、外交、国家安全、出入境管理、国防公路、国界河湖治理、全国性重大传染病防治、全国性大通道、全国性战略性自然资源使用和保护等基本公共服务确定或上划为中央的财政事权。

（2）保障地方履行财政事权。加强地方政府公共服务、社会管理等职责。将直接面向基层、量大面广、与当地居民密切相关、由地方提供更方便有效的基本公共服务确定为地方的财政事权，赋予地方政府充分自主权，依法保障地方的财政事权履行，更好地满足地方基本公共服务需求。地方的财政事权由地方行使，中央对地方的财政事权履行提出规范性要求，并通过法律法规的形式予以明确。要逐步将社会治安、市政交通、农村公路、城乡社区事务等受益范围地域性强、信息较为复杂且主要与当地居民密切相关的基本公共服务确定为地方的财政事权。

（3）减少并规范中央与地方共同财政事权。考虑到我国人口和民族众多、幅员辽阔、发展不平衡的国情和经济社会发展的阶段性要求，需要更多发挥中央在保障公民基本权利、提供基本公共服务方面的作用，因此应保有比成熟市场经济国家相对多一些的中央与地方共同财政事权。但在现阶段，针对中央与地方共同财政事权过多且不规范的情况，必须逐步减少并规范中央与地方共同财政事权，并根据基本公共服务的受益范围、影响程度，按事权构成要素、实施环节，分解细化各级政府承担的职责，避免由于职责不清造成互相推诿。要逐步将义务教育、高等教育、科技研发、公共文化、基本养老保险、基本医疗和公共卫生、城乡居民基本医疗保险、就业、粮食安全、跨省（区、市）重大基础设施项目建设和环境保护与治理等体现中央战略意图、跨省（区、市）且具有地域管理信息优势的基本公共服务确定为中央与地方共同财政事权，并明确各承担主体的职责。

（4）建立财政事权划分动态调整机制。财政事权划分要根据客观条件变化进行动态调整。在条件成熟时，将全国范围内环境质量监测和对全国生态具有基础性、战略性作用的生态环境保护等基本公共服务，逐步上划为中央的财政事权。对新增及尚未明确划分的基本公共服务，要根据社会主义市场经济体制改革进展、经济社会发展需求以及各级政府财力增长情况，将应由市场或社会承担的事务交由市场主体或社会力量承担，将应由政府提供的基本公共服务统筹研究划分为中央财政事权、地方财政事权或中央与地方共同财政事权。

《指导意见》出台拉开了我国财政事权和支出责任划分的序幕，随后财政部门各个领域开始进行事权和支出责任划分改革，2018 年在医疗卫生领域进行了事权和支出责任划分，2019 年在科技领域进行了事权和支出责任划分，2020 年分别在生态环境领域、公共文化领域、自然资源领域、应急救援领域进行了事权和支出责任划分，以往中央与地方财政事权和支出责任划分不够清晰的局面得到了明显改变。截至 2022 年已经在 11 个领域出台了事权和支出责任清单，有些因故没有公开。2022 年，中共中央专门出台指导省以下财政体制改革的指导文件，对总体原则及相关领域的收支划分予以明确，各地陆续出台了地方的省以下财政体制改革方案。

二、中国央地事权与支出责任划分框架

（一）中央事权与支出责任

中央政府的事权与支出责任相对明晰。依据影响范围标准，中央政府的事权应该确定为影响范围具有全国性的事务，主要表现为影响国家安全、一国经济稳定、与全国公民利益息息相关或关系到公民基本权利保护的事权。具言之，中央政府的事权应界定为保障国家安全、维护全国统一市场，体现社会公平正义、推动区域协调发展等，这些事权仍需进一步细化。如表3－2所示，国家安全方面的事权主要包括国防、外交、国界河湖治理、国家安全、出入境管理、国防公路等；还包括全国重大传染病防治，全国性大通道，全国性、战略性自然资源使用和保护等，基本公共服务，这些可确定或上划为中央财政事权。在中央事权中发挥体现公平正义功能的重大公共卫生服务事权主要指全国性或跨区域的重大传染病防控等重大公共卫生服务。这些事权履行所对应的支出科目即为政府的支出责任。①

然而这一理论在实践中仍需结合我国的现实国情以灵活的方法予以变通适用。具言之，宏观稳定和收入分配事权由中央政府承担自无异议。但是中国幅员辽阔，各省管辖区域较大、区域差异明显而中央政府的能力仍略显不足，故省级政府在本省范围内也承担着具有宏观稳定和收入分配性质的事权，具体包括社会保障和就业支出、医疗卫生支出、教育支出、住房保障支出等，此类支出或直接或间接影响公民间的收入分配。此外，户口对居民迁移的限制也是我国省级、市级政府部分承担再分配事权的重要原因。未来随着事权划分改革的进一步深化，发挥宏观稳定和再分配职能的事权应逐步上划到中央政府。基本养老事权上划为中央事权也在广泛讨论之中。

表3－2　　　　中央主要支出责任一览

级别	分类	政府性质	事权划分	主要支出责任划分
全国	中央	全国型	1. 中央政权运转	中央
			2. 国家安全与国防、外交，宣传	中央主要负责，地方配合
			3. 管理中央直属企业投资补贴，管理国家重点建设；宏观调控；部属高校教育；重点国有企业社保	中央负责
			4. 中央所办文化体育	中央主要负责，地方配合

① 参见《医疗卫生领域中央与地方财政事权和支出责任划分改革方案》。

（二）地方事权与支出责任划分

省以下财政体制由于没有统一的制度安排要求，各省事权与支出责任划分并没有统一的划分方案，可以说各省事权与支出责任划分安排各不相同。我们就相关省份的事权与支出责任划分进行梳理和归纳。

1. 省级事权和支出责任

依据影响范围标准，即事务的性质影响全省的，一般由省级政府负责。省级政府的事权主要为维护全省统一市场秩序以及提供受益范围覆盖全省的基本公共服务①。在《国务院关于推进中央与地方财政事权和支出责任划分改革的指导意见》② 的指引下，各省政府对省级以下政府事权与支出责任划分作出了规定。广东省政府将其事权界定为在建立全省统一市场、经济社会稳定、经济协调发展等方面的财政事权。山东省政府将全省发展战略规划、省域经济管理、重大基础科学研究等发挥省级政府调控功能且有利于促进区域协调发展的基本公共服务划为省级事权。湖北省政府与山东省政府相似，将省级政府事权确定为一省范围内的宏观经济调控、统一市场建设和重大战略实施等③。

根据不同省份关于省级政府财政事权的规定，省级事权一般是全省统一市场、基本公共服务均等化、经济协调发展，可以看出省级政府所行使的职能主要是全省范围内的宏观调控、再分配，与中央政府事权不同之处在于其事权限于一省范围内。在统一市场方面，省级政府应保障省内区域间生产要素的自由流动。基本公共服务均等化方面，省级政府主要承担基本医疗保险、养老保险、义务教育等关系到公平正义的事权。经济协调发展方面，省级政府主要负责缩小区域间经济发展差距。我国当前省级政府之所以承担这些事权，是一种过渡性的策略，未来将致力于实现在全国范围内的统一市场和基本公共服务均等化。省级政府的支出责任即履行上述事权所应承担的财政支出义务和管理责任（见表3－3）。

---

① 参见《广东省省级与市县财政事权和支出责任划分改革实施方案》。

② 《国务院关于推进中央与地方财政事权和支出责任划分改革的指导意见》指出各省政府要明确省级政府在保持区域内经济社会稳定、促进经济协调发展、推进区域内基本公共服务均等化等方面的职责。

③ 参见《湖北省省以下财政事权和支出责任划分改革实施方案》。

表3－3　　省级政府主要支出责任一览

级别	分类	政府性质	事权划分	主要支出责任划分
省级	省（自治区）	区域型	1. 本级政权运转	省级
			2. 所属企业投资	省级负责
			3. 省内重大基础建设	省级主要负责，省以下各级政府配合
	直辖市	城市区域结合型	1. 本级政权运转	直辖市级
			2. 所属企业投资补贴	直辖市级
			3. 城市建设	直辖市级主要负责，区县配合

2. 市级事权和支出责任

市级政府作为省级政府和县级政府之间的中间环节，其事权划分相对复杂（见表3－4）。一方面市级政府可以承担省级政府的部分事权，如市级政府承担高中教育、科技推广适用、地方历史文化遗产保护、区域环境保护和治理等事权，同时市级政府也可以承担县级以下政府所承担的公共服务和社会管理职能。并且随着“省直管县”体制改革的深化，市县政府的事权与支出责任将逐渐趋同。笔者认为，应根据各省实际，探索市级政府事权多样化的机制。依据政府能力原则，县级政府能力较强的地方，市级政府的事权应只限制在市（区）影响范围以内；县级政府能力较弱的地方，市级政府的事权应还包括对县级的区域协调和公共服务均等化方面。

表3－4　　地级政府主要支出责任一览

级别	分类		政府性质	事权划分	主要支出责任划分
地级	地区		区域型	1. 本级政权运转	地区级
				2. 所属企业投资补贴	地区级
				3. 地区重大基础建设	地区级主要负责，区县配合，上级政府支持
	地级市	辖县	城市区域结合型	本级政权运转	市级
				1. 城市教育	市级和区县级共同负责，上级政府支持
				2. 所属企业投资	市级负责
				3. 城市建设	市区县共同负责，上级政府支持
				4. 区内基础建设	市区县共同负责，上级政府支持
				5. 失业和救济	市区县共同负责
				6. 养老保险	市区县共同负责，省级不同程度统筹

续表

级别	分类		政府性质	事权划分	主要支出责任划分
地级	地级市	不辖县	城市政府	1. 本级政权运转	市级
				2. 城市教育	市、区共同负责
				3. 所属企业投资	市级
				4. 城市建设与基础设施	市、区共同负责
				5. 失业、养老保险和救济	市、区共同负责，省级不同程度统筹

3. 县级及以下政府的事权与支出责任

事务的影响范围只局限于县级及其以下范围的，多由县级政府承担。县级政府承担的事权与支出责任往往具有影响范围地域性强、直接面向基层、信息较为复杂、与当地居民密切相关且由县级以下政府履行更有效等特点。县级政府在我国是事权承担相对较多的一级政府，主要负责地区性基本公共服务和社会管理（见表3－5）。根据事权划分的影响范围标准，县级政府承担的事权主要应为卫生、消防、治安、公园、污水垃圾处理等。乡级政府是距离公民最近的基层政府，也是我国行政级别最低的层级政府。乡级政府管理区域大、对应民众多，且越到最基层其事务越繁杂。依据影响范围标准和信息复杂性标准，乡级政府的财政事权与支出责任主要包括计划生育、户口管理、养老、义务教育、农田水利、社会治安、消防、基础建设等。我国政府间的分税制是自上往下划分，越到基层会出现税源越小甚至无税可分的情形。但是基层政府事权的履行与公民权利攸关，故依据财权财力标准，县级以下政府的事权应适当上移。具言之，计划生育、户口管理、养老、义务教育方面的事权由于影响范围具有外部性，故应作为乡级政府和上级政府的共同事权，乡级政府只承担其影响范围在其区域内的部分。

表3－5　　县及以下政府主要支出责任一览

级别	分类	政府性质	事权划分	主要支出责任划分
县级	县	区域政府	1. 本级政权运转	县级
			2. 教育和医疗卫生	县级主要负责，其他各级政府配合支持
			3. 支援农村支出	县级主要负责，其他各级政府配合支持
			4. 区内基础建设和城镇建设	县级主要负责，其他各级政府配合政策
			5. 计划生育	县级主要负责，其他各级政府配合支持
			6. 失业和救济	县级主要负责，其他各级政府配合支持
			7. 养老保险	县级主要负责，省市级不同程度统筹

续表

级别	分类	政府性质	事权划分	主要支出责任划分
县级	县级市	城市区域结合型	1. 本级政权运转	县级
			2. 教育和医疗卫生	县级主要负责，其他各级政府配合支持
			3. 支援农村支出	县级主要负责，其他各级政府配合支持
			4. 城市建设和区内建设	县级主要负责，其他各级政府配合支持
			5. 计划生育	县级主要负责，其他各级政府配合支持
			6. 失业和救济	县级主要负责，其他各级政府配合支持
			7. 养老保险	县级主要负责，省市级不同程度统筹
乡级	乡镇	农村政府	1. 本级政权运转	县乡共同负责
			2. 农村教育	县级主要负责，其他各级政府配合支持
			3. 计划生育	县级主要负责，其他各级政府配合支持

（三）共同事权和支出责任

根据《国务院办公厅关于印发基本公共服务领域中央与地方共同财政事权和支出责任划分改革方案的通知》，共同事权转移支付目前涵盖以下八大类18项（见表3－6）：一是义务教育，包括公用经费保障、免费提供教科书、家庭经济困难学生生活补助、贫困地区学生营养膳食补助4项；二是学生资助，包括中等职业教育国家助学金、中等职业教育免学费补助、普通高中教育国家助学金、普通高中教育免学杂费补助4项；三是基本就业服务，包括基本公共就业服务1项；四是基本养老保险，包括城乡居民基本养老保险补助1项；五是基本医疗保障，包括城乡居民基本医疗保险补助、医疗救助2项；六是基本卫生计生，包括基本公共卫生服务、计划生育扶助保障2项；七是基本生活救助，包括困难群众救助、受灾人员救助、残疾人服务3项；八是基本住房保障，包括城乡保障性安居工程1项。

表3－6　　共同事权划分情况表

共同财政事权事项		基础标准	支出责任及分担方式
义务教育	1. 公用经费保障	中央统一制定基准定额。在此基础上，继续按规定提高寄宿制学校等公用经费水平，并单独核定义务教育阶段特殊教育学校和随班就读残疾学生公用经费等	中央与地方按比例分担。第一档为8:2，第二档为6:4，其他为5:5

续表

共同财政事权事项		基础标准	支出责任及分担方式
义务教育	2. 免费提供教科书	中央制定免费提供国家规定课程教科书和免费为小学一年级新生提供正版学生字典补助标准，地方制定免费提供地方课程教科书补助标准	免费提供国家规定课程教科书和免费为小学一年级新生提供正版学生字典所需经费，由中央财政承担；免费提供地方课程教科书所需经费，由地方财政承担
义务教育	3. 家庭经济困难学生生活补助	中央制定家庭经济困难寄宿生和人口较少民族寄宿生生活补助国家基础标准。中央按国家基础标准的一定比例核定家庭经济困难非寄宿生生活补助标准，各地可以结合实际分档确定非寄宿生具体生活补助标准	中央与地方按比例分担，各地区均为5:5，对人口较少民族寄宿生增加安排生活补助所需经费，由中央财政承担
义务教育	4. 贫困地区学生营养膳食补助	中央统一制定膳食补助国家基础标准	国家试点所需经费，由中央财政承担；地方试点所需经费，由地方财政统筹安排，中央财政给予生均定额奖补
学生资助	5. 中等职业教育国家助学金	中央制定资助标准	中央与地方分档按比例分担。第一档分担比例统一为8:2；第二档，生源地为第一档地区的，分担比例为8:2，生源地为其他地区的，分担比例为6:4；第三档、第四档、第五档，生源地为第一档地区的，分担比例为8:2，生源地为第二档地区的，分担比例为6:4，生源地为其他地区的，与就读地区分担比例一致，分别为5:5、3:7、1:9
学生资助	6. 中等职业教育免学费补助	中央制定测算补助标准，地方可以结合实际确定具体补助标准	中央统一实施的免学费补助所需经费，由中央与地方分档按比例分担。第一档分担比例统一为8:2；第二档，生源地为第一档地区的，分担比例为8:2，生源地为其他地区的，分担比例为6:4；第三档、第四档、第五档，生源地为第一档地区的，分担比例为8:2，生源地为第二档地区的，分担比例为6:4，生源地为其他地区的，与就读地区分担比例一致，分别为5:5、3:7、1:9

续表

共同财政事权事项		基础标准	支出责任及分担方式
学生资助	7. 普通高中教育国家助学金	中央制定平均资助标准，地方可以按规定结合实际确定分档资助标准	所需经费由中央与地方分档按比例分担。第一档为 8:2，第二档为 6:4，第三档为 5:5，第四档为 3:7，第五档为 1:9
	8. 普通高中教育免学杂费补助	中央逐省核定补助标准，地方可以结合实际确定具体补助标准	中央统一实施的免学杂费补助所需经费，由中央与地方分档按比例分担。第一档为 8:2，第二档为 6:4，第三档为 5:5，第四档为 3:7，第五档为 1:9
基本就业服务	9. 基本公共就业服务	由地方结合实际制定标准	主要依据地方财力状况、保障对象数量等因素确定
基本养老保险	10. 城乡居民基本养老保险补助	由中央制定基础标准	中央确定的基础养老金标准部分，中央与地方按比例分担。中央对第一档和第二档承担全部支出责任，其他为 5:5
基本医疗保障	11. 城乡居民基本医疗保险补助	由中央制定指导性补助标准，地方结合实际确定具体补助标准	中央与地方分档按比例分担。第一档为 8:2，第二档为 6:4，第三档为 5:5，第四档为 3:7，第五档为 1:9
	12. 医疗救助	由地方结合实际制定标准	主要依据地方财力状况、保障对象数量等因素确定
基本卫生计生	13. 基本公共卫生服务	由中央制定基础标准	中央与地方分档按比例分担。第一档为 8:2，第二档为 6:4，第三档为 5:5，第四档为 3:7，第五档为 1:9
	14. 计划生育扶助保障	由中央制定基础标准	中央与地方分档按比例分担。第一档为 8:2，第二档为 6:4，第三档为 5:5，第四档为 3:7，第五档为 1:9
基本生活救助	15. 困难群众救助	由地方结合实际制定标准	主要依据地方财政困难程度、保障对象数量等因素确定
	16. 受灾人员救助	中央制定补助标准，地方可以结合实际确定具体救助标准	对遭受重特大自然灾害的省份，中央财政按规定的补助标准给予适当补助，灾害救助所需其余资金由地方财政承担
	17. 残疾人服务	由地方结合实际制定标准	主要依据地方财力状况、保障对象数量等因素确定

续表

共同财政事权事项		基础标准	支出责任及分担方式
基本住房保障	18. 城乡保障性安居工程（包括城镇保障性安居工程和农村危房改造等）	由地方结合实际制定标准	主要依据地方财力状况度、年度任务量等因素确定

注：第一档包括内蒙古、广西、重庆、四川、贵州、云南、西藏、陕西、甘肃、青海、宁夏、新疆12个省（区、市）；第二档包括河北、山西、吉林、黑龙江、安徽、江西、河南、湖北、湖南、海南10个省；第三档包括辽宁、福建、山东3个省；第四档包括天津、江苏、浙江、广东4个省（市）和大连、宁波、厦门、青岛、深圳5个计划单列市；第五档包括北京、上海2个直辖市。

总结上述中央和地方财政事权与支出责任划分的情况，现行的划分情况如表3－7所示。

表3－7　现行中央和地方事权和支出责任划分

类别	内容
中央财政事权	国防、外交，边防检疫和出入境管理，全国性或跨区域重大传染病防控，中央统管的基本建设投资，由中央负担的国内外债务的还本付息，中央级行程管理等
共同财政事权	教育、医疗卫生、科学技术、公共文化、社会保障等基本公共服务，跨区域重大交通基础设施建设，重点区域污染防治，粮油物资储备等
地方财政事权	城乡社区事务，市政交通、农村公路，治安和社会管理，地方性污染防治，地方级行政管理，地方统筹安排的基本建设投资等

第二节　财政事权和支出责任划分改革的成效及问题

财政事权与支出责任划分的改革成效，实际工作中出台了大量的规定、指导意见、通知以及相关领域的事权与支出责任划分清单，改革取得积极成效。但也有学者从治理机制和效能发挥结果看觉得并不满意，现在的改革意见和清单仅是对工作运行现状的一个确认，并未在治理的层面达到预期的效果。具体的成效和问题分析如下。

一、财政事权和支出责任划分改革的成效

财政体制改革是最难改的一项，涉及经济和政治、财政和部门的关系。

财政事权和支出责任划分迈出了实质性步伐，财政体制适应性改革积极推进。

（一）改革出台了一系列指导意见和清单

党的十八届三中全会以来的央地财政事权与支出责任划分改革，从实际工作看成效显著，我国出台了《国务院关于推进中央与地方财政事权和支出责任划分改革的指导意见》《关于深化省以下财政体制改革指导意见》等总体指导意见，出台了《国务院办公厅关于印发基本公共服务领域中央与地方共同财政事权和支出责任划分改革方案的通知》，以及11个领域的事权与支出责任划分清单，同时在《中华人民共和国预算法》修订、《中华人民共和国预算法实施条例》修订中也对相关央地财政关系的内容进行了明确和规范，相比改革前应该是有了明显的推进，制度化明确规定较以前的规则易变而言效果的是非常积极的，成效显著。当然，从治理机制和效能发挥结果看，有学者觉得现在的改革意见和清单仅是对工作运行现状的一个确认，并未在治理的层面达到预期的效果。

（二）强化财力下沉，建立资金直达机制

财政体制改革及原有制度要素的适应性调整，既注意到了财权培育积极性的调动，也强化财力保障的匹配性，近两年特别强调财力下沉等，突出中央和省级的责任。

2020年为应对疫情冲击，中国建立财政资金直达机制。财政直达资金是指按照国务院部署纳入直达机制管理实行特殊转移支付的财政资金。直达机制是财政资金直达基层民生的特殊转移支付机制，是党中央、国务院为对应疫情影响作出的重大决策部署，是支持地方做好“六稳”工作、落实“六保”任务的创新举措。直达资金管理遵循“中央切块、省级细化、备案同意、快速直达”的总体原则，坚持惠企利民、精准高效、严格监管。其具体管理要求直达资金要单独调拨定期对账、实行财政国库集中支付，资金直接拨付到最终收款人，做到资金直达市场主体和人民群众，直接惠企利民，并要求按时将直达资金信息导入监控系统。但也有学者认为资金直达机制限制了地方的统筹能力，带有“统”的色彩，不利于地方自主决策、因地制宜发展。

（三）共同事权与支出责任明细化

国务院出台《国务院办公厅关于印发基本公共服务领域中央与地方共同

财政事权和支出责任划分改革方案的通知》，发改委出台《“十三五”基本公共服务规划》《“十四五”基本公共服务规划》，对财政八大类18项细分领域的共同事权的划分及支出责任的分担比例予以明确，有的按照“8、6、5、3、1”比例分担，有的按照项目法或要素法分担，不管怎么样，通过制度的形式明确规定了中央和地方在共担事权方面的支出责任，进一步规范化。

（四）相关领域事权与支出责任清单——以医疗、教育为例

1. 医疗卫生领域事权与支出责任划分制度

（1）2018年财政事权与支出责任划分方案出台前的事权划分。2009年3月，国务院发布《中共中央 国务院关于深化医药卫生体制改革的意见》，该意见提出了医疗卫生体制的改革要坚持公共医疗卫生的公益性质，实行医药分开的措施，加强政府在卫生领域的投入力度，强调政府在公共卫生领域的支出责任。该意见还提出要建立覆盖城乡居民的基本医疗卫生体制。由此可见，我国政府当时已经开始意识到政府承担卫生支出责任的重要性，以及政府在卫生领域的职能“缺位”问题。

2015年11月，国务院有关部门颁布了《国家发展和改革委员会、财政部、人力资源社会保障部、国家中医药管理局关于控制公立医院医疗费用不合理增长的若干意见》。该意见明确提出要对以药补医的机制进行彻底的破除，通过其他合理的方法对医生收入进行改革，通过提升医务人员的技术价值来弥补其工资损失。由此可见，我国医疗卫生体制改革已经触及核心区域，通过增加医院医疗服务价格，减少药品价格，改革医院的“以药养医”现象，就能够实现我国医疗费用高居不下的境况。

2016年8月国务院印发了《关于推进中央与地方财政事权和支出责任划分改革的指导意见》。2018年1月27日国务院办公厅颁布的《基本公共服务领域中央与地方共同财政事权和支出责任划分改革方案》（以下简称《改革方案》）明确了基本公共服务领域中央与地方共同财政事权的范围以及分档按比例分担支出责任的方式。《改革方案》规定，将涉及人民群众基本生活和发展需要、现有管理体制和政策比较清晰、由中央与地方共同承担支出责任、以人员或家庭为补助对象或分配依据、需要优先和重点保障的主要基本公共服务事项，首先纳入中央与地方共同财政事权范围，目前暂定为八大类18项。其中属于公共卫生方面的事权有两类：一是基本医疗保障，包括城乡居民基本医疗保险补助、医疗救助 2 项内容；二是基本卫生计生，包括基本公共卫生服务、计划生育扶助保障 2 项内容。

（2）2019 年财政事权与支出责任划分方案出台后的事权划分。2018 年 7 月 19 日，国务院办公厅印发《医疗卫生领域中央与地方财政事权和支出责任划分改革方案》，针对此前划分体系不够完整，缺乏系统的制度规范；部分事项财政事权划分不明确，地方执行缺乏依据等问题，对公共卫生、医疗保障、计划生育、能力建设四个方面的财政事权和支出责任进一步作出规定。具体规定如下：

公共卫生方面，主要包括基本公共卫生服务和重大公共卫生服务，划分为中央财政事权、中央与地方共同财政事权两类。基本公共卫生服务包括健康教育、预防接种、重点人群健康管理等原基本公共卫生服务内容，以及从原重大公共卫生服务和计划生育项目中划入的妇幼卫生、老年健康服务、医养结合、卫生应急、孕前检查等内容。其中，原基本公共卫生服务项目内容、资金、使用主体等保持相对独立和稳定，按照相应的服务规范组织实施；新划入基本公共卫生服务的项目由各省份结合地方实际自主安排，资金不限于基层医疗卫生机构使用。基本公共卫生服务明确为中央与地方共同财政事权，由中央财政和地方财政共同承担支出责任。中央制定基本公共卫生服务人均经费国家基础标准，并根据经济社会发展情况逐步提高。基本公共卫生服务支出责任实行中央分档分担办法：第一档包括内蒙古、广西、重庆、四川、贵州、云南、西藏、陕西、甘肃、青海、宁夏、新疆 12 个省（自治区、直辖市），中央分担 80%；第二档包括河北、山西、吉林、黑龙江、安徽、江西、河南、湖北、湖南、海南 10 个省，中央分担 60%；第三档包括辽宁、福建、山东 3 个省，中央分担 50%；第四档包括天津、江苏、浙江、广东 4 个省（直辖市）和大连、宁波、厦门、青岛、深圳 5 个计划单列市，中央分担 30%；第五档包括北京、上海 2 个直辖市，中央分担 10%。全国性或跨区域的重大传染病防控等重大公共卫生服务，主要包括纳入国家免疫规划的常规免疫及国家确定的群体性预防接种和重点人群应急接种所需疫苗和注射器购置，艾滋病、结核病、血吸虫病、包虫病防控，精神心理疾病综合管理，重大慢性病防控管理模式和适宜技术探索等内容，上划为中央财政事权，由中央财政承担支出责任。将原重大公共卫生服务中的中医药事业传承与发展划入能力建设方面。除上述项目之外的原重大公共卫生服务项目，纳入基本公共卫生服务统筹安排。

医疗保障方面，主要包括城乡居民基本医疗保险补助和医疗救助，明确为中央与地方共同财政事权，由中央财政和地方财政共同承担支出责任。对城乡基本医疗保险补助，中央财政和地方财政按规定对城乡居民基本医疗保险予以缴费补助。中央财政按照一定补助标准，参照上述基本公共卫生服务支出责任中央分档分担办法安排补助资金。医疗救助则主要包括城乡医疗救助和疾病应急救助。中央财政根据救助需求、工作开展情况、地方财力状况等因素分配对地方转移支付资金。

计划生育方面，主要包括农村部分计划生育家庭奖励扶助、计划生育家庭特别扶助、计划生育“少生快富”补助3个计划生育扶助保障项目，明确为中央与地方共同财政事权，由中央财政和地方财政共同承担支出责任。除上述3个项目之外的原计划生育项目，纳入基本公共卫生服务统筹安排。

能力建设方面，主要包括医疗卫生机构改革和发展建设、卫生健康能力提升、卫生健康管理事务、医疗保障能力建设、中医药事业传承与发展。（1）在医疗卫生机构改革和发展建设上，国家对医疗卫生机构改革和发展建设的补助，按照隶属关系分别明确为中央财政事权或地方财政事权，由同级财政承担支出责任。符合区域卫生规划的中央所属医疗卫生机构改革和发展建设明确为中央财政事权，由中央财政承担支出责任；中央所属医疗卫生机构承担地方政府委托的公共卫生、紧急救治、援外、支农、支边等任务的，由地方财政给予合理补助。符合区域卫生规划的地方所属医疗卫生机构改革和发展建设明确为地方财政事权，由地方财政承担支出责任；地方所属医疗卫生机构承担中央财政事权任务的，由中央财政给予合理补助。在深化医药卫生体制改革期间，中央财政对地方推进公立医院综合改革、实施国家基本药物制度、提升困难地区服务能力等按规定给予补助。（2）卫生健康能力提升上，主要包括卫生健康人才队伍建设、重点学科发展等。国家根据战略规划统一组织实施的卫生健康人才队伍建设、重点学科发展等项目明确为中央与地方共同财政事权，由中央财政和地方财政共同承担支出责任，中央财政根据工作任务量、补助标准、绩效考核情况等因素分配对地方转移支付资金。地方自主实施的能力提升项目明确为地方财政事权，由地方财政承担支出责任。（3）卫生健康管理事务则主要包括战略规划、综合监管、宣传引导、健康促进、基本药物和短缺药品监测、重大健康危害因素和重大疾病监测、妇幼卫生监测等，按照承担职责的相关职能部门隶属关系分别明确为中央财政事权或地方财政事权，由同级财政承担支出责任。(4) 医疗保障能力建设上，主要包括战略规划、综合监管、宣传引导、经办服务能力提升、信息化建设、人才队伍建设等，按照承担职责的相关职能部门及其所属机构隶属关系分别明确为中央财政事权或地方财政事权，由同级财政承担支出责任。在深化医药卫生体制改革期间，中央财政对地方医疗保障能力建设按规定给予补助。(5) 中医药事业传承与发展上，主要包括中医药临床优势培育、中医药传承与创新、中医药传统知识保护与挖掘、中医药“治未病”技术规范与推广等，明确为中央与地方共同财政事权，由中央财政和地方财政共同承担支出责任，中央财政根据工作任务量、绩效考核情况、地方财力状况等因素分配对地方转移支付资金。

分税制改革后，财权过于向中央集中，事权下沉，造成了中央和地方政府间事权与财力不相匹配的结果，与其他国家政府间公共卫生事权与支出责任的划分状况相比，我国中央政府在公共卫生领域承担的事权和支出责任的比重过小，导致了中央和地方政府间公共卫生事权与支出责任的“倒挂”现象。中央政府在公共卫生支出方面承担的比重低于地方。此外，尽管《改革方案》已经对中央与地方共同财政事权和支出责任作出了明确的划分，但省以下地方政府间公共卫生事权和支出责任的划分还没有相关的方案或法律法规加以指导。现有的法律法规中对省以下政府间职责的划分还不够清晰，对大部分地方政府事权的划分表述为“县以上地方政府”事权，即省、市、县政府的共同事权。在中央与地方事权的划分上，目前也仅有《改革方案》中对中央与地方公共卫生共同事权的划分方式和比例进行了具体的规范，其他政府间的事权和支出责任的划分只在部分专门性法规中进行了说明，且对事权的划分较为笼统。导致全国各个地方政府在公共卫生事权和支出责任方面的划分方式不一，不利于在全国性公共卫生事件发生时，中央政府对各地方政府的跨区域的统筹协调，影响事件处理效率。

2. 教育领域财政事权与支出责任划分制度

(1) 2019 年财政事权与支出责任划分方案出台前的事权划分。政府间教育事权及支出责任按照不同教育阶段来划分，可以区分为学前教育、义务教育、高中教育和高等教育。教育领域政府间事权和支出责任的法规政策依据主要包括：《中华人民共和国教育法》《国务院关于当前发展学前教育的若干意见》《中华人民共和国义务教育法》《教育部等四部门关于印发〈高中阶段教育普及攻坚计划（2017—2020 年）〉的通知》《国务院批转国家教委关于加快改革和积极发展普通高等教育意见的通知》《国务院关于大力推进职业教育改革与发展的决定》《国务院办公厅转发国家教委等部门关于发展特殊教育若干意见的通知》《教育领域中央与地方财政事权和支出责任划分改革方案》。

总体上看，根据《中华人民共和国教育法》，我国的公共教育工作实行分级管理制度，中等及中等以下的教育由地方各级政府负责，高等教育由中央和地方政府共同负责[①]。政府的教育事权和支出责任一般只涉及公共教育。当时，公共教育的事权和支出责任划分如表 3－8 所示。

表 3－8　　中央和地方教育事权与支出责任划分

教育阶段	政策文件	政策内容	财政事权划分	支出责任划分
学前教育	《国务院关于当前发展学前教育的若干意见》	学前教育实行“地方为主，中央补助”的财政保障机制，地方政府是发展学前教育的主体	共担事权	地方为主
义务教育	《中华人民共和国义务教育法》	义务教育阶段实行“国务院领导、省级统筹、县级为主”的管理体制，具体在财政领域体现为分级保障，省级统筹，地方负责	共担事权	地方为主
高中教育	《教育部等四部门关于印发〈高中阶段教育普及攻坚计划（2017—2020 年）〉的通知》	发展高中阶段教育落实地方政府主体责任。发挥中央支持政策的引导激励作用	共担事权	地方为主
高等教育	《国务院批转国家教委关于加快改革和积极发展普通高等教育意见的通知》	高等教育管理体制的改革方向是，逐步实行中央与省（自治区、直辖市）两级管理、两级负责为主的管理体制	共担事权	两级管理
职业教育	《国务院关于大力推进职业教育改革与发展的决定》	职业教育实行国务院领导下，分级管理、地方为主、政府统筹、社会参与的管理体制。发展职业教育的主要责任在地方	共担事权	地方为主

① 马海涛、郝晓婧：《中央和地方财政事权与支出责任划分研究——以公共教育领域为例》，《东岳论丛》，2019 年第 3 期，第 46～59 页、191 页。

续表

教育阶段	政策文件	政策内容	财政事权划分	支出责任划分
特殊教育	《国务院办公厅转发国家教委等部门关于发展特殊教育若干意见的通知》	发展特殊教育所需经费，应由地方人民政府负责安排。中央特殊教育经费应随着教育事业费的增加逐步增加	共担事权	地方为主

资料来源：马海涛、郝晓婧：《中央和地方财政事权与支出责任划分研究——以公共教育领域为例》，《东岳论丛》，2019 年第 3 期，第 46 ~ 59 页、191 页。

学前教育：在学前教育，根据《国务院关于当前发展学前教育的若干意见》，学前教育实行“地方为主，中央补助”的财政保障机制，地方政府是发展学前教育的主体。事权由中央和地方共担，支出责任则以地方为主。

义务教育：根据《中华人民共和国义务教育法》，义务教育实行“国务院领导、省级统筹、县级为主”的管理体制，具体在财政领域体现为分级保障，省级统筹，地方负责。事权由中央和地方共担，支出责任以地方为主。

高中教育：根据《教育部等四部门关于印发〈高中阶段教育普及攻坚计划（2017—2020 年）〉的通知》，发展高中阶段教育落实地方政府主体责任，发挥中央支持政策的引导激励作用。事权由中央和地方共担，支出责任则以地方为主。

高等教育：根据《国务院批转国家教委关于加快改革和积极发展普通高等教育意见的通知》，高等教育管理体制的改革方向是，逐步实行中央与省（自治区、直辖市）两级管理、两级负责为主的管理体制。事权由中央和地方共担，支出责任体现为中央和省两级管理，两级承担。

职业教育：根据《国务院关于大力推进职业教育改革与发展的决定》，职业教育实行国务院领导下，分级管理、地方为主、政府统筹、社会参与的管理体制，发展职业教育的主要责任在地方。事权由中央和地方共担，支出责任体现在两级管理，两级承担。

特殊教育：根据《国务院办公厅转发国家教委等部门关于发展特殊教育若干意见的通知》，发展特殊教育所需经费，应由地方人民政府负责安排，中央特殊教育经费应随着教育事业费的增加逐步增加。事权由中央和地方共担，支出责任以地方为主。

中国在高等教育之外的教育事权和支出责任下放程度较大。以义务教育为例，一方面，分税制改革和“营改增”实施后，中央政府拥有绝大部分财政收入，财力相对充足，但中央只承担很小一部分教育事权和支出责任。地方政府的财政自主性受到极大约束，但却需要承担绝大部分教育财政事权和支出责任。即便考虑到转移支付，中央政府承担的基础教育财政支出责任也十分有限，且在2012年后日趋弱化。另一方面，在“以县为主、省级统筹”的基础教育财政体制下，省级政府应承担“统筹”的职责。但现实情况是，无论是从法律文本执行还是从政策文件实施来看，省级统筹的政策含义、制度规范、评价标准、配套政策和监督机制均不完善，省级政府财政投入责任的变化往往是在中央的要求下，为解决不同时期基础教育发展中出现的不同问题而采取的一种“应急手段”。因此，省级政府统筹城乡、区域教育协调发展的功能并未得到有效发挥。

（2）2019年财政事权与支出责任划分方案出台后的事权划分。国务院办公厅2019年5月24日印发了《教育领域中央与地方财政事权和支出责任划分改革方案》（以下简称《方案》）。根据《方案》，应根据教育领域公共服务的特点，遵循教育规律，体现中国特色，抓紧形成中央领导、合理授权、系统完整、科学规范、权责清晰、运转高效的教育领域财政事权和支出责任划分模式，加快建立权责清晰、财力协调、区域均衡的中央和地方财政关系。

《方案》提出，要明确中央在财政事权确认和划分上的决定权，落实地方按规定履行教育领域财政事权的责任，充分调动地方因地制宜发展区域内教育事业的积极性和主动性。要合理确定政府提供教育领域公共服务的范围和方式，合理划分各级各类教育领域相关公共服务的财政事权和支出责任。要以义务教育、学生资助等基本公共服务为重点，适度加强中央财政事权和支出责任，强化地方政府分级负责机制，落实国家基础标准，加快推进教育领域基本公共服务均等化。

《方案》将教育领域财政事权和支出责任划分为义务教育、学生资助、其他教育三个方面。一是义务教育总体为中央与地方共同财政事权，其中：涉及学校日常运转、校舍安全、学生学习生活等经常性事项，所需经费一般根据国家基础标准，明确中央与地方财政分档负担比例，中央财政承担的部分通过共同财政事权转移支付安排；涉及阶段性任务和专项性工作的事项，所需经费由地方财政统筹安排，中央财政通过转移支付统筹支持。二是学生资助作为相对独立完整的政策体系，覆盖学前教育、普通高中教育、职业教育、高等教育等，将其总体确认为中央与地方共同财政事权，并按照具体事项细化。三是学前教育、普通高中教育、职业教育、高等教育等其他教育，实行以政府投入为主、受教育者合理分担、其他多种渠道筹措经费的投入机制，总体为中央与地方共同财政事权。

《方案》要求，各地区、各有关部门要切实加强组织领导，确保财政教育投入持续稳定增长，全面实施预算绩效管理，优化支出结构，着力提高教育领域资金使用效益，合理划分省以下教育领域财政事权和支出责任，抓紧修订完善相关管理制度，协同推进改革。

二、财政事权和支出责任划分改革面临的问题与挑战

（一）财政事权和支出责任划分改革面临的问题

1. 政府职能定位不清

这是政府相对于市场、社会和个人的界限不清晰、不合理和不规范问题。其结果就是政府越位、缺位或者占位但不作为的问题。政府越位表现在如下方面：第一，干预市场机制发挥作用。价格管制和干预仍然存在。面对通货膨胀压力，往往启用行政手段干预价格，结果却事与愿违。第二，一些适合竞争的行业实行垄断经营，或者设置过高行业门槛。例如，石油化工等行业，还没有实现充分竞争。第三，政府负责提供公共品的部门较多，没有充分发挥市场主体的参与作用，如教育、医疗、住房的供给等方面都有体现。第四，政府制定政策还难以采用市场导向化的方式，也影响政策效果。例如，房地产调控采用行政干预个人权利的方式；家电下乡补贴、能繁母猪补助等，部分企业和消费者的确会一时受益，但会造成不必要的生产波动，不利于稳定的市场机制形成，而且增加了行政成本，容易形成不公平。政府“缺位”，主要体现在市场失灵的领域，政府作用发挥不够。主要表现为政府监管不到位和公共产品提供不足。比如，政府审批环节仍然很多，虽然近年来的“放管服”改革取得了一些进展，但是这边取消审批，那边又新增审批，往往变成“压下葫芦浮起瓢”的结果。

2. 政府间事权划分不清晰、不合理

我国政府还处在从管治走向治理的转型过程中，有些政府官员的部门利益和自我利益考虑较多，体现在政府事权和支出责任上，有关政府部门会尽

量多获得和支配各种财政性收入（包括转移支付），甚至其他收入，向下级政府推卸本应自行承担的政府事权和支出责任。下级政府由于在正式法律规定层面缺乏独立收入权，比如求助于一些对策性行为，由此上下级之间形成对价还价的政府间博弈或政府间竞争格局。

事权下移的根源在于各级政府事权缺乏明确具体划分。宪法虽然对中央和地方政府的职责范围作出了一些规定，但实际并无明显区别，除少数事权如外交、国防等专属中央外，地方政府拥有的事权几乎是中央政府的翻板，也就是所谓的“上下一般粗”。《中华人民共和国预算法》也仅泛泛地划分了中央和地方政府的支出，对省以下各级政府的支出划分则没有明确规定，一般采取“下管一级”的办法。这种事权分配上的模糊性与单方面强制制度，使各级政府能将自身不愿承担的支出责任转给下级，导致事权层层下移。首先，一些含糊不清的支出多数都被分配给下级政府，例如社会保障，虽然并未界定多大程度由省以下政府承担，但实际上主要是县市政府负责，属于省和县市的共同事权。2020 年后已实现企业职工基本养老保险基金省级统收统支。自然灾害救济等应是中央和省级政府的责任，却全部或部分下放给了地方。其次，很多地方政府利用行政优势直接干预下级政府支出，强制增加支出项目，层层加码，所谓“上级请客，下级买单”。

事权层层下移导致财政支出方面系统性的事权错位。中央与地方事权错位严重表现在：（1）中央过多承担了本应由地方承担的基础建设和经济发展方面的支出责任，甚至直接干预微观企业层面的运营。例如，中央基本建设支出占全国总额的占比、增拨企业流动资金占比、各类工商交通事业费占比、对工业企业的补贴占比均过高。（2）应有的宏观经济调节方面的支出很少。例如，调节城乡和地区差距应是中央政府的重要职能，但中央本级支持农业生产支出和各项农业事业费占全国总额过低，支持经济不发达地区支出占比过低。（3）本应由中央政府承担的支出责任被转嫁给地方。例如，一般而言，中央是教育、医疗、再分配性社会保障和救济的主要承担者，但中央承担的教育经费占财政性教育经费的比重仍然有限。根据财政决算数据，2022 年全国一般公共预算教育经费为 39447. 59 亿元，其中，中央本级财政教育经费 1524. 26 亿元，9 项共同事权转移支付合计为 3893. 9 亿元，中央本级教育支出与 9 类涉教育共同事权转移支付合计为 5417. 56 亿元，占比为 13. 7%。

3. 政府间支出责任不清晰、不合理

与税收制度方面的收入划分类似，财政支出方面的划分也同样存在一系列问题，甚至问题更大。1994 年分税制改革包括三方面内容：中央与地方支出范围的划分；中央与地方收入的划分；中央对地方税收返还额的确定。相比而言，改革重点在收入分配上，支出范围的划分比较抽象笼统，仅仅是大概定义了中央和地方支出的不同范畴（周朝阳，2000）。此次改革对从计划经济时代起纠缠了几十年的政府投资权问题也“知难而退”，实际上默认各级政府都可以举办一般竞争性投资项目。这样一来，各级政府在尽量本级收入最大化的激励下必然争抢好税基好税源，把本地本级税基做大，将短期内无助于地区经济发展的支出项目压缩下来或干脆推下去，导致事权层层下移与严重的事权错位。

省和省以下各级政府也同样存在事权错位现象。根据统计，2018 年中国 84.8% 的一般公共预算支出发生省和省以下各级。在省和省以下各级政府的一般公共预算支出中，市、县、乡三级占大头。如果计入大量的市县乡三级政府通过地方政府投融资平台融资的工程建设支出，这三级政府占公共支出的占比会更高。尤其是县、乡两级担负着沉重的支出责任，与国际惯例不符。事权错位主要表现在：（1）中央、省和市级政府集中了过多的预算内基础建设和经济建设支出份额，县、县级市和区的预算内支出份额太少。（2）基础教育和公共卫生这类较强外溢的公共品过多地由县乡政府承担。这部分支出中，中央和省一级承担太少，而且中央也没有把重要收入权下放到县乡政府，以保障县乡教育和公共卫生支出的需要。（3）社会保障支出主要落在市县政府，虽然基本养老实现了全国调剂金统筹，但责任主要在省级政府，甚至有些地方仍然存在体制结算，实际责任还在市、县级政府，它们构成社会安全网的主体，负责向国有企业下岗工人提供收入支持和再培训、失业保险以及城市最低生活保障，还要承担地区性养老金计划所需的资金。省级养老保险统筹程度仍很低。目前，人保部还在加快完善养老保险省级统筹制度，还在推进建立企业职工基本养老保险基金中央调剂制度。

4. 政府间事权和支出责任划分制度缺乏法律保障

目前对政府间的事权规定非常笼统，主要见诸宪法和地方政府组织法、《中华人民共和国义务教育法》《公共卫生法》等法律法规之中，还没有特定的法律或法规对事权划分进行规范。除了国防、外交事权主要归属于中央比较明确之外，各级政府的其他事权规定非常雷同，从中央到省、市和县，各级政府的事权规定非常笼统雷同。有关支出范围（也就是支出责任）的规定，由于对应着雷同的事权，也表现得非常笼统雷同。一些专门法律，比如涉及义务教育，规定了主要负责的政府级次，以及一些法定支出要求，但是仍然要求各级政府共同负责，这些不同级次政府之间的支出划分仍然没有明确。当前规定的多数支出范围或者支出责任，主要是一些行政部门政策意见，还没有上升到一般的法律。而这些部门政策意见是容易变动的，所规定的事权和支出责任也是容易相互推诿的。此外，我国不允许对政府法规政策等抽象行为进行起诉，政府之间的争端不能通过其诉讼来解决。这些方面不同于欧美市场经济国家。

（二）财政事权和支出责任划分改革存在问题的原因

1. 我国的独特体制

首先，我国的单一制政体和民主集中制决定了我国政府间的权力划分，不构成西方意义上的分权，而只构成权力集中前提下的放权。自上而下的多级行政体制和“下管一级”行政体制的形成，就首先起因于此。其次是起因于地广人多，中央一级难以统管全部地方事务，需要省一级来管理省以下的地方事务。这种行政架构也受到中国历史上延续下来的集中管理文化传统的影响。

在多级财政和“下管一级”体制下，不同级次的政府之间存在较为严重的信息不对称问题。上级政府难以掌握有关下级政府所治辖区的运作信息。尤其是最上层的政府难以真正了解基层政府的情况。因此，多层级政府的“下管一级”体制必然会存在管理信息缺失和偏差严重，难以加总和利用各地信息的问题，这又导致上级政府的政策容易发生偏差，不能一矢中的，不能同时适用于不同的地区。另外由于层级过多，政府之间难以真正实现事权和支出责任的明晰和合理的划分，必然导致共同事权和支出责任过多。在这种情况下，相互推诿事权和支出责任的情况容易发生。

其次，我国属于市场转型国家，还处在朝着服务型政府转型的过程中，政府职能容易不清晰、不合理和不规范。在这个转型过程中，政府职能既有到位的地方，也有越位、未到位或者消极占位的地方。与此相应，在事权安排上也会出现，越位、未到位或者消极站位的情况。比如，根据统计，2017年国家电影事业发展专项资金相关收入和支出分别为27.37亿元和25.03亿元。2017 年全国国有资本经营收入和支出分别为 2580.90 亿元和 2015.31 亿元。这类经营收入和支出对于成熟市场经济国家来说都是不正常的。

2. 立法滞后和司法体制不完善

党的十八届三中全会提出国家治理体系和治理能力的现代化。在法律层面，除了规定外交事务和国防归中央政府管理之外，其他的政府职能在不同级次政府之间的划分规定得过于笼统和重复，进一步划分主要通过行政体系来决定。目前政府间事权和支出范围或者支出责任进一步划分改革大幕已拉开，工作层面做了大量工作，出台了系列文件，但治理效能层面仍相对不足，法治化不强，仍有行政本位特点。中国对政府法规政策等抽象行政行为不能起诉，政府之间的争端不能通过其诉讼来解决。这影响到通过诉讼程序来对政府的事权和支出责任加以规范，也影响到通过这种程序来形成相对稳定的和明晰的政府间事权和支出责任划分。

3. 不规范的政府竞争

根据布雷顿的“竞争性政府”理论，政府竞争是一种普遍现象。政府之间、政府内部和政府内外均存在竞争。这种情况在单一制或联邦制国家中都会存在，与一个国家采取单一制或者不是单一制并没有关系。因此，政府间需要一个规则框架来规范政府竞争，从财政管理体制角度来看，这个规则框架的理论基础就是财政联邦主义理论。

基本的或传统的财政联邦主义理论（或称“财政联邦主义理论”）是一种规范理论。它作为公共经济学的分支，最初是由马斯格雷夫和奥茨发展而来的。① 该理论关注公共部门职能和财政在不同层级政府之间的划分，② 按照奥茨的话，“基本的财政联邦主义理论以一般的方式奠定了一个有关财政职能在不同政府层面的划分以及适于履行这些职能的财政工具的规范框架”，③ 关注“理解哪些职能和工具最好要集中，哪些安置在那些分散化的

① Musgrave, Richard (1959) . Theory of Public Finance: A Study in Public Economy, New York: McGraw; Musgrave, Richard and Peggy Musgrave (1980): Public Finance in Theory and Practice. McGraw-Hill Book Company; 以及 Oates, Wallace (1972) . Fiscal Federalism, New York: Harcourt Brace Jovanovich.

② King, David (2009) . Fiscal Tiers: The Economics of Multi-Level Government. London: George Allen and Unwin, 1984; Bird, Richard, Fiscal Federalism, 2009 年 7 月 5 日下载，http: //www. urban. org/UploadedPDF/1000529. pdf.

③ Oates, Wallace E. : Introduction (1998), in: Oates, Wallace E. (ed.): The Economics of Fiscal Federalism and Local Finance. Cheltenham and Northampton: Edward Elgar Publishing, p. xiv.

政府级次",[①] 也就是研究权能（支出方）和财政工具（收入方）如何安置在不同的（纵向）行政级次上。[②] 基本的财政联邦主义理论强调了如何在各级政府之间划分税收和支出以提高社会福利。传统的财政联邦主义理论强调过多的分权可能引致一系列的配置扭曲、区域不平等以及财政不稳定问题。因此，财政联邦主义理论区分哪些属于全国性公共产品，哪些属于地方性公共产品，此外，财政联邦主义理论也分析事权、支出权、收入权的划分问题。这一理论往往涉及马斯格雷夫提出的三大财政职能在各级政府级次的划分。

这三大政府财政职能为:[③]（1）财政的资源配置职能。全国性政府和地方政府均根据公共产品的不同受益范围来负责生产公共产品。全国性政府生产全国性公共产品，地方政府生产地方性公共产品。（2）财政的分配职能。财政的再分配最好由全国性政府来负责承担，地方政府负责承担容易因其外溢效应而失效。(3) 财政的稳定职能。稳定经济的财政和货币政策应该由全国性政府来负责承担，地方政府实行财政和货币政策容易因其外溢效应而失效。

根据维基百科的解释，有关财政联邦主义的理念适用于所有类型的政府，包括单一制、联邦制和邦联制。[④] 财政联邦主义概念也不仅仅关乎正式联邦制国家中的财政分权，也同样适用于非联邦制国家，即便它们没有正式的联邦宪法安排。这并不意味着所有政府形式都在“财政上”出现联邦制；它只意味着“财政联邦主义”是一组可以运用到所有试图推行“财政分权”的国家的原则。根据沙尔马的解释，财政联邦主义与财政分权两者之间存在着如下区别：财政联邦主义构成一组指导原则，一个指导方案，它帮助设计全国性政府以及全国性级次以下政府之间的财政关系，而财政分权则涉及应

① Oates, Wallace E. （1999）. An Essay on Fiscal federalism, Journal of economic Literature, 37 (3), pp. 1120 -49.

② 维基百科“fiscal federalism”英文词条解释。

③ Musgrave, Richard (1959) . Theory of Public Finance: A Study in Public Economy, New York: McGraw; Musgrave, Richard and Peggy Musgrave (1980): Public Finance in Theory and Practice. McGraw-Hill Book Company; 以及 Oates, Wallace (1972) . Fiscal Federalism, New York: Harcourt Brace Jovanovich.

④ Groenendijk, Nico (2002) . ‘Fiscal federalism Revisited’ paper presented at Institutions in Transition Conference organized by IMAD, Slovania Ljubljana. King, David. 1984. Fiscal Tiers: The Economics of Multilevel Government, London: George Allen and Unwin.

用这些原则的过程。① 沙尔马还认为，联邦制与非联邦制国家在应用这些原则的方式不同，因为两者政府的政治与立法环境不同，从而为财政分权提供了不同的机会。②

财政联邦主义要有效发挥其功效，既体现效率，又体现公平；既维护多级政府分权制衡，又维护个人的基本自由和权利，处理政府间的竞争，有多重关系需要处理。中国的央地事权和支出责任划分，尚未对地方政府竞争给出明晰的法律规范。目前由于没有明确的规范地方政府间竞争的法律法规，导致一些地方存在政策恶性竞争的行为，增加了政府的效率损失。

总之，中国央地间财政事权和支出责任划分的历程，与收入划分的历程类似，现实高度集中统一的计划经济体制，地方和企业都是国家这个大机器的组成部分，事权划分的层面也是集中在行政和经济管理权层面，虽然为调动积极性进行了积极改革探索，但始终没有突破“放乱收死”的循环困局。改革开放以来，与经济转轨相适应，改革开始形塑新型的政、企和央地财政关系，相关利益主体开始形塑，从“分灶吃饭”到包干制，形成了增量都落在地方、藏富于企、藏富于民的收入分配格局，导致“两个比重”过低、中央宏观调控能力弱化。分税制财政管理体制改革，基本原则从技术上讲与收入划分相同，依然是外部性、信息充分性和激励相容原则，侧重在收入端改革，支出端划分基本沿用原来的支出框架，核心问题是支出划分了，但是中央支出责任体现为中央的补助，实际最终兜底责任落在地方，超出兜底能力时权责内洽机制就受到影响。国家治理现代化阶段在前期形塑各类主体和治理格局的基础上，突出多元主体共治、善治的格局，相应责任主体和主体责任得以明确，为有效治理奠定基础。同时需要注意，央地财政事权和支出责任划分，体现中国特色社会主义国情，我们在分税制伊始借鉴的西方分权理论，却与中国的“土壤”出现了不匹配的地方，我们改革的要求是“中央决策、地方执行”，但是决策和执行主体的分离，在治理机制设计上面临比较大的挑战，因为这种事权划分的方式虽然存在大量的共担事权，实际上也

① Sharma, Chanchal Kumar.（2005a）. When Does decentralization deliver? The Dilemma of Design, South Asian Journal of Socio-Political Studies6（1）：38－45，以及 Sharma, Chanchal Kumar (2005b). The Federal Approach to Fiscal Decentralization：Conceptual Contours for Policy Makers, Loyola Journal of Social Sciences, XIX（2）：169－88。转引自维基百科，“fiscal federalism”词条。

② Sharma, Chanchal Kumar (2005a)，同上。

是中央按照约定的比例给钱，最终的兜底责任留给了地方，进而一度出现“财权上移、事权下移”的情况，使地方特别是基层财政面临前所未有的压力。进一步而言，虽然形式上责任都在地方，但是当地方出现系统性风险时，中央又不得不被动承担兜底责任，其中的逆向选择和道德风险难以避免，财政治理仍面临着不小挑战，改革仍任重道远。

第四章

中国转移支付制度改革的演进

财政转移支付是指政府间通过预算安排的无偿资金拨付。转移支付制度是央地财政体制的重要内容。转移支付制度通常有上下级政府之间的转移支付（称纵向转移支付）和同级政府之间的转移支付（称为横向转移支付）。从结构分，又可以划分为一般性转移支付和专项转移支付。一般性转移支付是不规定资金用途，使用上可以自主安排的转移支付；专项转移支付是资金规定用途，使用上要求专款专用的转移支付。中国财政转移支付是指上级政府通过预算安排对下级政府无偿的资金拨付，主要是纵向转移支付（包括中央对地方的转移支付和省以下的转移支付）。某些省份在实践中探索横向转移支付，如广西壮族自治区和广东省关于珠江流域以及安徽和浙江关于新安江流域的转移支付，对口援助也被认为是横向转移支付的一种。本章主要聚集中央和省级的转移支付，来描述中国转移支付制度的演进、成效、问题及原因。

第一节 财政转移支付制度的演进

根据中国财政转移支付的实践，制度演进大致分为中华人民共和国成立到分税制改革，分税制财政体制建立和分税制改革后的转移支付完善三个阶段。

一、分税制改革前的财政转移支付制度

分税制改革之前，中国实行高度集权的计划体制，地方是中央指令或计划执行机构，并非一级相对独立的利益主体，并无明确的转移支付概念。实际上，中央和地方之间一直存在着体制补助和体制上解的结算内容，分税制改革时作为既得利益得以保留。1950～1993 年，随着政治环境和经济条件的变化，财政体制经历了多次调整。总体来看可分为两个阶段：一是 1950～1979 年的“统收统支”阶段，二是 1980～1993 年的“分灶吃饭”阶段。

（一）统收统支阶段的“转移支付”

1950～1979 年，中国财政管理体制经历过多次调整，总体上是与计划经济相适应的统收统支体制：1950～1957 年，财政体制及补助结算内容主要有收入分享、体制补助、体制上解、专项拨款，特点是地方作为中央计划的执行机构，一定意义上说只是“出纳”，地方财政主要来源于中央财政拨款，财政体制的基础安排是收入分享，然后进行地区之间的平衡，用地方上解收入调剂区域间财政横向不平衡；中央财政对地方财政有少量的专项拨款。1958～1979 年，财政体制形式主要有：包干上缴、体制上解、差额包干补助、体制补助、总额收入分成、专项拨款。总体来看，该阶段财政体制及补助结算的特点为：中央财政和地方财政存在着较大的纵向不平衡，中央财政支出主要靠地方财政上解解决；中央财政调节地区之间财力不平衡的能力弱化。

（二）“分灶吃饭”阶段的“转移支付”

1980～1993 年，伴随着中国改革开放国策的实施，财政管理体制经历了三次调整，先后实行过“划分收支、分级包干”的财政管理体制（1980～

1985年）、“划分税种、核定收支、分级包干”的财政管理体制（1985～1988年）和多种形式的财政包干管理体制（1988～1993年）。

“划分收支、分级包干”财政管理体制（1980～1985年）伴随着财政体制由中央集权向地方分权的过渡与转化，中央与地方的财政关系发生了重大变化，财政体制补助上解等结算也发生明显的变化，形式主要有：收入分享形式、定额补助、定额上解、专项拨款四种形式。这个时期的特点是：收入分享和定额补助是这个时期的主要形式；中央财政通过设立支援不发达地区发展基金调节地区间存在的财力横向不平衡；中央与地方政府存在纵向财政不平衡，中央财力较少，收支矛盾突出，有时中央需向地方借款平衡收支。

“划分税种、核定收支、分级包干”财政体制（1985～1988年）。财政体制及结算安排形式主要有：总额收入分成、定额补助、比例上解、定额上解和专项拨款。这个时期的特点是：总额收入分成和定额补助是这个时期的主要形式；中央财政与地方财政存在较大的纵向不平衡，中央财力过少，地方定额上解和比例上解成为中央财政收入一个重要来源；专项拨款在体制结算中所占比重有所提高，数量逐年增加。

大包干财政体制（1988～1994年）。财政体制及结算安排形式主要有：收入分享（包括总额收入分成、总额分成加增长分成和比例分成）、定额补助、定额上解、递增上解和专项拨款。这个时期的特点：收入分享和定额补助是这个时期的主要形式；中央财政与地方财政存在着较大的纵向不平衡，中央财力较少，收支矛盾突出，地方定额上解和比例上解成为中央财政收入的重要来源；专项拨款在转移支付中所占比重有所提高，数量逐年增加。

分税制财政管理体制建立前的财政体制安排中，并没有与市场经济体制相适应财政体制下的转移支付，主要还是原体制上解和体制补助形式。因为当时的制度背景是高度集中的计划经济体制，所谓的“转移支付”形式，仍是资金划拨层面的问题，尚未形成与经济主体利益相匹配的财政转移支付。

二、分税制初期转移支付制度

为了解决计划经济时期形成的财政“两个比重”过低和中央宏观调控能力弱化的问题，规范财政体制形成预期稳定的财政分配和治理机制，适应市场经济体制改革的要求，1994年中国实行分税制财政体制，在完善税制、划分财政收支范围基础上，配套建立了规范的转移支付制度。分税制财政体制改革是一次重大的利益调整，为了改革的顺利推行，改革采取了增量调整的方案，既保留改革前（1993 年为基数）的既得利益不动，原体制的补助结算得以保留；同时，因收入划分改革影响的存量，地方既得利益通过税收返还给地方，以达到保留地方既得利益的目的。通过改革，中央获得了收入增量的大头，以此为基础建立了规范的转移支付制度。所以，分税制改革形成的转移支付制度，内容包括原体制上解和补助等结算形式，保留既得利益形成的税收返还，以及转移支付制度三个方面的内容。

（一）体制上解和体制补助

1994 年实行分税制以后，原财政包干体制的地方上解和补助办法基本不变。即原实行递增上解的地区，仍按照原规定办法继续递增上解；原实行定额上解的地区，仍按原确定数额继续定额上解；原实行总额分成的地区和原分税制试点地区，改为一律实行递增上解，就是以 1993 年实际上解数为基数，从 1994 年起按 4% 的递增率递增上解。

为了进一步规范分税制财政体制，1995 年对上述办法进行了调整，规定从 1995 年起，凡实行递增上解的地区，一律取消递增上解，改为按各地区 1994 年实际上解额实行定额上解。

（二）税收返还

为了使财政体制改革顺利进行，分税制财政体制改革的方案确定了维持地方 1993 年既得利益的政策。实行按税种划分收入的办法后，原属地方支柱财源的“两税”收入（消费税和增值税的 75%，下同）上划到中央，成为中央级收入，如果中央不采取相应的补偿措施，必然影响地方的既得利益，不利于新旧体制的平稳转换。为此，分税制财政体制改革制定了税收返还的办法，即以 1993 年为基期年，按分税后地方净上划中央的收入数额，作为中央对地方的税收返还基数，基数部分全额返还地方。为了减少对地方财力的影响，调动地方政府的积极性，国务院还决定，不仅税收返还基数全额返还地方，1994 年以后还要给予一定的增长。增长办法是：税收返还与消费税和增值税（75% 部分）的增长率挂钩，每年递增返还。关于税收返还的递增率，按当年全国增值税和消费税平均增长率的 1∶0.3 系数确定。1994 年 8 月，根据各方面的意见和要求，为了更充分地调动各地区组织中央收入的积极性，将税收返还的递增率改为按各地区分别缴入中央金库的“两税”增长率的1∶0.3系数确定。即各地区“两税”每增长1%，中央财政对该地区的税收返还增长0.3%。

（三）过渡期转移支付

作为分税制财政体制重要组成部分的转移支付制度，不仅是完善分税制财政体制的需要，也是确保地方财政健康运转的现实要求。作为1994年分税制财政体制改革的重要措施，中央财政在深入研究并借鉴国际经验的基础上，引入了旨在均衡地区间财力差异的过渡期转移支付，经国务院批准后于1995年开始实施。其指导思想是：不调整地方既得利益，中央财政从收入增量中拿出一部分资金，逐步调整地区利益分配格局；兼顾公平和效率，转移支付力求公正、合理、规范，同时，适当考虑各地的收入努力程度；转移支付有所侧重，重点缓解地方财政运行中的突出矛盾，体现对民族地区的适度倾斜。

按照规范的办法，均衡拨款应参照各地方政府的“标准收入”和“标准支出”确定。但是，由于各税种税基的基本数据难以取得，大部分收入项目的“标准收入”测算比较困难。因此，过渡期转移支付按照“财力”低于“标准支出”的差距作为确定转移支付的基础，同时适当考虑各地的收入努力程度。收入努力不足的地区，其“财力”低于“标准支出”的差距，应通过强化征管、合理利用税基等途径增加收入予以弥补，仍有缺口的，其财力不足额则作为计算转移支付的依据。“标准支出”确定的基本思路是：选择对地方财政支出影响较为直接的客观因素，根据经验数据，运用多元回归的方法，建立标准支出模型。过渡期转移支付制度除了对全国30个地区按统一因素、统一公式计算转移支付外，还针对民族地区的财力状况，建立了对民族地区的政策性转移支付，以解决民族地区当时突出的矛盾。少数民族地区财源基础薄弱，人均财政收入水平低，加之主要分布在西部边远地带，自然条件较为艰苦，不仅财政支出成本高，而且财政收入自给率低。为贯彻《中华人民共和国民族区域自治法》，切实帮助解决民族地区的困难，将8个民族省区和民族省区之外的民族自治州纳入政策性转移支付的范围，选用“财政供养人口人均财力”“财政供养人口”“1979年以来的财力递增率”三项综合性指标，增加对民族地区的政策性转移支付。

各地享受转移支付额的计算公式是：某省区转移支付补助数 =（该省区标准支出 - 该省区财力 - 该省区收入努力不足额）×客观因素转移支付系数 + 政

策性转移支付额。

三、分税制财政体制下转移支付制度的完善

分税制改革初期建立的过渡期转移支付制度，开始资金规模有限，后续随着各项改革的深入推进，转移支付资金稳定增长机制逐步建立，转移支付规模快速增长，在财政体制下发挥的作用越来越重要。

（一）所得税收入分享改革建立转移支付资金稳定增长机制

1. 所得税收入分享改革

2002 年 1 月 1 日起实施所得税收入分享改革，将按企业隶属关系划分中央与地方所得税收入的办法改为中央与地方按统一比例分享所得税收入。所得税收入分享改革的主要内容包括：（1）除铁路运输、国家邮政、中国工商银行、中国农业银行、中国银行、中国建设银行、国家开发银行、中国农业开发银行、中国进出口银行以及海洋石油天然气企业外，其他企业所得税和个人所得税收入实行中央与地方按统一比例分享。（2）中央保证各地区 2001 年地方实际所得税收入基数，实施增量分成。2002 年所得税收入，中央与地方各分享 50%；2003 年中央分享 60%、地方分享 40%；2003 年以后年度，根据实际情况确定中央地方分享比例。（3）中央因改革所得税收入分享办法增加的收入全部用于对地方主要是中西部地区的一般性转移支付。（4）为了保证所得税收入分享改革的顺利实施，妥善处理地区间利益分配关系，跨地区经营企业集中缴纳的所得税中地方分享部分，按分公司（子公司）所在地的企业经营收入、职工人数和资产总额三个因素在相关地区间分配，其权重分别为 0. 35、0. 35 和 0. 3。

2. 一般转移支付办法出台

与所得税收入分享改革配合，财政部出台《一般性转移支付办法》，因所得税收入分享改革增加的收入全部进入一般性转移支付，分配方案所提对中西部地区转移支付也主要依靠一般性转移支付，过渡时期转移支付的概念就此不再使用。2002 年实施所得税收入分享改革，中央财政因改革收入分享办法增加的收入全部用于对地方，主要是中西部地区的一般性转移支付，这为一般性转移支付资金的稳定增长机制的建立创造了坚实的物质基础。其中，2002 ~2007 年中央因所得税收入分享改革集中增量 6380 亿元，2007 年中央对地方一般性转移支付达 2503. 82 亿元，比 2001 年增加 236. 66 亿元。

这些财力对保障中西部地区地方政府机关事业单位职工工资发放和机构正常运转、减缓地区间财力差距扩大的趋势、统筹地区间协调发展，发挥了重要作用。

所得税收入分享改革建立了转移支付资金稳定增长的机制，过渡期转移支付同时改称为一般性转移支付。改革后，中央对地方的转移支付主要可分为两类：一是财力性转移支付，主要目标是增强财力薄弱地区地方政府的财力，促进基本公共服务均等化，包括一般性转移支付、民族地区转移支付、调整工资转移支付、农村税费改革转移支付和“三奖一补”转移支付等。二是专项转移支付，是中央政府对地方政府承担中央委托事务、中央地方共同事务以及符合中央政策导向事务进行的补助，享受拨款的地方政府需要按照规定的用途使用资金，实行专款专用。

（二）根据需要调整丰富转移支付内容

1. 分税制改革后，转移支付内容不断丰富

以一般性转移支付来说，目前包括均衡性转移支付（1995 年、2002 年、2009 年）、调整工资转移支付（1999 年）、民族地区转移支付（2000 年）、农村税费改革转移支付（2000 年）、县级基本财力保障机制（2005 年）、资源枯竭城市转移支付（2007 年）、国家重点生态功能区转移支付（2008 年）、成品油价格和税费改革转移支付（2009 年）等，相关转移支付起源与变革情况如下。

（1）均衡性转移支付。均衡性转移支付最初称为过渡期转移支付。1994 年实行“分税制”改革以后，随着中央级财政收入占全国财政收入比重的提高，中央财政的宏观调控能力逐步增强，在立足中国国情的基础上，1995 年建立起了过渡期转移支付，为建立一般性转移支付奠定了基础。2002 年，国务院决定实施所得税收入分享改革，并确定将中央因改革增加的收入全部作为一般性转移支付资金来源，实行统一分配，建立了一般性转移支付资金稳定增长机制。同时，将过渡期转移支付改为一般性转移支付。2009 年，为进一步规范转移支付管理，更好地体现公共财政的特征，中央财政将一般性转移支付改为均衡性转移支付。均衡性转移支付的建立，标志着中央财政调节政府间财力差距的能力进入了较高的阶段。

（2）调整工资转移支付。为配合实施积极财政政策，从 1999 年 7 月 1 日起增加了机关事业单位在职工工资和离退休人员离退休费。此后多次调整

机关事业单位职工工资和离退休人员离退休费。而对于调整工资及离退休费增加的支出，由沿海经济发达地区自行解决；对财政困难的老工业基地和中西部地区，由中央财政给予适当补助。调整工资转移支付遵循如下基本原则：一是客观、公平、合理的原则。中央对地方转移支付力求合理与规范，减少人为因素的影响。二是科学分类，区别对待。通过对地方财政状况的科学分析，将各地区合理分类，分别确定中央对地方的补助系数，财政越困难，补助系数越高。三是对民族地区给予照顾。我国民族地区经济基础普遍比较薄弱，财政也较为困难，为体现党和国家的民族政策，转移支付对民族地区的补助系数在同等非民族地区补助系数的基础上适当提高。

（3）民族地区转移支付。为落实《中华人民共和国民族区域自治法》，配合西部大开发战略的实施，体现党中央、国务院对民族地区的政策支持，经国务院批准，中央财政从2000年起，对少数民族地区专门实行民族地区转移支付制度，用以解决少数民族地区的特殊困难，推动民族地区经济社会全面发展。2006年，为进一步体现党中央国务院对民族地区的关怀，又将非民族自治区以及非民族自治州管辖的民族自治县纳入了民族转移支付范围。民族地区转移支付包括两个资金来源：一是2000年专项增加对民族地区政策性转移支付10亿元，以后每年按上年中央分享的增值税收入增长率递增；二是对民族地区上划中央的增值税（75%部分）收入采用环比办法，将每年增值税收入比上年增长部分的80%转移支付给民族地区。其中，这部分增量的一半按来源地返还，另一半按因素法通过转移支付方式分配给地方。

（4）农村税费改革转移支付。为推动农村税费改革顺利实施，确保农民负担得到明显减轻、不反弹，确保乡镇机构和村级组织正常运转，确保农村义务教育经费正常需要，国务院决定，从2001年起，中央财政统筹考虑各地区提高农业税率增收因素和取消乡镇统筹、降低农业特产税税率、取消屠宰税减收、调整村提留提取办法等因素，对地方净减收部分，通过转移支付给予适当补助。2004年，为进一步深化农村税费改革，党中央、国务院决定全面取消除烟叶外的农业特产税、降低农业税率。同年吉林、黑龙江两省全面取消农业税（含牧业税，下同），其他省份农业税率也有所下降。2006年全面取消农业税。由此减少的地方财政收入，沿海发达地区原则上自行消化，粮食主产区和中西部地区由中央财政适当给予转移支付补助。取消农业特产税和农业税后，农民负担明显减轻，地方财政收入也相应减少，为保证改革顺利实施，中央财政通过转移支付的形式，对地方给予适当补助。

（5）县级基本财力保障机制。2005 年国务院决定，采取综合性措施，争取用三年左右的时间，使县乡财政困难状况得到较大缓解。当年中央财政安排 150 亿元，建立“三奖一补”县乡财政困难激励约束机制，旨在进一步缓解县乡财政困难。“三奖一补”政策主要是对财政困难县乡政府增加税收收入和省市级政府增加对财政困难县财力性转移支付给予奖励，对县乡政府精简机构和人员给予奖励，对产粮大县给予奖励，对以前缓解县乡财政困难工作做得好的地区给予补助。2005 ~ 2007 年，中央财政累计安排“三奖一补”资金 725 亿元，加上地方安排的奖补资金和县乡政府组织的税收收入增量等，县级财力水平明显改善。2011 年，县级基本财力保障机制奖补资金被纳入中央对地方均衡性转移支付项下。

（6）资源枯竭城市转移支付。按照《国务院关于促进资源型城市可持续发展的若干意见》的精神，2007 年起中央财政设立针对资源枯竭型城市为期四年的一般性转移支付，增强资源枯竭型城市基本公共服务保障能力，帮助其逐步化解累积的公共服务和社会管理等方面的历史欠账。同年，财政部与国土部分三批界定 69 个资源枯竭城市，通过财政转移支付的方式支持这些资源枯竭城市的发展。资源枯竭城市转移支付以相关人口作为测算补助的基础，适当考虑相关客观因素，以此体现“以人为本”的理念，并尽可能公正合理。

（7）国家重点生态功能区转移支付。为促进生态文明建设，确保国家生态安全，统筹区域发展，调动地方政府加强生态保护力度，2008 年中央财政设立国家重点生态功能区财政转移支付资金。国家重点生态功能区转移支付政策涵盖了《全国主体功能区规划》限制开发区域中的 25 个国家重点生态功能区和禁止开发区域划定的 1443 个国家级自然保护区、世界自然遗产地、青海三江源自然保护区等 3 个区域，以及河北环京津生态屏障、珠穆朗玛峰 2 个区域。国家重点生态功能区转移支付是目前为止中央对经济落后、生态环境重要地区给予的唯一的直接性、持续性和集中性的资金补助。

（8）成品油价格和税费改革转移支付。2009 年，为建立完善的成品油价格形成机制和规范的交通税费制度，促进节能减排和结构调整，公平负担，依法筹措交通基础设施维护和建设资金，国务院决定实施成品油价格和税费改革。改革内容包括：取消公路养路费、航道养护费、公路运输管理费、公路客货运附加费、水路运输管理费、水运客货运附加费六项收费；逐步有序取消政府还贷二级公路收费；提高成品油消费税单位税额等。而对于新增成品油消费税，以及由此增加的增值税、城市维护建设税和教育费附加具有专项用途，不作为经常性财政收入，不计入与支出挂钩项目的测算基数，除由中央本级安排的替代航道养护费等支出外，其余全部由中央财政通过规范的财政转移支付方式分配给地方，由此形成成品油价格和税费改革转移支付。

2. 关于共同事权转移支付

在上述改革基础上，共同事权转移支付也在积极推进中。共同事权转移支付设于一般性转移支付中，是将改革前一般性转移支付和专项转移支付安排的基本公共服务领域共同财政事权事项纳入其中，等于是将专项转移支付中央和地方共同事权的那部分与一般转移支付中原来关于共同事权的那部分进行了有机整合，改革力度较大，完整反映和切实履行中央承担的基本公共服务领域共同财政事权的支出责任。2019 年财政部已制定《中央对地方共同财政事权转移支付管理暂行办法（征求意见稿）》，改革进程稳步推进，因此单列强调其重要性。共同转移事权转移支付的整合是在厘清中央政府和地方政府的事权和支出责任基础上的，对于政府间财政关系的梳理有着重要意义。

根据《国务院办公厅关于印发基本公共服务领域中央与地方共同财政事权和支出责任划分改革方案的通知》，共同事权转移支付目前涵盖如表 3－6 所示的八大类 18 项。

3. 专项转移支付

专项转移支付随着改革深入和经济社会发展，种类和资金规模经过了先扩张后规范整个的过程。专项转移支付对应着具体的部门和事项，成为落实重大战略的重要抓手。但随着种类和规模的不断扩张，呈现出专项转移支付泛化的情况，支出“碎片化”、基层执行面临“两难境地”等问题突出。党的十八届三中全会后，中国开始优化转移支付结构，压减专项转移支付，增加一般转移支付，专项转移支付从 2012 年的 220 多项，经过规范整合，到 2018 年只有 70 多项，专项转移支付和一般转移支付资金比例由 6∶4 逐步变为 1∶9。

（三）转移支付制度规范与结构优化

1. 进一步规范转移支付制度（见图4－1）

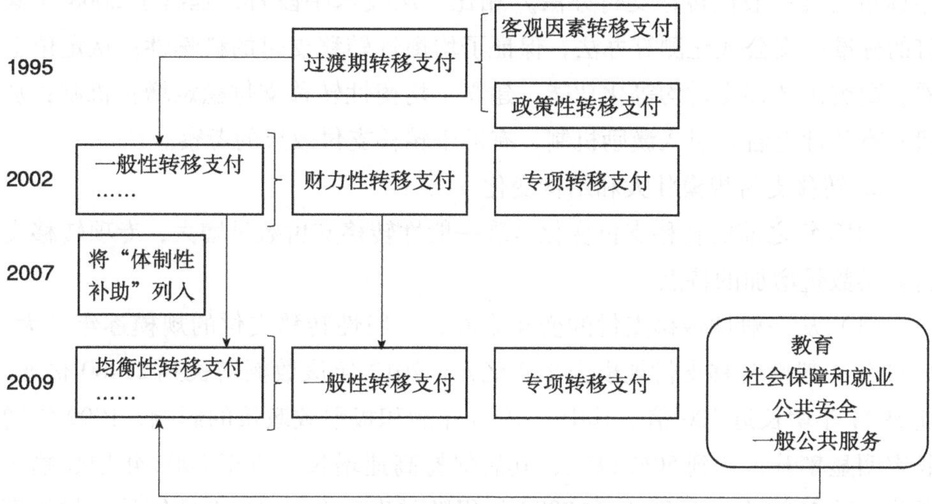

图4－1　转移支付调整示意

2009年起，为进一步规范财政转移支付制度，将地方上解与中央对地方税收返还作对冲处理，相应取消地方上解中央收入科目，将中央对地方的转移支付，分为一般性转移支付和专项转移支付两类。

从2002年起，财政部每年公布《一般性转移支付办法》，但基本保持不变。而2008年公布的《一般性转移支付办法》，与以往相比，在标准支出测算办法上有了很大改进，更注重测算的标准化，各项支出都有统一的计算公式，可操作性更强。2002～2008年转移支付的基本分类为财力性转移支付和专项转移支付，财力性转移支付包括一般性转移支付、民族地区转移支付等项目。也就是说，原来的过渡时期转移支付所含内容隶属于新的财力性转移支付，其中一部分是一般性转移支付。

2009年为规范转移支付制度，原来“财力性转移支付”改称“一般性转移支付”，原来“一般性转移支付”改称“均衡性转移支付”。由此，转移支付总体分类变为一般性转移支付和专项转移支付，均衡性转移支付属于一般性转移支付的范围。另外，将补助数额相对稳定、原列入专项转移支付的教育、社会保障和就业、公共安全、一般公共服务转入一般性转移支付。调整后，除相对稳定的项目外，还有一部分上述转移支付项目仍保留在专项转移支付中。

2011 年起财政部每年公布《中央对地方均衡性转移支付办法》，与 2008 年颁布的《一般性转移支付办法》相比，从技术手段看，延续了 2008 年修订的标准收支公式化测算办法，保证了均衡性转移支付的科学性；从定位上看，更突出转移支付均等化功能，建立了均衡性转移支付稳定增长机制；从机制有效性上看，引入激励机制，有助于转移支付效果的考察。

2. 转移支付规模壮大和结构变化

2012 年之前的转移支付变化呈现一般性转移支付数量增大，专项转移支付种类数量增加的特点。

（1）从一般性转移支付的变化来看，一般性转移支付的规模逐年扩大，1994 年一般性转移支付规模为 229 亿元，2012 年该数额增长到 21400 亿元，比 1994 年增长近 100 倍。其中受 1998 年后积极财政政策的影响，1999 年增长率明显攀升，达到 50% 以上，其后保持高速增长，直至 2002 年增长趋于平稳。除 1998 年、1999 年和 2008 年积极财政政策导致的专项转移支付规模及占比明显增长外，一般性转移支付规模占中央对地方转移支付总规模的比重缓慢上升。

（2）从专项转移支付的调整来看，1994 ~ 1999 年，中央对地方的专项拨款额度分别为 361 亿元、375 亿元、489 亿元、518 亿元、895 亿元和 1489 亿元。从绝对量方面分析，我们可以看出随着中央财力的增加，中央对地方专项转移支付呈不断上升的趋势，尤其是 1998 年以后，增长幅度明显加大，1998 年和 1999 年专项转移支付总额分别同比增长 69. 50% 和 62. 19% 。这是由于从 1998 年起，中央财政实施积极的财政政策，在基本建设、技术改造、农业教育科技、扶贫、环境保护、机关事业单位工资、社会保障等多方面增加了对地方的专项转移支付；从相对量方面分析，1994 年和 2000 年中央对地方的专项转移支付分别占同期中央对地方转移支付总额的 61% 和 72% ，增长了 10% 以上。2000 年以后专项转移支付规模保持较为平稳的增长，专项转移支付规模占中央对地方转移支付总额的比重缓慢下降，到 2006 年专项转移支付总额占中央对地方转移支付总额下降到 46% 。2008 年金融危机后，中央再次实施积极财政政策拉动经济增长，专项转移支付规模再次快速攀升，2008 年、2009 年专项转移支付在转移支付总额中所占比重均为 52% 。2009 ~ 2010 年，仅一年，我国对专项转移支付的项目增加了资源勘探电力信息、交通运输、商业服务、金融监管、地震灾后恢复建设、国土资源气象、住房保障等15项，整体规模增加1752.17亿元，专项转移支付规模进一步扩大。

3. 优化转移支付结构，建立专项转移支付评估和退出机制

为贯彻落实党的十八大和十八届三中全会精神，建立与实现现代化相适应的现代财政制度《国务院关于深化预算管理制度改革的决定》对优化转移支付结构作出了明确要求：完善一般性转移支付增长机制，增加一般性转移支付规模和比例，逐步将一般性转移支付占比提高到60%以上；明显增加对革命老区、民族地区、边疆地区和贫困地区的转移支付；中央出台增支政策形成的地方财力缺口，原则上通过一般性转移支付调节。要大力清理、整合、规范专项转移支付，在合理界定中央与地方事权的基础上，严格控制引导类、救济类、应急类专项转移支付，属地方事务的划入一般性转移支付。对竞争性领域的专项转移支付逐一进行甄别排查，凡属"小、散、乱"以及效用不明显的要坚决取消，其余需要保留的也要予以压缩或实行零增长，并改进分配方式，减少行政性分配，引入市场化运作模式，逐步与金融资本相结合，引导带动社会资本增加投入。对目标接近、资金投入方向类同、资金管理方式相近的专项转移支付予以整合。规范专项转移支付项目设立，严格控制新增项目和资金规模，建立健全专项转移支付定期评估和退出机制。加快修订完善中央对地方转移支付管理办法，对转移支付项目的设立、资金分配、使用管理、绩效评价、信息公开等作出规定。研究建立财政转移支付同农业转移人口市民化挂钩机制。在明确中央和地方支出责任的基础上，认真清理现行配套政策，对属于中央承担支出责任的事项，一律不得要求地方安排配套资金；对属于中央和地方分担支出责任的事项，由中央和地方按各自应分担数额安排资金。各地区要对本级安排的专项资金进行清理、整合、规范，完善资金管理办法，提高资金使用效益。

2018年《国务院办公厅关于印发基本公共服务领域中央与地方共同财政事权和支出责任划分改革方案的通知》（以下简称《方案》）将涉及人民群众基本生活和发展需要、现有管理体制和政策比较清晰、由中央与地方共同承担支出责任、以人员或家庭为补助对象或者分配依据、需要优先和重点保障的主要基本公共服务事项，纳入中央与地方共同财政事权范围，包括义务教育、学生资助、基本就业服务、基本养老保险、基本医疗保障、基本卫

生计生、基本生活救助、基本住房保障八大类，共18个事项。《方案》提出参照现行财政保障、中央保障或中央补助标准，制定9项基本公共服务保障的国家基础标准。地方在确保国家基础标准落实到位的前提下，因地制宜制定高于国家标准的地区标准，应事先按程序报上级备案后执行，高出部分所需资金自行负担。对不易或暂时不具备条件制定国家基础标准的9项事项，地方可结合实际制定地区标准，待具备条件后，由中央制定国家基础标准。法律法规或党中央、国务院另有规定的，从其规定。《方案》提出规范基本公共服务领域中央与地方共同财政事权的支出责任分担方式：基本公共服务领域中央与地方共同财政事权的支出责任主要实行按比例分担，并保持基本稳定，对基本公共卫生服务等7个事项实行中央分档分担办法，并将其分担比例适当简化和归并为五档；对义务教育公用经费保障等6个按比例分担、按项目分担或按标准定额补助的事项，暂按现行政策执行；对基本公共就业服务等5个事项，中央分担比例主要依据地方财力状况、保障对象数量等因素确定。

《方案》要求完善转移支付制度。在一般性转移支付下设立共同财政事权分类分档转移支付，原则上将改革前一般性转移支付和专项转移支付安排的基本公共服务领域共同事权财权事项，统一纳入共同财政事权分类分档转移支付，完整反映和切实履行中央承担的基本公共服务领域共同财政事权的支出责任。

（四）税收改革与税收返还制度

现行中央对地方税收返还包括增值税、消费税返还、所得税基数返还以及成品油价格和税费改革税收返还。

1994年分税制改革，实行按税种划分收入的办法后，原属地方支柱财源的“两税”收入（增值税的75%和消费税的100%）上划为中央收入，由中央给予税收返还，返还额以各地上划中央“两税”收入增长率为基础逐年递增。

2002年实施所得税收入分享改革后，以2001年为基期，为保证地方既得利益，对按改革方案确定的分享范围和比例计算出的地方分享的所得税收入，小于地方实际所得税收入的差额部分，由中央作为基数返还地方。

2008年实施成品油价格和税费改革后，中央按地方原有的公路养路费、公路客货运附加费、公路运输管理费、航道养护费、水运客货运附加费和水路运输管理费等“六费”收入基数给予的返还。具体额度以2007年的“六费”收入为基础，考虑地方实际情况按一定的增长率确定。

为解决地方既得利益固化、地方间发展差距加大的问题，保持中央与地方财力格局、平稳推进“营改增”改革，《国务院关于完善出口退税负担机制有关问题的通知》《国务院关于印发全面推开营改增试点后调整中央与地方增值税收入划分过渡方案的通知》分别取消了消费税、增值税的增量返还。

增值税、消费税两税增量返还在保证了地方既得利益、保证了分税制改革的顺利进行，充分调动中央和地方两个积极性的同时，也有一些负面效应，主要是固化了地方的既得利益、加剧了地区间的发展差距。在尝试建立增值税出口退税中央和地方共同负担机制的过程中，《国务院关于完善出口退税负担机制有关问题的通知》决定，出口退税（包括出口货物退增值税和营业税改征增值税出口退税）全部由中央财政负担，地方2014年原负担的出口退税基数，定额上解中央；中央对地方消费税不再实行增量返还，改为以2014年消费税返还数为基数，实行定额返还。“两税”增量返还政策中的消费税增量返还首先取消。国家通过取消对地方的消费税增量返还，事实上建立起了增值税出口退税中央与地方共同负担的机制。

2016年4月29日，国务院下发了《关于印发全面推开营改增试点后调整中央与地方增值税收入划分过渡方案的通知》，取消增值税增量返还。通知规定：以2014年为基数核定中央返还和地方上缴基数；所有行业企业缴纳的增值税均纳入中央和地方共享范围；中央分享增值税的50%；地方按税收缴纳地分享增值税的50%；中央上划收入通过税收返还方式给地方，确保地方既有财力不变。

“营改增”税收返还可按以下公式计算：中央返还或地方上缴基数 = “营改增”后地方分享增值税（即50%的部分、含原营业税） - ［“营改增”前地方分享增值税（即25%部分） + 营业税（100%）］。如果为负值，即前者小于后者，则为中央返还基数；如果为正值，即前者大于后者，则为地方上缴基数。

四、现行转移支付制度

（一）一般性转移支付

一般性转移支付不规定具体用途，可由地方作为财力统筹安排使用，旨在促进各地方政府提供基本公共服务的均等化和保障国家出台的重大政策实施，内容在1995年“过渡期转移支付”的基础上随着重大改革的推进，不断丰富。目前包括均衡性转移支付、调整工资转移支付、民族地区转移支付、农村税费改革转移支付、县级基本财力保障机制、资源枯竭城市转移支付、国家重点生态功能区转移支付、成品油价格和税费改革转移支付等，另外还有其他一般转移支付，以及2009年由专项转移支付调至一般转移支付的项目，包括一般公共服务转移支付、公共安全转移支付、教育转移支付、社会保障和就业转移支付、医疗卫生转移支付。在此期间，一般转移支付分配因素方法也得以不断完善。

1. 一般性转移支付类别及目标

一般转移支付项下的转移支付，按照均等化效果，大致可以分为两类：一类是增加地方自主财力提升保障水平的，如均衡性转移支付、县级财力保障、民族地区转移支付等；另一类是具有补偿性的，如农村税费改革转移支付、成品油改革转移支付、生态功能区转移支付等。具体因素，则根据保障的需求要素或是补偿性产生的因素确定。各类转移支付资金的分配目标也有所不同，如重点生态功能区转移支付，其目标在于引导地方政府加强生态环境保护，提高国家重点生态功能区等生态功能重要地区所在地政府的基本公共服务保障能力。又如城乡义务教育补助经费，其目标在于支持城乡义务教育发展，在现阶段重点支持落实城乡义务教育经费保障机制，实施农村义务教育学生营养改善计划等。一般而言，尽管各项转移支付资金目标有所不同，但不规定具体用途，以此促进各地提供基本公共服务均等化。

2. 一般转移性支付分配方法

目前，我国一般性转移支付多按照因素法分配。以均衡性转移支付为例，其转移支付额的确定如下：均衡性转移支付资金分配选取影响财政收支的客观因素，适当考虑人口规模、人口密度、海拔、温度、少数民族等成本差异，结合各地实际财政收支情况，采用规范的公式化方法进行分配。均衡性转移支付按照各地标准财政收入和标准财政支出差额以及转移支付系数计算确定。用公式表示为：某地区一般性转移支付额 = （该地区标准财政支出 - 该地区标准财政收入） × 该地区转移支付系数。

其中，标准财政收入是指各地的财政收入能力，主要按税基和税率分税种测算；标准财政支出是指各地达到均等化基本公共服务水平的财政支出需求，主要按地方政府规模、平均支出水平和客观因素测算。

此外，凡标准财政收入大于或等于标准财政支出的地区，不纳入均衡性转移支付范围。

3. 一般性转移支付规模

表4-1为我国一般性转移支付1994～2022年的规模变化情况。1994年一般性转移支付额为229亿元，2022年则为80994.23亿元，增长350多倍，年均增长率达8.19%。除1996年为负增长外，其余年份均保持正增长，2019年因结构调整等因素增长率达71.43%。此外，一般性转移支付增速随着经济和财政收入增速放缓有逐渐放缓的趋势。而在转移支付总额的占比上，一般性转移支付比重则是在不断地升高，由1994年的39%逐渐升高至2022年的91%。可以看到，一般性转移支付的作用，无论从绝对量上，还是占比而言，都在发挥着越来越重要的作用。

表4-1　　1994～2022年一般性转移支付规模

年份	一般性转移支付规模（亿元）	比上年增长（%）	占转移支付总额比重
1994	229	—	0.39
1995	292	27.51	0.44
1996	285	-2.40	0.37
1997	327	14.74	0.39
1998	361	10.40	0.29
1999	542	50.14	0.28
2000	846	56.09	0.34
2001	1493	76.48	0.40
2002	1944	30.21	0.45
2003	2238	15.12	0.46
2004	2934	31.10	0.46
2005	4204	43.29	0.54
2006	5159	22.72	0.54
2007	7126	38.13	0.51
2008	8747	22.75	0.47
2009	11320	29.42	0.48
2010	13236	16.93	0.48

续表

年份	一般性转移支付规模（亿元）	比上年增长（%）	占转移支付总额比重
2011	18311	38.34	0.52
2012	21400	16.87	0.53
2013	24400	14.02	0.57
2014	27568	12.98	0.59
2015	28525	3.47	0.57
2016	31865	11.71	0.61
2017	35146	10.30	0.62
2018	38995	10.95	0.63
2019	66849.4	71.43	0.90
2020	69557.23	4.05	0.90
2021	74862.9	7.63	0.91
2022	80994.23	8.19	0.91

资料来源：1994～2009年数据来自《财政体制简明图解》；2010～2013年数据来自财政情况；2014年之后数据来自财政部网站。

（二）专项转移支付

专项转移支付是中央政府为实现一些特定的战略发展目标而设立的补助资金，使用需要按照特定的使用用途。1994年开始实行之初的很长一段时间内，中国专项转移支付一直没有实现规范化，一般遵循着地方逐级向中央申报，再由领导批示的流程，获得专项转移支付资金的多少很大程度上与地方的活动能力相关，存在很大漏洞，没有实现规范化。这一情况一直持续到2000年，2000年8月专项转移支付的纲领性文件《中央对地方专项拨款管理办法》正式颁布，专项转移支付才有章可依。之后关于专项转移支付结构优化和制度改进的工作的探索也在不断进行，2015年12月30日，财政部印发了《中央对地方专项转移支付管理办法》，对专项转移支付设立和调整、预算编制、申报、发放和监督等方面进行进一步规范，将专项转移支付按照财权和事权划分为了委托、共担、引导、救济、应急五个大类，加强了专项转移支付的管理。

在中国经济社会发展的过程中，要补助的方向不尽相同，专项转移支付的项目设置及内容在制度建立的20多年间也发生了巨大变化，而且专项转移支付没有明晰的资金区分标准。专项转移支付几乎涉及社会方方面面，有涉及医疗卫生的公共卫生服务补助资金，有涉及环境保护的大气污染防治资金，有支持农业发展的农业支持与保护补贴，还有调节市场的车辆购置税收入补助地方资金等。

1. 专项转移支付分配方法及类别

目前，我国专项转移支付包括一般预算专项拨款和国债补助等。按照用途划分，专项拨款主要用于基础设施建设、天然林保护工程、退耕还林还草工程、贫困地区义务教育工程、社会保障制度建设、公共卫生体系建设等经济、社会事业发展项目实施。目前，多数专项转移支付资金都已采用客观因素分配，有专门的管理办法。但是，不可否认的是，在专项转移支付管理方面仍然存在着挤占和挪用现象，由于有效约束和效益评估作用发挥不充分，存在着资金使用效率不高，分配办法不尽完善等问题。

而若按中央与地方政府间事权划分为标准，则可以划分为以下五类：（1）委托类专项是指按照事权和支出责任划分属于中央事权，中央委托地方实施而相应设立的专项转移支付。（2）共担类专项是指按照事权和支出责任划分属于中央与地方共同事权，中央将应分担部分委托地方实施而设立的专项转移支付。（3）引导类专项是指按照事权和支出责任划分属于地方事权，中央为鼓励和引导地方按照中央的政策意图办理事务而设立的专项转移支付。（4）救济类专项是指按照事权和支出责任划分属于地方事权，中央为帮助地方应对因自然灾害等发生的增支而设立的专项转移支付。（5）应急类专项是指按照事权和支出责任划分属于地方事权，中央为帮助地方应对和处理影响区域大、影响面广的突发事件而设立的专项转移支付。

2. 专项转移支付规模

中华人民共和国成立以来，在建立起分级财政，确定了中央与地方的分配关系之后，中央财政即开始安排对地方的专项转移支付。专项转移支付设立初期，项目少、数额也很小。如表 4 – 2 所示，1994 年实行分税制以后，项目增多、数额也增加。尤其是 1998 年实施积极财政政策以后，无论项目和绝对额增长速度都高于以前年度。2022 年中央对地方的专项转移支付达 7617. 03 亿元，比 1994 年的 361 亿元增加 7256. 03 亿元，年均增长 3. 5% 。而自 2008 年以后，专项转移支付的增长速度则开始不断放缓，不少年份甚至出现了负增长，2019 年结构性调整力度较大，出现 – 67. 41% 的负增长，这与专项转移支出清理整合及结构调整有关。从专项转移支付占转移支付总额比重来看，其总体上呈现出一个先升后降的趋势，所占比重从 1994 年的 61% 上升到 1999 年的 72%，然后逐渐下降到 2022 年的 8.6%。

表 4－2　　1994～2022 年专项转移支付规模

年份	专项转移支付规模（亿元）	比上年增长（%）	占转移支付总额比重
1994	361	—	0.61
1995	375	3.88	0.56
1996	489	30.40	0.63
1997	518	5.93	0.61
1998	878	69.50	0.71
1999	1424	62.19	0.72
2000	1613	13.27	0.66
2001	2200	36.39	0.60
2002	2401	9.14	0.55
2003	2598	8.20	0.54
2004	3423	31.76	0.54
2005	3523	2.92	0.46
2006	4412	25.23	0.46
2007	6891	56.19	0.49
2008	9962	44.57	0.53
2009	12359	24.06	0.52
2010	14112	14.18	0.52
2011	16570	17.42	0.48
2012	18800	13.46	0.47
2013	18600	－1.06	0.43
2014	18942	1.84	0.41
2015	21612	14.10	0.43
2016	20709	－4.18	0.39
2017	21883	5.67	0.38
2018	23213	6.08	0.37
2019	7565.7	－67.41	0.102
2020	7765.92	2.65	0.100
2021	7353.04	－5.32	0.089
2022	7617.03	3.59	0.086

资料来源：1994～2009 年数据来自《财政体制简明图解》；2010～2013 年数据来自财政情况；2014 年之后数据来自财政部网站。

第二节　转移支付制度改革成效及问题

1994 年分税制改革，转移支付制度作为重要的内容，从无到有，逐步健全完善，资金规模不断增长，结构不断优化，制度功能不断发挥。但是，由于财政体制内在的运行机制及转移支付自身管理的问题日益凸显，亟待进一步完善。

一、转移支付制度改革成效

（一）转移支付体系日趋完善，增强中央宏观调控能力

自转移支付设立之初，中央财政根据宏观调控需要，不断丰富转移支付类型，完善转移支付办法。目前，中央对地方转移支付已经成为财政支持改革和宏观调控的重要手段。1998 年为了落实积极财政政策，刺激消费，中央财政出台了调整工资转移支付。2000 年为了落实《中华人民共和国民族区域自治法》，支持西部大开发，中央设立了民族地区转移支付；2000 年及此后的 2003 年、2004 年，为了推进农村税费改革，出台了农村税费改革转移支付。2005 年，为了缓解县级财政困难，中央财政出台了县乡奖补转移支付，引导省级财力下移，县级财政增收、基层撤乡减员。2007 年，为了促进资源枯竭型城市转型，设立资源枯竭转移支付。2008 年，为保障国家生态安全，引导地方政府加强生态环境保护力度，提高国家层面重点生态功能区所在地政府基本公共服务保障能力，促进经济社会可持续发展，在均衡性转移支付项下设立了国家重点生态功能区转移支付。总体来看，中央财政已经逐步建立起“均衡为主、适当激励、重点扶持、促进转型、点面结合”的转移支付体系。尽管从科学规范角度讲，现行转移支付体系略显庞杂，但历史地看，受特殊国情和渐进式改革的约束，现行转移支付体系的建立，总体坚持了正确的方向，推动了经济社会改革的进程，落实了国家的重大战略，增强了中央的宏观调控能力，为维护社会稳定和民族团结发挥了重要作用。

（二）转移支付力度逐年加大，支持了中西部经济社会发展

随着中央财力的增强，中央对地方转移支付不断增加。2022 年中央对地

方转移支付达 88611.26 亿元（不含 8533.49 亿元特殊转移支付），是 1994 年 590 亿元的 150 倍，年均增长 19.6%。其中，1994 ~ 2022 年，中央对地方一般性转移支付从 229 亿元增加到 80994.23 亿元，年均增 23.3%；专项转移支付从 361 亿元增加到 7617.03 亿元，年均递增 11.5%，一般性转移支付年均增幅比专项转移支付高 11.8 个百分点。

从区域分布看，转移支付主要集中在财政相对较为困难的中西部地区。2017 年全部转移支付中，中西部占 79.28%，东部占 20.72%；一般性转移支付中，中西部占 80.66%；专项转移支付中，中西部占 77.05%。

随着中央转移支付资金规模不断增加，地方对中央转移支付资金的依赖程度有了较大提高。1994 ~ 2017 年中央对地方转移支付占地方财政支出总额的比重从 14.3% 提高到 32.4%。其中，中部由 18.5% 提高到 45.68%，西部由 12.1% 提高到 47.89%，东部由 12.6% 上升到 14.96%。2017 年依赖程度较高的省区分别是西藏自治区、青海省、宁夏回族自治区、甘肃省、贵州省等。

（三）转移支付均等化效果显著，缩小了财政能力差异

随着财力性转移支付规模不断扩大，地区间财力差距逐渐缩小，地区间财力困难程度进一步降低，可用财力规模不断增大，主要原因在于：第一，1995 年建立中央对地方过渡期转移支付，根据各地区总人口、GDP 等客观因素，按照统一的公式计算其标准财政收入、财政支出，对存在财政收支缺口的地区按一定系数给予补助，财政越困难的地区补助系数越高；第二，2000 年实施了民族地区转移支付，有力地配合了西部大开发进程；第三，由于 1999 年、2001 年、2003 年和 2006 年中央多次出台调资政策，中央适时实行了调整工资转移支付；第四，2000 年中央考虑到实行农村税费改革给中西部地区造成的财力大幅度降低，中央实施了农村税费改革转移支付；第五，2005 年为缓解县乡财政困难，中央财政出台了缓解县乡财政困难奖补政策，对各地区缓解县乡财政困难工作给予奖励和补助。上述财力性转移支付制度的实施，大大缓解了中西部地区的财政困难，提升了中西部地区的财力水平。根据 2017 年转移支付前后各省人均财政收入变化情况来看，个别困难省份在一般性转移支付和专项转移支付后人均财政收入超过经济发达省份与全国均值，而其他大部分省份的收入差距也在转移支付后进一步缩小。

（四）转移支付分配办法更加科学，推动了财政管理精细化进程

1995 年出台过渡期转移支付，引入标准财政收支概念。根据工业增加值、企业利润等指标测算各地的标准财政收入；按照总人口、可居住面积、人口密度等客观因素测算各地的标准财政供养人员，并参照寒冷程度、海拔等测算各地的标准财政支出需求，对存在收支缺口的地区考虑财政困难程度给予补助，首次建立了公式化分配的制度。改变了“一对一”谈判、讨价还价的理财方式，树立了规范、公正、透明的理财观念。每年中央财政都根据实际情况对均衡性转移支付办法有所更新，就其技术方法的科学性而言，基本比照了澳大利亚的均衡拨款、日本的地方交付等做法。其他一般性转移支付也都根据客观因素进行公式化分配。应当说，近些年来中央对地方转移支付资金分配的规范性、科学性逐步提高，转移支付资金分配的合理性不断增强。随着转移支付规模的增大，中央财政着力提高转移支付的透明度，广泛征求理论界与地方财政部门的意见，共同探讨转移支付的框架和基本理念，吸取理论界的研究成果，及时应用到转移支付测算中完善转移支付的办法。同时，邀请地方财政部门参与每年均衡性转移支付测算，提高了转移支付技术方法的科学性，参与式预算管理的开展和推进规范了理财理念，为形成更多的统一意见、完善省级以下转移支付制度的推进工作起到了不小的作用。不仅如此，转移支付办法、数据来源与测算结果常常被政府部门向社会公开，保证一般性转移支付测算的公平、权威，转移支付测算中采用的数据均来源于公开发行的统计年鉴，或者权威机构的测算数据。

（五）省以下转移支付制度逐步建立，促进了转移支付整体功能的发挥

1994 年后，省以下转移支付制度被不断细分出来，省级结合本省发展情况建立省以下转移支付制度。1995 年提出的过渡时期转移支付办法中率先提出了标准收支的概念和如何核算，使用因素法如何进行转移支付数额的分配，以及提出对地方政府的激励办法，各省开始从财力格局变化的实际情况出发，积极推进省以下财政转移支付制度的构建。2002 年财政部进一步提出了解决省以下财政体制问题的意见，其中对于县乡财政困难妥善解决提出要特别关注，这就要求省级和市级落实转移支付资金到县乡，对于资金匮乏的县乡财政大力帮扶，更好地构建省以下转移支付制度。特别是到了 2004 年我国开始推广省直管县的财政体制后，各省也开始了积极的试点工作，省以下转移支付制度日趋完备，尤其是一般性转移支付循序渐进完善，比如广东省从 2004 年起对省以下转移支付制度改革，并建立了激励型转移支付机制。到了 2005 年中央出台了缓解县乡财政困难的办法后，上级政府越来越多地关注到县乡发展中的困难，开始不断扩大对县乡转移支付的规模，在中央财政的引导下对县级拨款力度不断变大，以维持基层政府正常的运作和支出需求。如 2011 ~ 2013 年，中央对县级的财政奖补增加了 1050 亿元，有了上级政府的支持，县级的财政状况在不断好转。

2015 年国务院发布《改革和完善中央对地方的转移支付意见》，提及省以下转移支付制度来参照中央对地方的制度进行探索践行，在明晰的事权和财权下，不断优化转移支付结构，将转移支付资金统筹运用在重点项目上，对专项转移支付加大整合力度。其后陕西省和福建省人民政府依据该指导精神，提出了构建本省特色的省以下转移支付制度。

由此可以看到分税制改革后，随着我国中央对省的财政转移支付制度的逐步完善，大部分省份都开始仿照中央对地方转移支付制度，慢慢构建起符合自身省情的省以下财政转移支付制度。省以下转移支付制度，开始起到对财政纵向与横向失衡进行弥补调节的作用。但也应该看到，在实践中省以下转移支付依旧有着一些亟待解决的问题，如政府事权与财权划分不清晰，转移支付资金的分配方式不完善，财政转移支付结构不合理等。

二、转移支付制度现存的问题及原因分析

（一）转移支付制度存在的问题

1. 总体规模过大，地方财政依赖性过强

转移支付资金规模过大。1994 年分税制改革的指导思想是“存量不动，增量调整”，即在维护地方既得利益的前提下，对中央财政收入增加部分进行再分配，均衡各地区间的财力。这一指导思想有利于分税制的推行，中央本级财政收入的增量和规模得到极大增加，也为实施政府间财政转移支付改革奠定了基础。如表 4 – 3 所示，从中央转移支付的总体发展趋势来看，资金规模呈现出一个稳定增长的趋势，转移支付总额从 1994 年的 590 亿元到 2022 年的 88611.26 亿元。

表 4 – 3　1994 ~ 2022 年一般性转移支付及专项转移支付规模及比重

年份	转移支付总额（亿元）	专项转移支付总额（亿元）	一般转移支付总额（亿元）	中央财政收入（亿元）	转移支付总额占财政收入比重（%）
1994	590	361	229	2907	0.20

续表

年份	转移支付总额（亿元）	专项转移支付总额（亿元）	一般转移支付总额（亿元）	中央财政收入（亿元）	转移支付总额占财政收入比重（%）
1995	667	375	292	3257	0. 20
1996	774	489	285	3661	0. 21
1997	845	518	327	4227	0. 20
1998	1239	878	361	4892	0. 25
1999	1966	1424	542	5849	0. 34
2000	2459	1613	846	6989	0. 35
2001	3693	2200	1493	8583	0. 43
2002	4345	2401	1944	10389	0. 42
2003	4836	2598	2238	11865	0. 41
2004	6357	3423	2934	14503	0. 44
2005	7727	3523	4204	16549	0. 47
2006	9571	4412	5159	20457	0. 47
2007	14017	6891	7126	27749	0. 51
2008	18709	9962	8747	32681	0. 57
2009	23679	12359	11320	35916	0. 66
2010	27348	14112	13236	42488	0. 64
2011	34881	16570	18311	51327	0. 68
2012	40200	18800	21400	56175	0. 72
2013	43000	18600	24400	60198	0. 71
2014	46510	18942	27568	64493	0. 72
2015	50137	21612	28525	69267	0. 72
2016	52574	20709	31865	72366	0. 73
2017	57029	21883	35146	81123	0. 70
2018	62207	23213	38995	85357	0. 73
2019	74415. 1	7565. 7	66849. 4	89309	
2020	77323. 15	7765. 92	69557. 23	82771	
2021	82215. 94	7353. 04	74862. 9	91462	
2022	88611. 26	7617. 03	80994. 23	94885	

1995～1997年，中央财政收入增量扩大的速度比较缓慢，但1998年中国实施积极财政政策后，转移支付规模增长速度超过了地方财政收入的增长速度，中央财政收入占全国财政收入的比重逐年提高，2007年占比达51%，2012年以后都在70%以上。这为中央财政对地方的转移支付总量（包括税收返还、财力性转移支付和专项转移支付）逐年增加提供了保证。2022年中央财政对地方的转移支付总额是1994年的150倍。

从绝对量上讲，中央对地方的转移支付规模在不断扩大，说明中央协调区域财力差距方面的能力在不断增强。转移支付资金的规模不断攀升，其占据中央财政支出的比例越来越大，尤其是增长幅度明显增大。转移支付越来越成为地方财政收入的重要来源，转移支付所发挥的效用也越来越受到关注。图4－2、图4－3列示了相关情况。

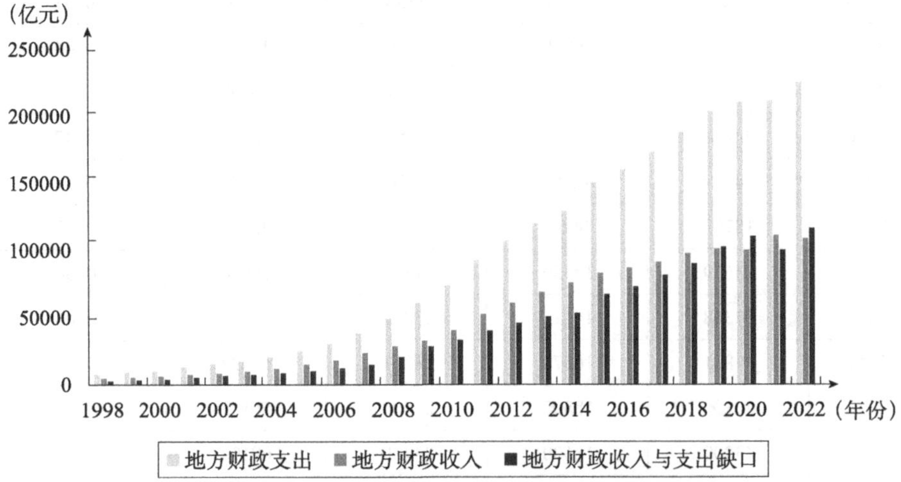

图4－2　1994～2022年地方财政支出与地方财政收入对比

资料来源：1994～2009年数据来自《财政体制简明图解》；2010～2013年数据来自财政情况；2014年之后数据来自财政部网站。

随着中央财力的集中，转移支付规模不断攀升，地方财政支出越来越严重地依赖转移支付。1994～2022年，中央政府集中了约47%的财政收入（小口径统计，仅包括一般公共预算收入），中国财政收入出现了向中央政府快速集中的趋势。地方政府的支出责任不断扩大，但地方财政收入占全国财政收入的比重增长较为缓慢，地方财政收入过低的增长幅度和地方财政支出较快的增长趋势，使地方财政收支间的缺口不断拉大，同时也使地方财政对

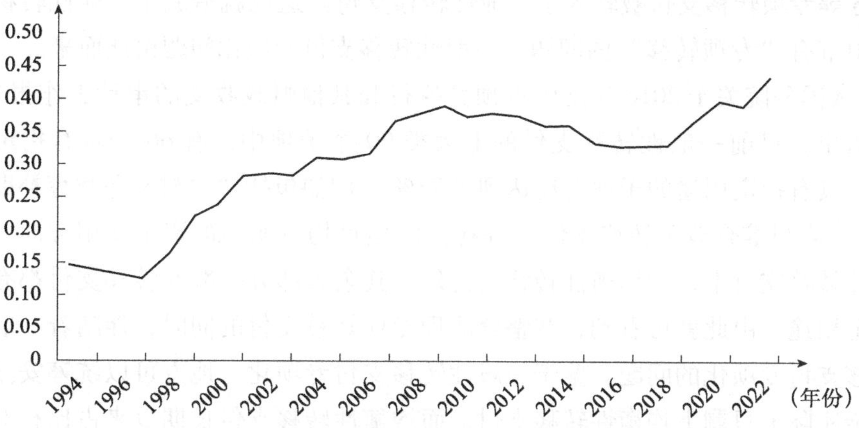

图4－3　中央对地方的转移支付占地方财政支出的比重

资料来源：1994～2009年数据来自《财政体制简明图解》；2010～2013年数据来自财政情况；2014年之后数据来自财政部网站。

中央财政的依赖度不断加大，截至2022年，平均近40%的地方财政支出需要依赖于中央财政的转移支付。这一问题在基层地方政府中表现得更为突出，有的地方（如西藏）高达90%的财政支出需要依赖中央财政。而从中央对地方的转移支付占比来看，其总体趋势也是在不断升高。因此，不论是从地方支出缺口看，还是从转移支付占地方支出比重来看，地方政府都过多地依赖了中央转移支付资金。

从治理角度讲，地方过度依赖转移支付，自有财力占比越来越低，自身努力对于解决地方日益突出的问题的贡献度越来越小，长此以往，地方容易陷入“躺平”的境况，不利于央地财政关系的有效治理。

2. 转移支付结构不尽合理

（1）一般性转移支付专项化。一般性转移支付的比重不断升高，其中有一般转移支付增长的因素，也有专项资金清理整合转到一般转移支付中的份额，但过程中也存在一般性转移支付专项化的问题。

2009年为规范转移支付制度，原来“财力性转移支付”改称为“一般性转移支付”，原来“一般性转移支付”改称为“均衡性转移支付”。由此，转移支付总体分类也就变为一般性转移支付和专项转移支付，“均衡性转移支付”被划入一般性转移支付的范围。此外，在此次规范中，补助数额相对稳定、原列入专项转移支付的教育、社会保障和就业、公共安全、一般公共服务等专项转移支付被转入了一般性转移支付。这也就造成了一般性转移支付中带有“专项转移”的问题。一般性转移支付专项化问题由此而来。

《国务院关于2016年度中央预算执行和其他财政收支的审计工作报告》中指出，目前一般性转移支付的七大类90个子项中，有66个具有指定用途，具有指定用途的子项占比达到了73%，例如包括“农村义务教育补助经费”“农村综合改革转移支付”等在内的项目均有明确的资金使用方向。一般性转移支付中，除均衡性转移支付外，其余大部分一般性转移支付都有着规定用途。由此就可看到，在整合清理专项转移支付的同时，伴随着一般性转移支付专项化的问题。鉴于一般性转移支付专项化，地方可以统筹安排的资金实际上只剩下均衡性转移支付，而均衡性转移支付长期以来占比相对较小，一般转移支付均衡财力的功能相对偏弱。

（2）专项转移支付在执行过程中面临挑战。专项转移支付资金在实践中往往存在种种问题，如专项资金往往难以统筹形成合力，因为其分配方式既“分条”又“切块”，项目繁多、重复交叉，分配方式不规范。又如部门累积滚存专项资金数额往往较大，其原因在于不合理的预算科目设置使专项资金容易被挤占挪用，或过度拘泥专款专用，不能调剂，同时这些项目又缺乏严格的准入和退出机制，设立后便成为既得利益，随着全面深化改革和预算法完成修订并实施，情况有所好转。此外，专项资金还存在预算可预期性不足，从而导致预算安排管理粗放，项目执行进度缓慢，资金使用效果不佳等问题。

3. 财政转移支付制度管理不完善，退出机制及管理制度不健全

（1）专项转移支付的退出机制。专项转移支付往往会规定具体用途，因此地方政府没有自主支配权，而项目又太细太琐碎，与地方的实际需要脱节会比较严重，从而造成大量的资金浪费。以支农专项举例，有的要求用于补贴种子，有的要求用在化肥、杀虫剂上，也就会给不同地区在使用上造成很大麻烦。

2006年财政部出台《规范财政转移支付办法》，但多年来整顿成效并不显著，专项转移支付占转移支付总额的比重依然过高，没有形成规范的专项转移支付退出机制。2014年随着新《中华人民共和国预算法》的通过，在法律层面上对专项转移支付作出了明确规定，《中华人民共和国预算法》第十六条第三款规定：按照法律、行政法规和国务院的规定可以设立专项转移

支付，用于办理特定事项；要建立健全专项转移支付定期评估和退出机制。目前已有一些省份按照新《中华人民共和国预算法》的要求，颁布了省级财政专项资金管理办法，例如福建、江苏、安徽、广东等省。但从目前来看，对于专项转移支付定期评估和退出尽管有一些规定，但都规定得比较简单，办法主要是针对资金的使用情况进行规范，难以真正从绩效结果上加以评判。而且各省规定各有不同，因此没有形成一个统一的专项转移支付定期评估和退出机制，在实践中也存在着一些问题。

总体而言，目前的专项转移支付退出机制仍不够完善合理，这也就影响了专项资金的有序退出。

（2）部门的分头管理问题。专项资金渠道繁多，多头管理，缺乏统一协调和监督。在目前的投资体制下，投（融）资渠道繁多、资金多头管理的现象突出。行政主管部门各管一线，项目和资金来源渠道不一，从而造成一些部门和项目单位多头申报、多头立项、多头管理，给项目投资监督管理工作造成很大的困难。财政部门在项目审核和资金监管上，很难形成统筹规划、集中投入，只有履行"过路财神"的义务，甚至许多专项资金不通过财政直接由主管部门层层下拨，游离于财政监督之外，致使一些资金在使用管理上缺乏统一协调和监督。同时，由于主管部门各自为政，很容易造成多头拨付，形成"撒胡椒面"的拨款方式，不能使有限的资金形成规模效应和发挥应有的作用。

此外，有的主管部门从部门自身利益出发，担心专项资金统筹使用后，本部门对该项资金的监管力度会削弱，职能被弱化，抵触资金整合。造成资金用途有交叉重复的各专项资金分散在不同部门进行管理，没能集中资金发挥规模优势，从而导致实际使用中资金不足与资金用不出去的现象并存。

4. 转移支付资金使用效率不高，监管机制约束力弱

现行转移支付体制下，专项转移支付比重较高，对转移支付资金使用的监管机制不健全，导致转移支付资金使用效率低下。一是专项转移支付资金缺乏计划性和科学性，不少专项资金的分配使用缺乏事权根据，亦无相应的基础设施建设法规和单项事业法规可依，费用分摊标准和专项资金在各地区之间的分配方法都缺乏严格的制度约束、随意性大、客观性较差，难免出现资金使用的分散、浪费和低效率。二是专项转移支付资金缺乏整体效率。根据国际经验，国家专项转移支付资金补助的范围一般都限定在具有明显的外

溢性、需要两级或多级政府共同分担分摊成本费用的某些基础性项目和公益事业项目内，专项补助资金的分配使用范围一般为基础设施建设和单项事业发展，而中国目前的专项拨款范围太宽，几乎覆盖了所有的预算支出科目，补助对象遍及各行各业，资金分散，难以发挥规模效益。三是绩效管理和财政监督尚未实现规范化运行。大量应当公开的信息仍然滞留于政府部门内部，处于公开但不透明的状态；绩效管理包括绩效考核、绩效审计、绩效问责等制度在操作层面仍面临诸多技术性问题；财政转移支付的绩效管理与监督也缺乏相应的法制基础。

（二）转移支付存在问题的原因分析

1. 事权划分不合理，地方政府负担过重

（1）政府与市场边界不清晰，影响政府事权的界定和划分。中国基本公共服务供给“错位”和“缺位”并存，如义务教育、社会保障、环境保护、农业基础设施等领域。尤其在支持经济发展方面，存在较为严重的“越位”问题，做了很多本来属于市场职能的事情，甚至通过直接投资干预微观经济活动。这既给发挥市场的资源配置职能带来了不确定因素，不利于全国统一市场的形成，也挤占了有限的政府财力，削弱了政府保障民生支出的能力。

（2）以事权横向划分为视角，事项划分不科学，责任主体错位。一是事权横向划分缺乏科学的原则。目前中国省以下各级政府基本公共服务事项在各级政府间划分实行多重标准，主要包括：事务的公共产品属性，行政隶属关系，属地原则。一般情况下实行按照公共产品属性和行政隶属关系两个主要标准。首先，按照事务的公共产品属性进行界定：跨区域性公共产品一般属于较高层次政府的事务，地区性公共产品属于县级政府的事务。与此同时，仍然保留了传统计划经济时期条块割的特点，部分公共产品的供给责任按照行政隶属关系来划分事权。上级政府往往会产生事权向下推诿的倾向性，从而将过多的事权压到了县级政府的身上，导致了县域基本公共服务供给效率过低。不仅如此，在根据公共产品属性和行政隶属关系划分的基础上，属地原则在各级政府的事权划分中也发挥了辅助性的作用，导致基本公共服务事权划分错乱冲突。因此各级政府之间在基本公共服务事权划分中实行多重标准，相互交叉冲突，缺乏科学合理性。一方面，属于省级政府的事权，却由基层政府承担较多支出责任，越是基层政府，承担政策兜底的事权越多，“下级出钱干上级的事”。尽管上级政府通过补助形式以解决地方财力不足，但是事权主体错位问题并没有得到根本性解决。另一方面，一些属于地方性的事权，上级政府却出手干预。许多专项补助项目，完全属于辖区内的事务，大到基础设施建设，小到农村厕所改造，但常常出现“上级出钱干下级的事”，这样容易造成地区间资金分配不公平，诱发权力寻租。缺乏科学合理的事权划分原则，在实践中往往导致无法发挥各级政府的职能优势，造成公共资源配置低效，基本公共服务供给不足。

二是各级政府职责同构，责任主体缺位。各级政府间的机构设置呈现出“上下对口，职责同构”现象，上级有下级也有，下级政府的职责几乎是上级政府事权的翻版。委托代理的“责任共担”过多，同一事务各级政府“齐抓共管”，造成职责不清、互相挤占或互留缺口，出现谁都管、谁都不管的现象。这样会导致行政运行效率偏低、政策目标难以实现的问题。以社会保障为例，省以下各级政府都设有人力资源和社会保障部门，在垂直行政体制下，上级部门更具有权威性，往往将一些收缴程序复杂、征收成本高的事权（如居民社会养老保险）下放到县级，增添了县级政府的负担。从全国来看，省以下事权划分中，县级政府除了要承担本级沉重的一般公共服务支出，还要主要负责地方的教育、社会保障、医疗卫生和农林水等事务，这些都是县域地区的基本公共服务。除此以外，还要负担一定的国防支出和少部分的外交支出。市级政府主要承担了科学技术和文化体育传媒事权事项。省级政府的事权则主要集中于国防、金融和工商业。分地区来看，以内蒙古自治区省以下各级政府支出代表西部地区，以浙江省以下各级政府支出代表东部地区。无论是东部地区还是西部地区，在省以下各级政府间县级政府都承担了最大比重的基本公共服务支出，其中最重要的是教育、医疗卫生和社会保障。由于浙江省是“省直管县”地区，县域经济实力较强，因此除了各项基本公共服务，其他各类支出，县级政府也承担着较多的事权。因此浙江省县级政府在承担基本公共服务事权的基础上，随着其自身实力的不断增强和经济发展水平的提高，其承担的事权也随之增多。

（3）以事权纵向划分为视角，事权执行层层下移。我国事权划分存在“上级决策、下级执行”的事权层层下移问题。事权在纵向上的划分内容包括决策权、执行权、支出责任和监督权。纵向事权划分与国家的治理架构是有较大关联性的。我国属于由五级政府构成的单一制国家，国家治理主体可分为中央和地方两级。国家治理结构可以简单概括为“上级决策、下级执行”，这也与目前我国的事权在各级政府间划分现状相契合。上级政府集中了较多的决策权，而下级政府则以事权的执行权为主，即所谓的“上级点菜、下级做菜”，这导致了我国事权执行呈现出“层层下移”的态势。相应地，在地方（省以下）这一治理主体中，也出现了县级政府承担了较大的事权执行比重。具体表现为，省级政府的事权决策通过各部门的文件批示，将一个个事权的执行落在县级政府身上，并且很多需要落实的支出任务是长期性的，因此县级政府集中了大量的事权执行任务。特别是在基本公共服务领域，上级政府掌握了绝对的决策权。一方面，中央政府编制各种规划，下发到地方，省级政府制定地方实施方案，县级政府负责具体落实执行。如《“十三五”推进基本公共服务均等化规划》《国家中长期教育改革和发展规划纲要（2010—2020）》等规划文件中上级政府严格明确了相应各项基本公共服务的落实标准、指标要求、责任分工和重点任务等具体工作，下级政府只需要按照规划执行即可。另一方面，中国多项基本公共服务具有刚性的法定支出要求。法定支出的约束下，县级政府因地制宜的预算支出安排被打乱，支出额只增不减，也是一种决策权的丧失。如《中华人民共和国义务教育法》要求，“用于实施义务教育财政拨款的增长比例应当高于财政经常性收入的增长比例”，《中华人民共和国农业法》要求，“地方财政每年对农业总投入的增长幅度应当高于其财政经常性收入的增长幅度”。

2. 财权向上集中，地方财权自主性较弱

（1）分税制体制下财权向上集中，基层政府自主收入能力较弱。从“中央—省—县”三级政府收入划分情况来看，分税制改革将大量的地方税收收入上划，财权向上集中态势明显。在绝对量上，1994 年分税制改革以来，随着经济发展，我国各级政府财政收入绝对额逐年增长。从相对量来看，地方政府财政收入占国家财政收入的比重快速下滑。总体来看，1994 年以来我国实行的分税制财政体制，将各级政府之间税收收入划分的权力给了上一级政府，造成了各级政府税收收入层层上收的情况，税收自主收入能力不强，对基层的支出需求保障力较弱。地方政府的支出需求很大程度上依赖上级政府的转移支付。

（2）税收立法权高度集中，限制了地方政府因地制宜组织税收的能力。《中华人民共和国宪法》第 58 条和第 100 条规定，全部中央税和在全国范围内征收的地方税的立法权归属于全国人民代表大会及其常务委员会。省、自治区、直辖市的人大及其常委会在不与宪法、法律和行政法规相抵触的前提下，可以制定地方性税收法规。但在实践中，地方税收立法权有名无实，中央税、共享税以及地方税的立法权、地方税的税收优惠政策和减免政策大部分都集中在中央，立法权、解释权、实施细则的制定权仍高度集中在中央。

中国地域广阔，各地自然状况和经济发展水平极不平衡，各自拥有的税源亦有一些差异，对全国各地的税源不加区别地统一立法，势必造成如下不利影响：当下市场经济环境，新兴产业不断涌现，衍生出了众多经济新热点和市场新行为，这些都为地方政府提供了潜在的税源，地方却无权开征相应税收，造成地方政府无法根据本地区实际经济状况和产业特色组织税收。因而不利于县级政府开发本地优势资源，培植骨干财力，也不利于政府用税收杠杆调控经济，因此影响了地方政府开辟财源、组织收入的积极性。

（3）“营改增”对地方财政收入带来更大的挑战。全面实施“营改增”后，地方税种缺乏的矛盾更加突出。营业税作为地方税收的主力税种，“营改增”直接导致了税收的减少。“营改增”的全行业覆盖，对地方税体系和地方财政收入产生巨大的冲击。同时还会导致城市维护建设税、教育费附加等随营业税附征的税费收入相应减少。尽管在过渡期，为了保障地方利益，改征增值税的收入共享比例，由过去的25%提高到了现在的50%，但是长期来看，如果地方政府，无法构建新的稳定的主体税种，将会对地方政府的财政能力产生不利的影响。而受目前信息不对称、征管难度大等因素限制，房产税等改革推进较慢，暂时不能成为“营改增”后替代税种，地方税收进一步减少。税权的缺乏，直接导致地方政府一般预算支出严重依赖中央转移支付，地方积极性发挥日益受到挑战。

3. 财政转移支付制度规范机制缺失，相关法律体系不健全

（1）预算法规定笼统，相关法律规章制度不健全。我国缺乏专门的法律体系对转移支付加以规范。2014年新修订的《中华人民共和国预算法》没有对财政转移支付制度作出较为明确的规定。而在2015年新《中华人民共和国预算法》实施之前，全国人大及其常委会制定的法律中则是对“转移支付”没有相关的文字规定。

尽管修改后的《中华人民共和国预算法》结束了转移支付制度在法律上一直处于空白的尴尬状态，明确国家实行财政转移支付制度并指明了实施该制度的主要目标。但是，《中华人民共和国预算法》的主要内容在于对预算

编制的约束，对于转移支付的规定仅限于原则性的涉及。可以说，财政资金在各级政府的转移拨付中，《中华人民共和国预算法》的相关条文显得过于抽象化，比如第十六条中提到“建立健全专项转移支付定期评估和退出机制”，然而，本法或是国务院出台的管理办法中，均未就定期评估与退出机制的构建与应用作出说明，也即此法条背后没有操作细则予以支撑。转移支付占据中央财政支出超过70%的份额，因此，其法律规范体系的建构，应当需要一部可以作为制度根基的专项法律，而非只是新《中华人民共和国预算法》中所罗列的几个条文。

目前，只有《中华人民共和国预算法》及其实施条例和《中华人民共和国各级人民代表大会常务委员会监督法》中有关于转移支付制度的概括性规定，其他的相关法规都是以部门规章的形式出现，其立法层次比较低，在执行过程中可能会出现有法不依的现象。甚至有部分转移支付项目没有相应的管理办法，如一般性转移支付中的“农村综合改革转移支付”“体制结算补助”等项目都没有相应的管理办法。

此外，缺乏专门的法律对省以下事权和支出责任划分予以规范。当前的《中华人民共和国宪法》《中华人民共和国地方各级人民代表大会和地方各级人民政府组织法》等几部法律尽管在法条中明文规定了我国各级政府的职能规范，但是更具体的规定，如在政府间关系这一问题上，只有《中华人民共和国宪法》规定了基本原则，即“中央和地方的国家机构，应该在中央的统一领导下，充分发挥地方的主动性、积极性”。《中华人民共和国预算法》也只是宽泛地对中央政府和地方政府间的支出作出划分，省以下各级政府间的支出划分没有得到法律明确。除了少数事权如外交、国防等专属中央政府外，对于由各级地方政府共同分担的事权及支出责任，如基础设施和基础产业建设、支持农业、教科文卫等事业方面发展的支出等，缺乏明确细致的规定。就分税制改革本身而言，也仅是对中央与地方的支出范围进行了初步划分。但这种划分终究是粗线条的，并且保留着原有包干制财政体制的基本格局。缺乏法律效力的约束，必将导致事权在各级政府间划分的随意性、非规范性，甚至直接是上下级政府间采用行政命令手段来强制性确定事权划分。

（2）具体依据法律位阶不够，制度缺乏法治性与稳定性。重要的财政制度在宪法与法律中进行专门的规定，是现代财政制度体系构建完成国家的常态。法律位阶过低，会引起一系列不良的后果，如法律规定缺乏权威性、制度的稳定性较差等，进而也就导致立法的科学性和民主性难以保证。

建立了横向转移支付制度的德国，以《德意志联邦共和国基本法》《联邦财政均衡法》《联邦与各州之间的财政转移支付法》等为转移支付的规范运行提供了法律依据。日本除在《地方财政法》《地方自治法》等财政法律中对转移支付制度进行规定外，还有各类转移支付方式的专项法律，如无条件转移支付由《地方交付税法》规制，具有专项转移支付性质的国库支出金，以《农村基本建设法》《生活保障法》等相关法律为支撑。而我国转移支付制度法律依据的位阶较低。良法而治、善法而治，是在有法的前提之下，而财政转移支付制度高位阶规范的缺失，易于偏离既定的目标。

《中华人民共和国预算法》对转移支付的规定笼统概括，国务院及财政部制定的管理办法与暂行条例等是转移支付制度运行的主要依据。在我国，作为央地财税改革的配套措施，财政转移支付产生的直接制度渊源，既不是来自宪法条文，也非源于法律规定，而是国务院公布的一份财政管理体制改革的文件。党的十八届三中全会后，国务院出台《国务院关于改革和完善中央对地方转移支付制度的意见》，这即成为财税改革新时期转移支付的依据。另外，在财政体制改革与预算体制改革等相关文件中涉及部分转移支付内容，也成为完善转移支付制度的重要指示。法律层面立法的缺失，以及全国人大及常委会概括性授权的存在，致使财政部成为政府间财政转移支付“立法”的主体。转移支付以中央政策的形式调和央地之间的财政关系，制度运作中也就存在着多边性与非法治性。以均衡性转移支付管理办法为例，每年都在前一年的基础上作出一定的改变，虽然主管机关修改部门规章或是规范性文件的灵活性是法律授权的主要考量，改动之处可能更加符合实际，但是每年的修改会使其丧失制度体系的稳定性，法律法规的缺位也让规章的制定与修改没有评判标准。财政部作为规则的制定者与实施者，就可能出现用新的规章代替旧的规章，用实际行政行为违反规章规定，多个规章内容冲突等情形。此外，我国转移支付形式多样，缺乏立法规划的顶层设计，各部门对财政资金目标和功能定位往往存在重叠和冲突，这在种类多杂的专项转移支付中尤为明显。

由于专项法律的缺失，中国财政转移支付制度规范陷入一种尴尬的境地。一方面，《中华人民共和国预算法》效力位阶却失之笼统，不能支撑起转移支付全局，使其至今仅停留于原则目标层面，缺乏可操作性。另一方面，国务院出台的相关意见虽然具体，但位阶不够，财政部制定的管理办法等政策性太强，丧失了财政的法治性与稳定性。

(3) 转移支付监督机制不健全，绩效管理意识不强。我国财政转移支付监督机制缺失。一是由于财政转移支付资金的监管缺乏相应的法律规章制度，对转移支付资金进行监督的过程就缺乏法律依据，导致监管要求浮于表面，难以落实，无法发挥对转移支付资金使用的监督管理作用。二是审查批准预算草案是每年人民代表大会的重要议程，但由于地方人民代表大会的召开时间早于全国，中央对地方的财政转移支付数额在地方审查批准预算草案期间不能准确确定，虽然地方财政部门已经将常规性的转移支付资金编入预算，但还有很多中央补助在事后追加，表现为地方预算草案的不完整性。按照现行法律规定，中央在地方预算草案批准后所拨付的财政转移支付资金，其使用分配不再需要地方人大及其常委会审查批准，这实际上导致了转移支付资金脱离了人大监督。三是审计监督的问题。由于财政转移支付资金缺乏法律规范，审计在对资金执行过程监督中缺乏法律依据。四是缺乏独立机构。财政部门既是财政转移支付资金分配的决策者，也是转移支付资金使用的执行者，权力相对集中，部分资金在使用分配上透明度不高。

中央和地方在加大转移支付资金投入的同时，尚未建立起科学有效的绩效考评制度，且转移支付的绩效到底应该如何衡量，是更注重对政策的评价还是更关注对资金的评价，侧重合规性还是绩效结果评价，仍待深化。目前大多只关注转移支付资金，对转移支付制度或政策的评价几乎未涉及。且即便是对于转移支付资金的绩效评价，也因缺乏明确的主体、范围和依据，没有全面、科学、统一的标准，难以发挥应有的效果，加之信息反馈机制尚不健全，难以对资金的使用效果进行跟踪问效，科学评价。在这种情况下，各级政府和部门都把精力集中在争夺预算拨款和项目审批上，而不注重转移支付资金的使用成效，导致预算执行的结果经常偏离项目设计初衷，造成了资金的使用浪费。

4. 转移支付分配因素处于动态调整完善中

转移支付制度的目标是公共服务均等化，但是公共服务均等化是一个综合的抽象的概念，是一个终极的目标，它需要依托中间影响因素来实现，而影响因素的选取和权重赋值，又取决于因素的可测量性和因素对均等化影响的关联性，另外国家战略的重点变化和管理者的认识等，这些都会对转移支付的均等化效果产生重要影响。因素选取的有限性和理想化、均等化终极目标之间的矛盾，决定了相应因素会随着技术进步和战略重点的转变而不断完善，所以，转移支付均等化分配本身就是一个动态的需要不断完善的过程。如一般转移支付制度开始考虑到总人口，并适当考虑面积、海拔、温度、距离、人口结构等，后来随着认识的提升，贵州为主测量了地表起伏度，反映了与转移支付提供公共服务的成本的影响，从而就加入了影响交通等的转移支付分配的因素。当然，影响公共服务成本的因素还有很多，在各个地区的状况也各不同，影响程度也不一样，都需要我们在制度执行过程中不断完善。合理的分配因素确定，会促进地区均衡发展；相反，我们认为合理但因诸多限制因素影响而实际不够合理的分配因素选取，就会固化乃至加剧发展的不平衡，都需要不断完善。

转移支付分配因素及权重赋值应定期评估调整完善。鉴于转移支付分配因素的制约性，相应的分配因素会随着时间推移、形势变化以及技术进步对分配因素的可计量性的提升等，都会对分配因素以及相应的权重赋值产生影响，因此，我们也需要定期对转移支付的分配因素、权重赋值等根据对区域均衡发展的效果等进行评估，并适时调整完善。

第五章

央地财政关系的国际借鉴

第一节　央地财政关系的国际实践

20 世纪 50 年代以来，财政分权引起了世界各国的广泛关注，基于政府间信息不对称假设前提下的“财政联邦制”理论认为，由于对地方偏好拥有更全面的信息，在地方公共产品与服务的配置中，让地方享有更多的决策权有利于改善资源配置，因此财政分权有利于促进经济社会发展。正是在这一理论的影响下，发达国家开始对其政府间的财政体制加以改进，以期更符合“后福利国家”的要求；发展中国家希望通过财政分权摆脱无效政府、经济波动以及经济增长乏力等困境；转型国家则忙于建立新的财政经济体制，自然选择了新型的财政分权体制。截至目前，大多数市场经济国家虽然各自情况不同，财政集权与分权的范围与程度有别，但均建立了不同形式的分级财政体制。本章，我们选择美国这个最典型的联邦制国家以及法国和日本两个单一制国家作为典型案例，简要介绍这些国家的分级财政体制实践，为我国进一步完善分税制财政体制提供借鉴。

一、美国：联邦和州政府纵向分权

美国是世界上最典型的联邦制国家，其政府结构包括1个联邦政府、50个州政府和8万多个县、市、镇、学区或其他特区地方政府。与此相对应，美国的财政体制经过多年的财政分权实践和改进，逐步形成了规范而彻底的分税分级财政体制。

（一）政府间职责权限的划分

美国各级政府的地位和权力以法律所确定的条文为依据。根据美国宪法，联邦和州政府纵向分权，二者在各自权限范围内都享有独立的权力，但是联邦政府地位高于州政府，具有优先权。在联邦与州的权限划分上，联邦中央的权力采取列举制，即联邦宪法明确规定中央所应具有的权力，主要包括：联邦级行政、国防、外交、征税、借款和货币发行；对州、地方政府的补助；规定对内对外贸易政策；统一全国度量衡；管理全国邮政；统一版权与专利；社会保障；对能源、环境、农业、住宅、交通等项目的资助等。州政府主要负责联邦中央政府职责以外的州管辖的事务，主要包括：州级行政、社会福利、教育、债务、基础设施、州内工商业管理和交通等。

在财政分权体制下，联邦和州除了依据宪法各自拥有的“专有权力”外，还同时拥有一部分共同行使的权力，主要包括：征税、借款、设立银行和公司、设立法院、制定和实施法律、举办社会福利、为公共目的而征用财产等。

地方政府的职责权限由州宪法和相关法律规定，主要负责地方行政管理、治安、消防、交通管理、公用事业、地方教育和地方基础设施投资建设与管理等。

（二）政府间支出责任和支出范围划分

一般来说，联邦政府主要负责全国性公共产品和使全体公民受益的服务性开支，主要项目包括外交、国防、空间科学技术、大型公共工程、农业补贴、社会保障、联邦行政管理费用等，重点是军事、退伍军人福利、社会保险和医疗保险、收入保险等方面的开支。

州政府的支出责任主要是教育、公共福利、公路建设以及医疗卫生事业等。地方政府的支出责任则主要是教育、治安、消防、家庭和社区服务等。州和地方政府负担的财政支出重点包括两个方面：一是区域性较强的项目，即支出的受益范围一般只限于州或地方政府所辖的区域；二是与居民日常生活联系密切和直接的项目。其中教育支出是两级政府最大的支出项目，通常占州和地方政府总支出的三分之一以上。

（三）政府间税权与税收划分

美国是实行分税制比较彻底的国家，在三级政府财政架构中，各级政府均有各自相对独立的税权、征税制度和税收体系，具体架构如下：（1）联邦政府与州政府均有征税权。（2）联邦政府不得对从任何州输出的商品征税。（3）间接税率必须全国一致，即关税、国内货物税等间接税的税率各州必须一致，以避免因税负差异而影响市场竞争的效率。（4）各州不得对进口货物和出口货物征税。（5）三级政府对某些财源都有征税权，但联邦政府有优先权。（6）三级政府都有独立的税收立法权、司法权和执行权，各级政府都有自己的专享税，且都有自己的主体税种。（7）联邦政府在全国范围内征收的主要是个人所得税、公司所得税、社会保险税、销售税（包括关税）、遗产赠与税等税种。其中，以前三种直接税为核心，自20世纪70年代以来，三项税收一直占联邦税收收入的87%～93%，占联邦预算收入的85%～91%。州政府征收的主要是一般销售税，约占州政府税收总额的50%左右。地方政府征收的则主要是财产税，此外还有少量的销售税（营业税）和个人所得税，20世纪80年代以前，财产税占地方政府税收总额的80%左右。（8）三级政府除主要按税种划分税收收入归属外，同时还采用共享税源、税率分享的形式来划分税收收入。如个人所得税，三级政府同源课税，财源共享，即以联邦个人所得税税基为基础，州与地方再分别按各自的税率附征各自的个人所得税。

（四）政府间转移支付制度

起初，美国联邦政府对州和地方政府的转移支付规模很小，20世纪60年代以后，补助金额迅速上升。1981～1990年，联邦补助和其他经常转移支付占联邦总支出的比重平均达50.6%，1991～1995年则又进一步提高到55.7%①，联邦政府开支中一半以上的财力用于转移支付，转移支付已成为美国联邦政府调节经济和社会发展，均衡地区间、个人间收入分配关系的重要工具，也已成为州与地方财政重要财力支柱之一。

① 世界银行：《1997年世界发展报告》，中国财政经济出版社1997年版，第199页。

美国政府间的转移支付主要采用三种形式：无条件拨款、整块拨款和分类拨款。其中，无条件拨款按一定的标准和国会规定的公式分配，主要考虑的因素包括各州和地方的人均收入、课税条件、人口数量等。按照规定，所有的州和地方政府都有资格得到这种收入分享性质的补助金，并且不附带任何条件，州和地方政府无须提出申请，分配拨款的公式由国会决定后，拨款即分配下去，由州和地方政府按照自己的意图进行支配和使用。拨付给一个州的收入分享权，三分之一分配给州政府，三分之二分配给市、县和镇政府。一般来说，各州都将大部分款项用于教育事业；地方政府则将款项主要用于公共安全、环境保护、公共交通、公共卫生、娱乐设施建设、图书馆、低收入人群和老年人服务、财务管理等优先事务。

整块拨款和分类拨款均属于有条件转移支付。这是美国联邦政府转移支付拨款的主要部分，通常占全部政府间转移支付的90%以上。这与其他西方国家以无条件拨款为主的情况有很大差别。联邦政府的有条件拨款，约三分之二拨给州政府，三分之一拨给地方政府。此类拨款的主要用途有四个方面：卫生、社会保障（养老金和对低收入人群的救济等）、教育和交通。

不同形式的政府间转移支付，其功能也有所不同。无条件拨款主要是实现政府间纵向财政平衡，有条件补助则主要是对卫生和公共健康、社会保障、教育、交通等政府优先考虑项目的支持。以1991年为例，美国联邦政府各类补助占补助总额的比重依次为：公众健康（36.7%）、社会保障（24.2%）、教育和就业培训（17.1%）、交通（13.1%）、社区发展（2.9%）、自然资源与环保（2.7%）、政府（1.5%）、农业（0.8%）、司法（0.6%）、能源（0.3%）、国防及其他（0.1%）。由此可见，联邦政府注重补助所达到的政策性目的，力图运用转移支付来提高州和地方政府提供某些公共产品或服务的功能。

另外，州政府对地方政府也实施转移支付。这类转移支付的25%来自联邦拨款，转移支付资金主要用于援助基础教育和成人教育。各州在对市、县进行转移支付时，确定的项目及其考虑因素、拨款的条件和方式均有所不同。

（五）权责内洽的治理机制和风险出清机制

从治理机制看，美国是联邦制国家的典型代表，联邦和州之间采取彻底的分权模式，也就是我们所说的项目法划分联邦和州的事权要素。这样，联邦和州对各自事项独立决策，并对各自的结果负责，相对容易形成内洽的治理机制。美国的风险出清机制最为彻底，即可以运行地方政府破产。

概括起来，美国转移支付制度体现了如下特点：(1) 没有固定的模式；(2) 转移支付项目按法律程序立案、规定用途、专款专用；(3) 转移支付以有条件拨款为主，在有条件拨款中，又以分类拨款为主；(4) 转移支付资金拨付渠道多；(5) 大部分拨款项目按照法定的标准化公式进行，美国转移支付制度有力地增强了联邦政府的宏观调控能力，使州和地方政府按照联邦政府的意图提供社会服务；(6) 权责内洽的治理机制。

二、法国：集权型国家的典型代表

法国是集权型国家的典型代表，权力集中于中央。政府纵向分为中央、大区、省和市镇四个级次，大区、省、市镇统一列为地方政府。与政权设置相适应，财政体制由四级组成，四级政府各有独立预算，自行安排收支。法国在财政上高度集权，中央财政居主导地位，财政立法权集中于中央，中央通过平衡性补助、专项补助来控制地方，地方财政在地方税率的变动、减负和开征必要的捐税方面有一定的自主权。与美国不同，法国实行的是财政、财力收支集中、不设共享税或同源课税的分税制。

(一) 政府间事权的划分

从法国的各级政府在政治、经济和社会发展中的地位与相互关系看，中央和地方政府的事权划分有两个特点：一是由于地区和省数量较多，规模较小，国家政治、军事、经济等权限高度集中在中央政府，即使经过 20 世纪 80 年代的分权化，地方政府的自主权仍然十分有限。二是各级政府的职能和事权划分比较明确，各行其政，运作有序。从各级政府的职责分工看，中央政府主要负责宏观管理和战略发展规划；大区政府主要负责经济结构布局和调整，制定地区发展的五年计划，提出有关基础设施等战略性项目的规划，经与中央有关部门协商，以法律的形式确定下来；省级政府主要负责社会福利和保障政策的实施；市镇政府主要负责本市的市政规划和建设，提供最基本的公共产品和服务。

(二) 政府间支出责任的划分

法国财政由中央预算和地方预算组成，地方预算包括大区预算、省预算和市镇预算。自 1982 年以来，随着权力下放，地方政府建立了相对独立的财政预算，事权和财权都有了一定的分散。其中，大区财政主要负责经济发展和职业培训等；省级财政主要负责社会保险和高等学校以外的教育管理，以及支持农业和规模耕作等；市镇四级财政主要负责安排居民的日常生活，即城建、水、电、电视无线网络、小学教育、文体设施、老年人安置等。三级地方财政之间不存在隶属关系，财政预算由本级议会决定，但国家对地方三级财政享有事后的法律监督权。

法国中央财政支出的项目主要分为三大类，即费用支出（经常性事务开支）、资本支出（固定资产购建支出）和军事支出。其具体包括：国防费、外交费、中央级行政事业经费、重点建设投资（铁路、航运、国有企业投资）、国债还本付息、社会安全费、对地方补助等。

地方财政支出主要包括：行政管理费、文教卫生事业费、警察、司法、社会福利事业费、公共事业费、旅游、住宅建设和交通事业费、地方债务还本付息等。地方财政支出中，按用途分为经常性费用（人员经费、债务利息）和投资经费，前者约占财政支出的2/3，后者约占1/3。

（三）政府间税权与税收的划分

在政府间税权划分上，法国一向高度集中，税收立法和税收权限划分均由中央统一规定，地方政府只能按照国家的税收政策和法令执行，对本级政府的税种享有征收权及适当的税率调整权、税收减免权。在中央授权范围内，地方政府可以开征某些零星税种。

在税种划分上，中央与地方实行彻底的分税制，税源划分清晰。中央税及其收入由中央政府掌握，地方税及其收入由地方政府掌握，没有共享税。在征收管理上，分设中央、地方两套系统，分别征收本级政府的税收。

从具体税种来看，中央税主要包括个人所得税、公司（法人）所得税、增值税、消费税、关税、遗产税、印花税等，其中前4种占中央税收总额的80%以上。这些税收全部列入中央预算，不与地方分成。

属于地方的税种既有直接税，也有间接税。直接税包括房屋建筑地产税，非房屋建筑税、动产税、营业税等。间接税又分为强制性和非强制性间接税两种，前者包括饮料销售税、演出税、娱乐税和通行税等，后者有居住税、电力消耗税、广告税等。

由于法国中央政府掌握了大宗税收，地方政府只拥有一些零散税收，这就形成了中央政府在财力上的集中局面。

（四）政府间转移支付制度

由中央集权的政体所决定，法国实行的是纵向集权型的分级财政体制，其特点有两个：一是中央集中程度高，中央财政收入和财政支出所占比重均超过了80%，这就决定了地方财政对中央的依赖性较大；二是中央财政采取多种形式对地方进行干预，调节经济运行，平衡地区间差异。

在法国，中央对地方的补助形式主要有两种：一种是一般性补助，主要用于平衡地方预算。这类补助按照人口、税收多少等因素确定，即人口越多，得到的补助金就越多；按照国家税收政策征税越多，得到的补助金也就越多。另一种是专项补助金，主要用于地方兴办专项工程，如修建学校、铁路等，也往往被用来作为中央政府在经济发展战略和地区结构调整中的指示器，这类补助通常是根据地方五年经济合同中双方承担的责任和义务及国家的国土整治政策来确定。另外，还有一部分转移支付，是由中央财政代替某些无纳税能力的企业或自然人向地方交税来实现的。如1993年，国家减免了企业置业税28%，其影响地方财政收入部分由中央财政拨付，加上其他的减免代缴，全年共补贴了地方财政557亿法郎。① 据统计，法国地方政府收入中，固定收入占60%左右，依靠上级补助拨款占25%左右，领先借款或自筹占15%左右。由此可以看出，地方财政对中央财政的依赖性较大。

（五）法国央地权责安排和风险出清机制

法国的地方政府有一定的自主权。常规运行中按照宪法或行政组织法各自依法行政，保障国家战略和政策落实，各负其责。但是，当法国地方政府出现财政风险陷入危机超出地方的财政能力时，相应的处理机制是，上级政府接管地方政府并代偿债务等责任，避免发生违约。但同时会要求地方政府重整，法国作为单一制的国家，规定相对严格，不仅要求财政重整，还要求陷入危机的地方政府重整，重新组阁；财政重整后，对上级政府代偿的相关责任，需要有重整后的财政偿付，然后步入正常运营轨道。

三、日本：地方自治的单一制国家

日本是实行地方自治制度的单一制国家，行政机构分为中央、都道府县

① 财政部《财政制度国际比较》课题组：《法国财政制度》，中国财政经济出版社1998年版，第81页。

和市町村三级。与此相对应有三级财政，中央财政为第一级，47个都道府县为第二级，3253个市町村为第三级，各级政府都有独立的财政预算。第二次世界大战之后，日本建立了地方自治制度，改变了第二次世界大战前中央对地方的直接管理和领导体制，财政体制也随之调整，实行了财政立法权集中、执行权分散，财政收入集中、支出使用相对分散的模式。

（一）政府间事权与支出责任的划分

日本各级政府的事务，在地方自治法中采取“限制性列举”的方式进行了明确的划分。地方自治法经过修改后，采取了“概括授权”方式加以确定，具体的公共支出职能的划分则由关联领域的个别法进行明确。日本的公共支出主要用于安全、社会资本、教育、福利卫生和产业经济五个方面。其中，在安全方面，中央政府主要承担外交、国防、司法和刑法的支出；警察支出由都道府县负责；消防和户籍方面的支出由市町村承担。在社会资本方面，中央政府负责高速公路、国道（指定的区间）、一级河流（指定的区间）等基础设施支出；都道府县负责除中央政府职责以外的国道、一级河流、省道、二级河流、港湾、公营住宅等支出；市町村负责城市计划事业、市町村道路、公营住宅、排水设施等方面的支出。在教育方面，中央政府负责公立大学开支，并资助私立大学；都道府县负责高中、特殊学校、中小学教师工资和人事开支，并资助私立学校；市町村负责中小学校和幼儿园开支。在福利卫生方面，中央政府负责社会保险、医师执照、医药品许可证等事务支出；都道府县负责对町、村的生活保护、儿童福利、老人福利保健及保健院的建设等支出；市町村负责生活保护、老人福利健康、儿童福利、国民健康保险、供水系统、卫生等方面的支出。在产业经济方面，中央政府负责货币、关税、通信、邮政、经济政策；都道府县负责振兴地区经济、职业培训、指导中小企业；市町村负责振兴地区经济、农地利用调整。

（二）政府间税收权限和税种划分

日本政府间税收权限划分实行中央集权制，主要目的是确保中央财政的主导地位和在宏观调控中的主导地位。日本共57个税种，可谓多税之国。其中属于中央管理的有25个，属于都道府县管理的有15个，属于市町村管理的有17个。日本基本上不实行共享税或同税源分别征收的办法，分税的特征较为明显。在税种划分方面，属于中央的税种有：个人所得税、法人税（公司税）、遗产税、赠与税、酒税、消费税、汽油税、烟草税、机动车吨位税、印花税、注册登记税、土地税、石油天然气税、有价证券交易税、航空燃料税、电力开发促进税、货币发行税、关税等。其中，个人所得税和法人税是中央政府的主体税种，1990 年两个税种的收入占中央税收收入的比重分别为 41.6% 和 31.4%，合计所占比重高达 72%，1994 年两税收入合计所占比重为 62.4%。

属于都道府县的税种有：居民税、事业税、汽车税、不动产购置税、都道府县烟草税、高尔夫注册税、特别地方消费税、矿区税、固定资产税、狩猎登记税、汽车购置税、轻油交易税等。其中，居民税、事业税是都道府县的主体税种，1992 年分别占都道府县税收收入的 33.1% 和 38.4%，合计占比为 71.5%。

属于市町村的税种有：市町村居民税、不动产税、轻型机动车税、市町村烟草税、矿产品税、特别土地占有税、（温泉）入浴税、事业所税、都市计划税、国民健康保险税、宅地开发税等。其中，市町村居民税和不动产税是市町村的主体税种，1990 年分别占市町村税收收入的 49.4% 和 33.4%，合计占比为 82.8%；1992 年分别占市町村税收收入的 51.6% 和 36.4%，合计占比为 88%。

日本税法规定了各级地方政府可征收的税种和标准税率，如果没有特殊财政需要，各地方政府均应使用标准税率，但法律准许两项重要的例外：一是地方政府可在一定范围内修改某些税种的税率；二是地方政府通过地方立法可开征新的税种，如有 11 个都道府县开征了燃料税，一些市町村开征了广告税、文化遗产观赏税等税种。虽然开征新税必须由自治省批准，但是只要这些新税种从全国税制和国民经济角度看设计合理，即可获得批准。

在日本税收收入结构中，中央税收所占的比重很大，大约占税收总额的 2/3，地方税收约占 1/3。因此，单靠地方税收远不能满足地方政府的支出需要，地方税收与地方政府支出之间的差额由中央政府的转移支付加以弥补，具体形式包括地方交付税、地方让与税、国库支出金等。

（三）政府间转移支付制度

前已述及，日本政府间财权的划分体现出明显的集权特征，凡是征收范围广、影响到全国利益的税种都划为中央税，由中央征收管理的税收占全国税收总收入的 2/3 左右。但是许多公共事务却又主要依靠地方去办，财政资金也主要由地方去筹集，地方财政支出占全国财政总支出的 2/3 左右，政府间的纵向财政不平衡十分明显。协调财权、财力相对集中与事权和财力使用相对分散这一矛盾的办法，便是规范的转移支付制度，其主要手段是地方交付税、地方让与税和国库支出金。其中，地方交付税和国库支出金最为重要，占中央向地方转移支付的90%左右。中央政府对地方政府的转移支付占地方财政收入50%左右，形成了“中央财政筹款，地方财政花钱”的财政运行机制的显著特点。

（四）央地财政治理及风险出清机制

日本地方政府有较强的自治权，在法律规定的权限内依法自治，中央政府按规定拨付相应的转移支付（交付税）后，并不会对地方政府行政做过多干涉。但是，当地方政府触及重整条件时，与法国相似，中央政府也会接管该地方政府，代偿相关的债务等责任，避免发生违约；同时，要求地方政府财政重整，重整后偿还中央政府代偿的债务或其他责任，之后步入常规运行。

第二节　央地财政关系国际经验借鉴与启示

综观世界主要国家分税制财政体制的具体实践和基本特点可以看出，世界各国的财政体制虽然各具特色，但也蕴含着若干共性，这些共性特征对于我国深化中央和地方财政关系改革具有明显的借鉴和启示意义。

一、通过法制规范政府间财政关系

政府间财政关系的核心是如何在不同级次政府间合理划分事权和支出责任，并配置相应的财权和财力。世界主要国家在这方面的一个突出特点是相关制度的法制化与规范化，而在具体机制设计上，则根据各自不同的国情，采取灵活多样的方式。大多数国家均由宪法规定了中央和地方政府的事权和支出责任、税权与税收以及转移支付的基本格局。除此之外，许多国家还设有专门的法律对此加以具体规范。我国政府间财政关系的改革，应紧密结合具体国情，加强顶层规划和设计，进一步完善分税制财政体制，形成稳定的制度安排，并逐步走向法制化，通过法制规范政府间财政关系，使财政体制的运行建立在法制化的规范基础之上。

二、政府间职责划分明确而具体

第一，中央政府主要负责全国性和国际性（跨国）公共服务，由中央政府的垂直管理机构直接履行职责。具体包括：一是全国范围的公共服务，包括国防与国内安全、立法、司法、外交等。二是具有稳定经济和再分配性质的公共服务，包括全国及跨国基础设施建设、发展规划、经济社会政策、基本养老保险、基本医疗保险等。三是具有均等化意义的公共服务，包括扶贫、医疗、教育等。四是维护国内统一市场的职责。五是参与国际组织协调提供的全球性公共服务，例如全球货币稳定、全球气候变化应对、海啸预警等。

第二，中央政府将部分职责委托省和市县执行。出于效率原则考虑，中央确定目标、标准并出资，委托省和市县具体执行。例如，有些国家的小学教育职责属于中央政府，但是地方政府更了解本地区居民对于小学教育的需求，那么中央政府出资，将该职责委托给地方政府来执行。

第三，省级政府主要负责省域内公共服务。具体包括省内公共安全、省级立法和司法；省级及跨市县基础设施建设、市场秩序、社会保障；大学教育；医院；省级发展规划和经济社会政策；省内就业和民生服务；省内资源开发和环境治理等。

第四，市县级政府承担的职责主要是辖区内公共服务。例如，治安、市域和县域规划、市政公用设施、县域基础设施、环境治理、初级和中级教育、公共卫生、社区服务、消防等。

三、中央政府集中大部分财政收入

在市场经济体制下，为维护全国统一市场的有效运行，促进资本和劳动力的自由流动，解决区域间经济社会发展不平衡等问题，世界主要国家都由中央政府掌握主要税种的立法权，并集中了大部分财政收入，其中单一制国家集中的程度更高些。2000 年以来，我国中央财政收入的比重维持在 50% 左右，低于世界主要国家的水平；如果将社会保障收入、政府性基金收入、财政专户收入和土地出让收入考虑在内，中央政府收入的比重还将有较大幅度的下降。因此，从国际横向比较来看，我国中央财政收入的比重并不高，反而有些偏低。如前所述，世界主要国家中央财政收入比重较高的一个重要原因是中央政府承担了主要的社会保障责任，这与我国有显著的差异。中央政府的财力也是维护社会稳定、保持政策统一的重要基础，因此主观上多数国家都通过制度安排保持适度的财力集中格局，对下实行普遍补助的制度。

世界主要国家政府间税种划分的做法和经验，可以概括为以下四条原则：一是效率原则。税基流动性较大的税种划为中央税，从而避免地方政府利用税收设置壁垒。二是公平原则。具有累进特征的再分配性税收一般划为中央税，同时保留地方政府对本地居民收入征收附加税和地方性收费的权力。三是征管便利原则。税权划分应当便于征收管理。例如，地方政府对不动产的位置、价值较为了解，房地产税、土地税等不动产税划归地方税。四是收入充足原则。中央和地方各自的税收收入应尽可能满足本级政府的支出需要，并具有稳定性，避免税收收入增长波动较大。

四、转移支付制度规范

从政府间财政关系的国际实践来看，在事权确定后，财权与之相呼应是难以完全做到的，特别是对于地区间资源禀赋和财政收入差异巨大的国家，必须在事权和财权划分的基础上给予额外的财力调配，使其与所承担的职责相匹配。概括起来，以下三点转移支付国际经验值得我们借鉴。

第一，目标明确，方法得当。政府间转移支付制度的目标主要包括：一是弥补财政缺口；二是减少地区间财力差异；三是体现上级政府意志，引导和调节下级政府行为。为了弥补下级政府财力缺口并减少地区间财力差异，各国政府通常采用平衡性纵向一般转移支付或横向转移支付来实现该目标。为了体现上级政府意志，引导和调节下级政府行为，各国政府通常采用专项转移支付的方式，例如基本公共服务（教育、医疗）以及战略性新兴产业和高科技产业的专项转移支付等。

第二，拥有科学的分析技术和完整充分的基础数据。采用一般性转移支付的国家，通常建立一系列系统的公式，综合各地区经济、财力、人口、社会、支出责任等各方面因素确定转移支付数额。此外，转移支付制度比较成熟的国家均有比较完善的国家经济、财政、社会数据库及系统。

第三，公开透明，监管严格。世界各国一般性转移支付的计算方法和最终规模都是公开透明的，有利于转移支付的公平，有利于各级政府制定预算。在专项转移支付管理方面，世界各国通常采用公开透明和严格的监督管理制度，对专项转移支付的目标、数量、资金用途以及项目实施效果进行公示和严格的监督管理。

五、权责内洽的治理机制和风险出清机制

无论是联邦制的美国，还是单一制的法国和日本，在央地财政治理关系安排上都有明晰的权责内洽机制和风险出清机制，美国式相对彻底的分权模式，风险由地方自负，最终可以允许地方政府破产来实现风险出清；日本和法国现由中央或上一级政府接管，代偿相应责任，避免违约；然后地方政府重整，财政重整后偿还中央或上级代偿的责任，然后步入常规运营。

第六章

央地财政关系改革的治理逻辑分析

中国计划经济体制向市场经济体制转轨的过程，实质上是资源配置方式探索转变的过程。从大一统的计划经济依托“条条”的计划来配置资源，转向形塑市场主体、基于市场价格、依托“块块”特别是独立租住的市场治理主体来配置资源。经济体制以及资源配置方式的转变，体现了重要的治理机制的转变，在央地之间的财政关系改革恰恰是这种治理机制的重要体现。计划经济体制时期大一统的体制，有利于发挥集中力量办大事的体制优势，在短缺经济时代补国民经济短板方面发挥了重要作用，但是利益“大锅饭”影响相应主体的积极性问题也日益凸显，破除“大锅饭”、形塑利益主体、向市场经济转轨是重塑治理机制的重大举措。由于在社会主义制度下搞市场经济我们并没有现成的经验可以借鉴，便在借鉴西方发达国家市场经济国家经验基础上推进改革。相应地，在央地关系的处理上，借鉴了西方的分权理论，不同体制和历史文化背景下的分权理论和逻辑有共性的方面，但是也有鲜明的区别，西方的分权理论是建立在个人主义的逻辑基础上的；中国的分权理论是建立在集体主义的逻辑基础上的，在体现分权理论共性理念的基础上，权责内洽和风险出清等确有不同机制。

第一节　中国央地财政治理关系的演化历程

一、中国央地财政关系改革与治理逻辑的演化

中国财政体制改革的历史，实际就是一个权责不断适配的探索。改革开放以前中国实行的是一种高度集权的计划经济体制，在解决短缺经济问题方面非常有效，迅速建立了国民经济体系，优势明显。但是“统收统支”的体制安排，决策责任集中在中央，地方在财政收支方面缺乏自主权，地方积极性不足，效率就成为当时的主要问题。

（一）行政性分权改革探索——财政收入增量支配权的调整

从中华人民共和国成立到1994年分税制财政体制改革期间，中国在行政性分权改革方面进行了积极探索。行政性分权，就是侧重在行政和经济管理权限的划分上，尚未触及经济资源和收益的剩余索取权。这个阶段又分为“统收统支”和“分灶吃饭”（包干制）两个阶段。

1. “统收统支”体制收入增量支配权在中央，影响地方积极性

中华人民共和国成立以来，面对“满目疮痍、百废待兴”的局面，中央高度集权的计划经济体制，有利于集中力量办大事，发挥体制优势及时高效地建立了国民经济基础，化解短缺经济的矛盾，满足人们的生活需要发挥了重要的作用。在短缺背景下，百业待举，只是先做哪个后做哪个的问题，反正都得做，不会出现颠覆性的决策问题。但是，这种体制安排以中央“条条”为主决策，地方乃至企业成为决策的执行者，由于财政收入增量支配权集中在中央，地方和企业的积极性日益受到影响，时间一长，对于劳动生产率的影响就逐步显现。可见，“统收统支”的计划经济体制下，财政收入增量支配权力全部在中央，地方缺乏对财政收入增长的自主支配权，因而影响了地方的积极性。积极性受挫就会影响地方的生产效率，严重时会导致“风险大锅饭”或地方“躺平”，干多干少都一样，生产结果与相关主体利益脱节。落后的生产效率不符合社会主义的本质要求，迫切需要改革提升地方的

积极性。

2. 包干制下财政收入增量支配权落到地方，导致中央财政困难

改革开放以来，城市经济改革借鉴农村家庭联产承包责任制成功的经验，“交够国家的、留足集体的、剩下的就是自己的”，在国家和企业、中央和地方之间推进改革，着眼于“剩余索取权”的安排，央地关系的改革，在这种背景下实行了“分灶吃饭”财政体制及后来多种形式的包干制。相对于“统收统支”体制，改革实现了财政资源配置的决策由“条条”向“块块”的转化，更为重要的是包干制下地方有了财政收入增量资源的实际支配权，使中央财政收入不能随经济增长同步水涨船高，实质上超过“包干基数”的增量资源配置权力落在地方，地方积极性有了显著提升。但是，由于包干制设计需要体制机制考虑的因素很多，而且又处在动态变化之中，导致包干制运行过程中，收入逐渐向企业、向地方倾斜，最后导致“两个比重”过低，中央财政困难。这种包干制，形式上权利在中央，但实际上地方由于信息优势等原因，形成很大程度上的实际分配权落在地方的局面，像1988年北京是收入递增包干，留成比例50%，增长4%，增长率以内的收入按留成比例分成，超过增长率的收入全留在了地方，上海市当年是定额上解。刘仲藜部长在《1994年财税体制改革回顾》中说，北京每年财政收入只增长4%，决不多收，上海每年财政收入都在163亿~165亿元，基本没有增长，都担心如果多收，要与中央分成。所以，包干制的财政资源配置权利名义在中央，实际超过基数的增量资源配置权力在地方。最后央地财政治理失衡，不及时改变就会影响国家的长治久安。

（二）分税制财政体制改革——央地共享财政收入增长

为了解决包干制下形成的“两个比重”过低的问题，也是适应社会主义市场经济体制要求，1994年中国实行分税制财政体制改革。分税制改革的重要突破，就是通过收支划分促成了财政收入增长的“剩余索取权”在央地之间的匹配性配置，各自分享的份额内拥有了自主权，改变了过去不是集中在中央就是隐匿在地方的情况。中央和地方划分收入和支出范围，主要的权责安排变化就是，地方自有财力和中央一般性转移支付地方具有自主安排权，极大地调动了地方政府发展经济的积极性，“两个比重”和中央宏观调控能力都显著提升。

在这个过程中，促进央地财政治理内洽的机制改革一直处于积极地探索

中。先是财权与事权匹配，但财权是一种权利，对应形成的财政可支配收入的财力是不确定的，而事权的落实需要的财力是确定的，这样财权和事权匹配不代表财力会自动与事权匹配，但是财权作为一种权利，有助于调动地方培植财源的积极性。后续改革在财权的基础上，又提出财力与事权相匹配的理念，实际上形成了财权、财力和事权三个层面的概念。财权是权利的体现，增强了地方培植财源的积极性；但是财力才是确定的与事权落实相匹配的保障支出的财政能力，两者匹配是财政体制权责内洽的机制要求，可见，财权、财力和事权相匹配各有侧重，共同促进了财政体制权责内洽机制的形成。

但是，分税制问题也在逐步显现，分税制的分权改革，具有一定的财政联邦主义逻辑，特别是收入的划分，在既定的框架内有了相对清晰的归属划分，调动了地方培育财源的积极性，也带来了经济和财政收入的高速发展①。但是，支出的决策权和执行权分离的问题日益凸显，“中央点菜、地方买单”的财权上移、事权和支出责任下移的问题，以及转移支付制度运行上的问题，都迫切需要权责进一步清晰化，在央地收入划分的基础上，地方支出范围和标准总体上仍然由中央决策，但是最终平衡的责任基本在地方，这本身有可能形成体制上内在的压力。同时，我们政治考核上的制度安排，更增加了地方发展经济、出政绩的冲动，给财政体制的扩张压力是根本性的。财政体制的政治扩张压力叠加财政体制自身平衡机制的内在压力，导致地方政府总是处在财政资源扩张中寻找出路，乱收费、土地收入、地方政府债务等，都或多或少地与财政体制关联在一起。

可以说，分税制是对包干制地方实际分配决定权的一次调整，动态中使中央在收入增量中拿大头，实现了改革的目标。虽然收入增量中央拿了大头，但是分税制使地方财政收入方面有了一定的支配自主权，强化了预期，在地方职责范围内地方可自主安排，权责安排上虽然未完全内洽，如地方承担事权平衡责任，却基本没有税权，扩大自主权的改革红利释放以后，形成地方财政平衡的内洽机制就成为体制改革的重要问题。

---

① 这里关于“两个比重”的提高，中央财政收入占全国财政收入比重的提高是财政体制的效应，但是财政收入占 GDP 的比重，则是税制改革的功劳。

二、深化央地财政事权划分改革文件的亮点与挑战

财政体制改革完善是政府有效提供公共服务的基础和保障，其中事权划分又是其中的关键因素。1994 年我国实行分税制改革，是一次重大的规范央地分配关系、调动央地积极性的重大制度创新，对于提高“两个比重”、加强中央宏观调控能力，构建中央与地方事权和财权划分框架，意义重大，比较好地实现了改革初衷。但是，1994 年分税制本身侧重收入划分，对事权划分远不深入，且随着时间推移和新情况的出现，分税制事权划分不清晰、不合理、不规范等问题日益突出，如政府与市场、中央与地方事权职责边界和责任不清楚、不规范，交叉重叠、共担事权较多，省以下体制改革不到位、不规范，整体上财政体制改革法治化、规范化不够。事权划分成为各方利益调整、完善财政体制的焦点和核心，2016 年 8 月 24 日，国务院印发的《国务院关于推进中央与地方财政事权和支出责任划分改革的指导意见》（以下简称《意见》），对于完善财政体制、推进财政改革具有重要的现实意义。笔者认为《意见》虽然亮点纷呈，推进落实也面临不小挑战。

（一）《意见》关于财政体制改革值得关注的亮点①

一是明晰了财政体制改革的方向和框架，具有纲领性意义。意见鲜明提出分税制改革要坚持中国特色社会主义道路和党的领导，为加强和改善党的领导提供更好保障，坚持财政事权由中央决定。分税制财政体制改革，是政府有效提供基本公共服务的前提和保障。分税制到底改什么，怎么改或改到什么程度，可谓是仁者见仁、智者见智，有相当一部分人借鉴西方发达市场经济的做法，强调发挥市场的作用，是符合党的十八届三中全会的精神的，但是，那些西化思想色彩浓厚，突出分权的彻底性，甚至强调为了调动地方积极性，照搬国外的地方自治，在理论和实际工作中影响不小。党的十八届三中全会强调国家治理现代化，社会契约理论更是受到推崇，突出治理主体地位的平等，央地之间应该是一种什么样的平等？对政府间关系认识也有一定影响。但是，这些如何与中国特色社会主义理论有效衔接，导致理论界和实践部门一直存在疑惑，无所适从，导致理论和实践工作都裹足不前。《意

---

① 赵福昌：《央地财政关系重构的新思路——〈国务院关于中央和地方财政事权划分改革的指导意见〉解读》，《紫光阁》2016 年第 10 期，第 60～61 页。

见》旗帜鲜明地指出了坚持中国特色社会主义道路和坚持党的领导，财政事权中央决定，“在完善‘中央决策、地方执行’的机制基础上……维护中央权威”，为财政体制改革指明了前提和方向，明晰了财政体制改革的框架和纲领。

二是提出财政事权的概念，突出财政与部门形成合力，有利于打破事权划分困局。事权既是经济概念，也是一个政治概念，是单靠财政部门一己之力难以推进的。1994 年分税制改革以来，事权划分不清一直是其中重要的问题。同时，也存在一个是理论界包括预算决策、执行、监督等完整体系的“大财政”概念和实践中财政部门“小财政”的概念，长期以来单靠财政部门“小马拉大车”，难以打破利益藩篱的制约，推动“大财政”事权清晰划分。《意见》提出财政事权的新概念，描述为一级政府应承担的运用财政资金提供基本公共服务的任务和职责，支出责任是政府履行财政事权的支出义务和保障。将财政从价值形态体现的保障责任与实践中各业务部门的执行责任分开推进、互相推动，在明确了财政事权的同时，提出部门在事权划分改革中的主体责任，突出财政与部门形成合力，有利于突破财政部门“小马拉大车”困局，是现有条件下推动事权划分改革的智慧体现。

三是提出了地方政府的辖区概念。强调财政领域的辖区责任，是与“一级政府、一级事权、一级财权”等有别的一种关于政府财政保障责任的提法，即财政辖区责任，最早见于中国财政科学研究院刘尚希院长在 2012 年前后调研新疆财政保障问题时的研究报告，《意见》提出“通过有效授权，合理确定地方财政事权，使基本公共服务受益范围与政府管辖区域保持一致，激励地方各级政府尽力做好辖区范围内的基本公共服务提供和保障”，首次在中央关于财政体制的文件中提出来，强调了一级政府不仅要关注本级政府财政保障提供公共产品或服务的责任，还要对辖区内各级政府财政保障提供公共产品和服务负有责任，突出了上一级政府辖区内的统筹职责。

四是突出了法制化、规范化要求。依法治国、依法行政、依法理财是党的十八届四中全会的要求，也是国家治理现代化的重要方面。长期以来，由于我国缺乏政府间关系的法律规范，政府与市场边界不清、职能责任越位、缺位、错位问题突出，政府间责任不清、“上级点菜、下级买单”情况频频出现，导致政府缺位、越位并存，基层财政困难。《意见》提出，要将中央与地方财政事权和支出责任划分基本规范以法律和行政法规的形式规定，将地方各级政府间的财政事权和支出责任划分相关制度以地方性法规、政府规章的形式规定，逐步实现政府间财政事权和支出责任划分法治化、规范化，让行政权力在法律和制度的框架内运行，加快推进依法治国、依法行政。

五是央地财政事权划分的总体框架进一步明晰、具体化。《意见》明确，首先推进中央与地方财政事权划分，并列出了中央的财政事权、地方财政事权和中央与地方财政共同事权的相对具体的清单，相比1993年《国务院关于实行分税制财政管理体制的决定》，中央财政事权清单进一步明晰，“国防公路、国界河湖治理、全国性重大传染病防治、全国性大通道、全国性战略性自然资源使用和保护”等都将属于中央财政事权；其次完善中央与地方支出责任划分，着力对央地共同财政事权划分进行了明确；最后加快省以下财政事权和支出责任划分，省级政府要参照中央做法，结合当地实际，按照财政事权划分原则合理确定省以下政府间财政事权，并特别强调“避免将过多支出责任交给基层政府承担”。

六是财政事权划分要根据客观条件变化进行动态调整的机制，是务实的选择。一方面，财政事权划分改革受制于各种条件因素制约，随着条件的成熟，将原来条件尚不允许列为中央财政事权的“全国范围内环境质量监测和对全国生态具有基础性、战略性作用的生态环境保护”等基本公共服务，逐步上划为中央的财政事权。另一方面，公共产品或服务也是一个历史的范畴，随着客观条件变化，公共产品和服务的范围也是不断变化的，“对新增及尚未明确划分的基本公共服务，要根据社会主义市场经济体制改革进展、经济社会发展需求以及各级政府财力增长情况，将应由市场或社会承担的事务交由市场主体或社会力量承担，将应由政府提供的基本公共服务统筹研究划分为中央财政事权、地方财政事权或中央与地方共同财政事权”。所以，这里的动态调整机制，不是人为地随意改变财政事权的划分边界，而是强调随着条件、环境等变化，对适应条件变化或出现的新事权划分事项进行调整安排，与法制化、规范化的要求是前后一致的，而不是有些人误解的随意调整财政事权划分。

七是中央和地方公共事权支出责任划分的思路。1993年的分税制文件侧重财政收入划分，没有关于支出责任划分的要求，《意见》特别对央地共同支出责任划分给出了具体意见，大致包括主要责任、补助责任和平等分担责任三种。“根据基本公共服务的属性，体现国民待遇和公民权利、涉及全国统一市场和要素自由流动的财政事权，如基本养老保险、基本公共卫生服务、义务教育等，可以研究制定全国统一标准，并由中央与地方按比例或以中央为主承担支出责任；对受益范围较广、信息相对复杂的财政事权，如跨省（区、市）重大基础设施项目建设、环境保护与治理、公共文化等，根据财政事权外溢程度，由中央和地方按比例或中央给予适当补助方式承担支出责任；对中央和地方由各自机构承担相应职责的财政事权，如科技研发、高等教育等，中央和地方各自承担相应支出责任；对中央承担监督管理、出台规划、制定标准等职责，地方承担具体执行等职责的财政事权，中央与地方各自承担相应支出责任。”

八是提出了省以下财政体制改革的要求。省以下财政体制改革是财政体制改革的重点和难点，1994 年以来的分税制改革侧重了中央和省（央地）关系的划分，省以下改革不统一、不到位，有包干制、也有分成制，可以说是五花八门，很不规范。《意见》提出，“省级政府要参照中央做法，结合当地实际，按照财政事权划分原则合理确定省以下政府间财政事权。将部分适宜由更高一级政府承担的基本公共服务职能上移，明确省级政府在保持区域内经济社会稳定、促进经济协调发展、推进区域内基本公共服务均等化等方面的职责。将有关居民生活、社会治安、城乡建设、公共设施管理等适宜由基层政府发挥信息、管理优势的基本公共服务职能下移，强化基层政府贯彻执行国家政策和上级政府政策的责任。省级政府要根据省以下财政事权划分、财政体制及基层政府财力状况，合理确定省以下各级政府的支出责任，避免将过多支出责任交给基层政府承担”。

九是明确了改革的保障和配套措施。《意见》强化了财政事权划分改革与相关教育、社保、医疗卫生等各项改革相结合，形成良性互动、协同推进的局面；明确了争议处理机制；明确了及时推动相关部门职责调整等。

十是提出了推动财政事权和支出责任划分改革的具体分工和时间表。关于职责分工，财政、编办组织、指导、协调督促，部门出具体实施方案；改革涉及的职能调整及人员、资产划转，要及时修订法律法规推进法制化。关于时间表，党的十八届三中全会要求财政改革 2016 年关键领域有突破，2020 年基本建立现代财政制度。财政体制改革由于受到税制（如营改增、地方税体系等）改革制约，滞后了，《意见》对中央和省以下财政事权和支出责任划分给出了具体时间表要求。2016 年选取国防、国家安全、外交、公共安全等基本公共服务领域率先启动财政事权和支出责任划分改革。2017～2018年争取在教育、医疗卫生、环境保护、交通运输等基本公共服务领域取得突破性进展。2019～2020年要基本完成主要领域改革，形成中央与地方财政事权和支出责任划分的清晰框架，并及时总结改革成果，修订法律法规，提升法制化水平，研究起草政府间财政关系法，推动形成保障财政事权和支出责任划分科学合理的法律体系。每一步都有相应部署省以下财政事权和支出责任划分改革要求。

（二）落实《意见》推进财政体制改革仍面临不小挑战

一是要深化财政事权与支出责任的认识，以及与其他事权的关系及相互协调的机制。事权是一个内涵丰富的概念，从最早事权只是一个单一概念，到后来学界将事权分为决策权、执行权、支出责任等不同部分，剖析不断深入，有的学者认为支出责任就是事权的一部分，所以关于事权和支出责任的认识需要进一步深化，以便实践工作中更好地落实。从《意见》中的财政事权和支出责任概念看，一个是“运用财政资金提供基本公共服务的任务和职责”，一个是“履行财政事权的支出义务和保障”，两者似乎分不出本质的区别，这就需要理论界和实践部门更加深入研究，进一步廓清两者内涵。

财政事权与其他事权之间的关系是什么，很大程度上取决于财政事权内涵的界定，这也是落实《意见》需要进一步明确的，《意见》强调，财政与编办负责组织、协调、指导、督促，各职能部门要落实部门主体责任，这些概念的清晰界定以及相互之间的关系就显得格外重要，而且，财政事权与其他事权又可能是相互协调、互为促进的，它们之间的协调互动机制如何确立，都对以后的改革推进产生重要的影响。

二是强调了“中央决策、地方执行”与调动地方积极性有机结合。《意见》明确了“中央决策、地方执行”的机制以及中央在财政事权确认和划分上的决定权，维护中央权威；地方政府在中央授权范围内履行财政事权的责任，最大限度减少中央对微观事务的直接管理，发挥地方政府因地制宜加强区域内事务管理的优势，调动和保护地方干事创业的积极性和主动性。《意见》同时也提出，“适宜由地方承担的财政事权决策权要下放，减少中央部门代地方决策事项，保证地方有效管理区域内事务。”这样，“中央决策、地方执行”的机制如何与下放地方的决策权自主权相统一，仍有待在部门改革实践中进一步明晰。

三是促进部门推进事权划分改革与改革的统一性、全局性的顶层设计有机统一。首先，要强调改革的部门主体责任，《意见》提出了财政事权的概念，发挥财政和编办的组织、协调等作用，强化了部门在事权划分方面的主体责任，体现了推进改革的智慧。其次，要实现事权划分在顶层设计方面的全局性、统一性，要各个部门承担主体责任推进相关领域的事权划分与支出责任改革，往往还是部门利益影响难免、烙印难去，发挥部门能动性的同时，如何确保事权划分顶层的统筹性、协调性，甚至一些要通过部门职能合并、调整才能更加有效的划分，“及时推动相关部门职责调整”，如何保障？《意见》要求“按照一项财政事权归口一个部门牵头负责的原则，合理划分部门职责，理顺部门分工，妥善解决跨部门财政事权划分不清晰和重复交叉问题”，但具体调哪些、怎么调都需要在下一步落实改革中明确。

四是收入划分、地方税体系建设问题。《意见》主要涉及事权与支出责任划分改革，是“应然”层面，“实然”层面就要求看地方财政能力，这与收入划分和地方税体系建设密切关联，但讨论中的地方税税种，房产税受诸多条件限制试点多年仍难实质性推动，消费税改征税环节、扩大范围与作为地方税的激励相容问题仍存在颇多争议，这些都将对财政体制改革产生制约。

五是转移支付制度改革。转移支付如何定位，规模多大合适，承担过多体制功能必将出现“小马拉大车”问题，统筹性弱、碎片化等问题突出，清理整合涉及利益藩篱的打破，阻力不小，与实权划分的职能调整一样，都是财政体制改革面临的挑战。

六是权责内洽的治理机制面临挑战。1994 年分税制改革是在充分借鉴西方财政分权理论和实践做法的基础上展开的，对于突破“大一统”的计划经济体制、适应市场经济体制要求具有积极意义。但是，中国和西方又有不同的价值判断和逻辑理念，西方是强调个人主义理念的底层逻辑，这并不适合中国强调集体主义逻辑理念的传统，如何在中国国情下探索权责内洽机制和风险出清机制，是深化央地财政关系治理改革的理论挑战。

同时，实践中在分税制改革后较长一段时间内，中国经济和财政收入保持了较高的增长速度，尽管收入的增量中央拿了大头，但是地方依然还有一定的收入增量，遇到的困难和压力多通过增量调节就能解决，这样地方保持了较好的积极性。但是随着中国经济步入新常态，经济增速和财政收入增速都不同程度地降速换挡，财政收入增速下降明显，过去的增量调节空间日趋收窄，地方财政在过度依赖转移支付的情况下，自有财力占比越来越低，这样自身无论如何积极努力对自身收支矛盾的解决作用越来越小，容易导致地方在别无选择的情况采取“躺平”的态度。综上，分税制的激励机制就面临新的挑战。

第二节　央地财政关系理论创新探索

党的十九大提出要加快建立权责清晰的中央和地方财政关系，为当前政府间财政关系改革定下基调。分税制财政管理体制实施以来，我国央地财政关系在实践中不断完善。但随着形势变化和新问题、新挑战的出现，央地财政关系在财政事权划分方面并未完全体现国家治理现代化的要求，使权责不清、不匹配的问题愈加凸显出来，成为当前财政体制改革的重点和难点所在。认识我国央地财政关系运行中存在的突出问题，把握事权划分这一关键环节，实现权责清晰的央地财政关系，将有助于实现国家治理和政府治理现代化的目标。传统的央地财政关系理论在第一章已阐述，但基于传统财政分权理论的事权划分方式与我国特定的体制要求难以内洽。本章基于国家治理现代化和我国国情的要求，试着对财政分权方式进行理论上的创新探索，以期为我国财政事权划分提供有益的参考。

一、理论分析

财政事权划分是重要的理论问题，也是改革的顶层设计问题，在央地财政关系中居于基础性的地位。财政事权划分的改革思路主要有两种：一是横向划分的项目法，二是纵向划分的要素法。

（一）项目法

项目法体现为权责的整体迁移，将事权与事责按项目全部划归给中央或地方政府，权责在同级政府内部实现匹配，也即谁决策也就谁出钱，谁执行，谁负责。中央和地方按项目各自管辖特定的事项，并对该事项有着较为完整的财政权责。两者相互分工，在分工范围内相对独立地履行自身的权责，因此不会管辖相同的事项，也不会干涉对方权责的履行。

项目法的特征在于以下四点：一是财政事权划分的权责匹配程度较高，央地政府各自的权力与责任表现出一定的对等性，强调了一种内洽的自我激励与自我约束机制，因而各级政府的自主性较高，有利于激发能动性，增强责任感。二是财政事权归属清晰，事权履行的全过程一般都由一级政府承担并对自己负责，同时中央对地方一般不进行干预。三是由于各级政府享有比较完整的财政权责，特别是地方政府有着充分的权限来处理自身的事务，从而能够满足不同地区居民的不同需求，保证了地区发展的独特性和多样性，并为制度创新提供了条件。四是项目法在逻辑上对政府特别是地方政府的治理能力和独立自主性提出了较高要求，也对保障中央的政令统一和中央宏观调控能力的实现提出了较大的挑战。

（二）要素法

要素法就是要将决策权与支出责任、执行权与执行责任、监督权与监督责任等不同的事权要素科学合理地在中央与地方政府之间进行划分与配置，也即分别确定谁来决策，决策后谁来执行以及执行完毕后谁来监督，谁对此负责。理论上可以将事权要素全部打包交给中央或是地方政府，也可以让中央和地方政府分别承担某些事权要素，甚至可以将这些事权要素进行进一步的细分后交给中央或地方政府承担。因此中央和地方管辖的财政事权领域可能会重合，但两者的权责不同，具体管辖的要素也不同。

要素法的特征也有四点：一是财政事权划分的权责内洽程度较低。通常决策权归中央，执行权归地方，从而保障了中央的统一领导，但也容易出现权责不清、不匹配等问题。二是中央政府不仅要履行自身的权责，还要对地方政府实施领导、管理和监督。三是中央能够集中权力来保障公民的基本权利，促进基本公共服务均等化，推动中央和地方、地方和地方之间的协调。四是对建立政府间科学合理的权力与责任清单制度提出更高的要求，来避免事权要素和财政事权划分不清，影响政府职能的实现。

总之，项目法和要素法各有利弊，各国需根据自身的情况进行选择，更可以综合起来取长补短。

二、中国财政事权划分的现状分析

合理的财政事权划分是建立分税体制的逻辑起点，也是分税体制的基础。但我国的分税制改革在这方面并没有到位，与国家治理现代化的要求还存在不少差距。

（一）中国财政事权划分与治理现代化不匹配的表现

中国财政事权划分与治理现代化不匹配主要表现在以下四个方面：一是决策与执行不匹配。中央决策超出地方执行的可承受能力，使地方承担的任务超过履行能力，造成点菜的不负责买单，买单的控制不了点菜的情况。地方囿于中央的政治权威和考核机制，要么与中央进行各种正式或非正式的博弈，要么改变自身的预算安排，甚至通过违规融资等方式来完成下达的任务，给财政系统的运行带来风险。二是权责不匹配，决策者不对结果负责。由于缺乏责任约束，考核和追责机制无法得到有效落实，弱化了体制纠错纠偏能力。三是财政权力上移，财政责任下移，造成地方政府特别是基层政府财政困难。四是权责边界不清。一方面地方政府会有中央兜底的幻觉，产生道德风险，另一方面导致政府与市场，中央与地方之间存在“越位”和“缺位”等问题。

（二）中国财政事权划分与治理现代化不匹配的原因

本书认为，中国财政事权划分与治理现代化不匹配的原因主要是以下几个方面：一是财政事权划分改革不到位。认识不充分、条件不具备等因素限制了财政事权划分改革的深入推进，没有将财政主体的权责划分和激励约束机制提到应有的高度。党的十八届三中全会以后，在国家治理现代化的大背景下，才开始有所进展。同时虽然划分了中央事权、地方事权和共同事权，但是地方的“权”缺乏实质的要素内容。二是按项目法划分无法实现理论与实践的内洽。由于我国是中央集权的单一制国家，中央的统一领导始终是体制改革必须严格遵守的前提，因而基于地方分权和地方独立的项目法非常容易水土不服，造成理论与实践无法匹配。特别是在当前新的形势下，理论上按要素法划分配置与实践中按项目的权责履行之间，中央统一领导与项目化分权之间的矛盾日益突出。这不仅造成了支出的分散化、碎片化，更有可能阻碍政治上的中央统一领导，使政府在履行职能的时候偏离中央的大政方针，并带来地方政府执行难、缺乏有效监督等一系列的问题。三是在理论上和实践中混淆了财政事权划分的两种方式，使理论上的研究与政策的制定履行都无所适从。

三、影响财政事权划分方式选择的因素

财政事权划分改革的滞后已影响到国家治理现代化的实现，因而对事权划分改革方向的深入研究与审慎选择迫在眉睫。笔者认为影响财政事权划分方式选择的因素主要有以下几点。

第一，国家规模。我国庞大的国家规模和政府规模必然会产生财政事权划分的要求。这是一个现实前提。

第二，国家结构。单一制国家的中央集权程度会相对较高，同时地方的权力也是由中央授予的。因此首先，我国是统一领导，统一决策的，表现出来的特征就是“中央决策、地方执行”的要素法划分。其次，我国强调公平，注重全国居民在享受基本权利和基本公共服务方面的均等化，而要素法能使中央集中权力和财力用于均等化转移支付。最后，由于单一制国家只有一套法律体系，而要素法能实现政令统一，使各地的制度相对比较统一，从而实现中央与地方、地方与地方的沟通与协调。

第三，政治经济体制。我国的政治经济体制呈现出政治集权基础上的经济分权的特征。一是要素法可将事权要素划归给不同层级的政府，此时中央可集中相应的权力，适应了我国政治体制向上集权的特征。二是为保持经济政策的原则性与灵活性，中央政府会将制定发展规划、设置政策目标等大方向上的决策作为自身的职责，而将具体的执行以一套奖罚分明的规则交由地方政府去完成。在财政领域则表现为财政职能在央地政府间进行分配，以及财政权力在行政系统内自上而下转移，即所谓的财政分权。

第四，政府治理能力。我国中央政府总体的治理水平较高，能够统筹全局，把握住国民经济发展的方向。而我国的地方政府则在长期的实践中积累了丰富的基层治理经验，能够因地制宜地解决当时当地的问题。因此，“中央决策、地方执行”“中央决策方向、地方决策程度”等机制匹配了央地政府各自的治理优势。

当然这也不是说我国只应而且只能按照要素法来划分与配置财政事权，在部分领域也可借鉴项目法方式将权责完全交给中央或者地方政府，发挥各自的比较优势。不过从总体来看，在党的十八届三中全会确定财税改革总体方向，《国务院关于推进中央与地方财政事权和支出责任划分改革的指导意见》定调“中央决策、地方执行”之后，实际上是在财政事权划分领域

确定了接下来的改革将采取要素法方式。

四、按要素法划分财政事权的实现方式

与项目法相比，要素法是更合适我国国情的改革思路，但其在权责清晰划分与匹配上无法实现自然的内洽，因而需要更进一步地对事权要素进行划分与配置。

（一）决策权与支出责任

1.“做什么”由中央决定

决策权特别是与提供基本公共服务的方向和类别有关的决策权应集中于中央，即“做什么”的大方向由中央决定，以保障统一，同时由其承担方向决策后果的全部责任。

在改革过程中最重要的是要坚持中央的统一领导，确保中央的政策得以落实，发挥社会主义制度的优势，因此中央要决策“做什么”的大方向。同时中央政府是最宏观的管理部门，在人才、技术上的水平相对较高，因而能够对大方向有一个较好的把握，使资源配置最优化。在实践中，可由中央统一制定国家总体的发展规划以及在经济社会各领域的发展目标，同时配套制定相应的财政目标，并通过“目标管理责任制”将目标分轻重缓急落实到各级地方政府，之后利用指标考核、激励约束监督机制等保障目标实现。当然中央决策“做什么”并不意味着中央政府就可以随意地干预地方政府。只有尊重规律、遵守规则的财政事权划分，才能真正调动央地两个层面的积极性与创造性。

2.“做到什么程度”应进行分类分档管理

考虑到我国各地的经济社会发展水平存在着很大的差异，在中央决策“做什么”的大方向之后，具体“做到什么程度”应区别各地情况分类分档管理，以充分发挥地方政府接近公共服务的提供地，获取信息便利的优势。这同样也符合《中华人民共和国宪法》的要求，地方政府在政治体系的运行中可拥有“双重人格”，即中央政策的执行者和地方政策的决策者。

具体分析，“做什么”其实就是提供基本公共服务的类别，是一个方向性的概念，而“做到什么程度”就是指提供基本公共服务程度的多少，是一个质和量的概念。在方向正确的前提下，要根据各地的实际来选择既能提高当地居民总体福利水平，又满足财政资源约束，不增加财政系统风险的基本

公共服务的提供程度。

分类划分是根据基本公共服务的不同性质，将其分类为约束性事项和引导性事项。约束性事项是指中央在决定方向的基础上还决定程度的事项。这通常是那些涉及国计民生和战略规划等的重大事项。此时就应由中央承担决策的全部责任。除此之外是引导性事项。中央在决定方向的基础上，给地方规定一个最低标准。地方政府首先要做到最低标准，然后再根据地区发展需要和居民偏好，并综合考虑自身的财政承受能力，因地制宜地决定引导性事项的最终标准。同时中央可视地方决策实施的好坏给予一定的奖惩。此时央地政府应承担各自决策范围内的责任。

分档划分则是根据各个地方不同的情况，将发展水平相似的划为一档，有较大差异的划为不同档。同一档的地方政府会有相似的基本公共服务的供给要求和考核标准，不同档的则不同。同时，中央可根据不同档次地方的实际情况，对其进行不同程度的指导和支持。

对决策权“做到什么程度”进行分类分档管理，是一种在保证中央统一领导，确保中央决策方向的前提下实现的对地方激励相容的机制。中央政府通过有效的向下授权以及合理地下放决策权，减少中央代替地方进行地方性事务决策的情况。在不偏离大方向的前提下，激发了地方政府主动作为的积极性，避免不作为、乱作为的情况出现。

3. 支出责任应与决策权匹配

当前财政管理体制的一个突出问题就是财政事权与支出责任的不匹配，常出现“别人的事自己出钱”的情况。这进一步表现为决策权与支出责任的不匹配。因此应使两者相匹配，根据央地政府的决策范围确定各自的支出责任。谁决策的事项，原则上由谁承担支出责任。但当前还是应循序渐进，根据财政事权属性区分情况分类分档确定中央和地方政府各自的支出责任。就引导性事项来说，中央推动全国范围内基本公共服务的均等化，而地方政府根据自身情况作出提高标准的决策，两者各自承担决策范围内的支出责任；对于约束性事项来说，中央决策涉及方方面面，应主要由中央承担，地方区别情况承担部分支出责任。

（二）执行权与执行责任

在实践中，决策与执行时常会出现脱节的情况，产生执行差距。其原因是多方面的，其中最重要的是财政体制的制度设计问题。财政收入向上集中，财政支出则时常下压，地方财政很容易出现收不抵支的情况。这往往会导致执行不到位，甚至是无法执行的状况。为避免产生执行差距，就应让执行权与执行责任表现出一种对等性，进而产生一种内洽的激励约束机制。此时可借鉴项目法方式，在执行时将执行权责整体迁移，尽可能把执行权和执行责任完全划归给一级政府。

1. 执行权责的划分与配置

基于公平与效率的原则，参考项目法方式，综合公共服务的受益范围、规模经济属性、需求偏好差异、央地政府的分工协作能力来划分和配置央地政府间的执行权责。与国家主权、统一市场等有关的，涉及全国的普惠性、基本性、均等性的基本公共服务应由中央政府执行。目前我国的中央政府基于行政权威，加上缺少约束，时常将应由自己承担的执行权责下放。如此一来既没有效率，也不公平。因此适宜由中央政府履行的执行权和执行责任要上划，要加强中央政府的执行能力。

面向基层、量大面广、与本地区密切相关的地区性基本公共服务的执行权责应由地方政府履行。中央要减少对此的干预，起到规范与指导的作用，同时充分发挥地方政府在信息、组织上的优势，保证地方的自主权，以更好地实现公平与效率。

另外，中央要在共同事权的执行上承担更多的权责，主导共同事权的执行，并明确央地政府各自的执行权责，避免因执行权责不清而影响公平与效率。同时要适当减少与规范共同事权。

当然在实践中有时也会出现中央政府出于执行效率等方面的考虑委托地方执行，或者反过来地方政府需要中央政府主导协调、其他地方政府协作配合，从而委托中央政府执行的情况。此时就更加需要清晰地界定各方的执行权责，处理好相关资源的分配问题，避免出现随意转移权责、“多龙治水”等状况。

2. 决策与执行的协调

地方对中央决策的执行可以较为集中地反映央地政府间财政关系的行为逻辑。在实践中，地方对中央决策的执行并不统一，而是会综合考虑决策目标与内容的清晰程度、中央的重视程度、对自身利益的影响程度等多种因素，评估执行的成本与收益，从而作出使自身利益最大化的理性选择。

明确清晰的政策目标和详细具体的执行措施自然是有利于财政事权的执

行。但因空间范围、信息复杂性等多种因素的制约，中央的决策往往会相对模糊，保留一定的弹性，从而让不同地区根据自身实际情况再做补充，以实现决策统一与执行灵活之间的平衡。不仅如此，决策时多重的政策目标，中央与地方之间的利益诉求可能都存在着冲突。具有不同程度模糊性与冲突性的事项会对决策和执行产生不同的影响。此时可参考马特兰德的模糊－冲突公共政策模型，将决策与执行置于一个整体性分析框架之下，根据决策模糊性与利益冲突性的高低，分类进行相应的协调处理。①

（三）监督权与监督责任

在我国，地方政府的权力来自中央的授予或委托，因此中央有权对地方的行为进行监督。但中央政府时常面临能力有限、信息劣势等的制约。即便中央政府有着绝对权威和更大的权力，但却并不具备完全监管地方的能力。再考虑到我国法律规范缺乏、监督体系落后、监督手段不完善的现状，需进一步完善监督权责的履行。

1. 健全目标管理制度

针对决策权，在中央层面建立目标管理制度监督中央的方向决策。中央不但需要调控总体的决策目标，更需要保证目标的科学性与合理性。在地方层面，要健全任务目标管理和绩效目标管理制度。一方面对地方具体要“做到什么程度”进行任务目标管理，另一方面要健全绩效目标管理制度，保障决策的有效落实。在此基础上，还需通过预算制度进行约束，从而保证中央决策的方向目标，地方决策的任务目标以及地方的绩效目标得到切实的实现。

2. 建立地方自行汇报机制

地方政府通常具有信息上的优势。因此可让其先行，发挥信息优势，减小监督成本。同时地方政府在先行的过程中也传递了任务完成情况与绩效情况的信号，有助于监督的实施。

针对执行权，应由行使执行权的政府，通常是地方政府先自行汇报任务完成情况和绩效情况。考虑到中央政府以及监督部门受到的限制，行使执行权的地方政府在履职完毕后可先自查自检，总结优点，改进不足。而后将考察结果导向的任务完成情况和考察效率导向的绩效情况汇总后自行汇报。再

---

① Matland R E. Synthesizing the Implementation Literature: The Ambiguity-Conflict Model of Policy Implementation [J]. Journal of Public Administration Research and Theory: J-PART, 1995, 5 (2): 145－174.

之后由监督部门将上报的情况与之前的决策进行对比和评价，并相应地给予奖惩。当然这种对比评价不仅要基于执行部门的报告，更要注重对实际结果的考察，避免出现弄虚作假的情况。

3. 健全激励约束机制，形成联合监督体系

在监督责任的履行上，要完善激励约束机制，形成央地联合监督的体系。地方政府一方面在信息获取、组织能力上有着天然的优势，另一方面则注重追求自身利益的最大化，缺乏整体意识和全局意识。因而需要健全完善的激励约束机制，让中央和地方政府在联合监督中优势互补，从而实现对事权要素中的决策权与执行权的有效监督。此外，针对监督权责履行中遇到的能力与信息制约，中央政府也可调整授权范围，将容易监督的部分下放到地方政府，并通过完善目标责任制度、考核制度等方式保证监督到位。[①]

总之，在采取要素法推进财政事权划分改革的过程中，要贯彻权责的对应性，遵循深层次的法理基础，力图实现“谁履行权力，谁承担责任”的目标。[②] 在具体实践中，要继续完善权力与责任清单制度，明确权力主体，落实责任主体，实现财政事权的清晰划分与合理配置。如此央地政府就可以分工合作，各司其职，各尽其责，进而规范和理顺央地政府之间权、责、利等各方面的关系，实现政府治理与国家治理的现代化。

第三节　国家治理现代化背景下央地财政关系改革的治理逻辑

财政体制即政府间财政关系，通过不同层级之间政府的事权、财权、支出责任划分以及配以科学的转移支付制度，实现不同层级政府之间的权责配置，推进政府间治理的现代化。中国在从高度集中的计划经济体制迈向现代市场经济体制的过程中，财政体制相应进行了一系列改革，从计划经济时期

① 汤火箭、刘为民：《地方政府对财政政策的执行策略：一个分析框架》，《中国行政管理》2012 年第 10 期，第 78 ~ 82 页。

② 徐阳光：《论建立事权与支出责任相适应的法律制度——理论基础与立法路径》，《清华法学》2014 年第 5 期。

的政府间关系的调整，到改革开放以来行政性改革的探索，再到适应市场经济体制改革要求的分税制改革，核心问题是在探索政府间权责划分的问题，总体上是在通过由原来的部门“条条”决策为主转向扩大地方“块块”的自主权，从行政性分权到经济性分权，从收入端自有财力的自主决策到支出端自主权的诉求，逐步完善政府间治理体制机制。

但是权责问题不仅涉及经济问题，还涉及政治问题，因此，在当前深化财政体制改革，涉及财政分权的模式安排及后续的制度安排问题。不同的逻辑思路有不同的分权制度安排，当前财政体制改革的分权模式主要有两种：一种是西方联邦式的央地彻底分权模式，一种是中国实践中逐步形成的“中央统一领导、地方授权执行”的分权模式。笔者认为西方联邦式的央地彻底分权模式不适合目前中国的情况，应该坚持中央统一领导、地方授权执行的分权模式，在此基础上探索中央和地方如何进行事权和支出责任划分，科学配置央地权责，促进中国特色的央地治理现代化。

一、科学理解“中央决策、地方执行”的改革前提

财政体制，即政府间财政关系，是一个经济问题，也是一个政治问题，因此，财政体制改革的治理逻辑，需要从多个维度来认识。就政治体制而言，不同的政治体制安排，决定了不同的财政体制治理机制，在中外历史上，财政体制安排体现了重要的国家构建要素，是政府间治理关系的核心。根据福山的研究，现代国家建构是强大的国家和强大社会达到均势的结果，国家过于强势，就容易走向专制国家，社会过于强势就容易形成印度式的社会分层特征明显的国家，只有两者均势才能形成现代化的国家治理。西欧现代民主国家的构建，是英国独特政治、经济、社会因素作用的结果，相应的其他欧洲国家及欧洲以外的其他国家在当时就没有完成现代国家的构建。“在法国、西班牙和俄罗斯，这些团体没有凝聚成强大的制度化参与者，没能对抗中央国家，没能取得政治上的妥协，没能获得国王对自己的负责。相比之下，英国议会却是强大而凝聚的。”① “英国地方上的自治团体、深植人心的法律、产权不可侵犯的信念、君主政体涉嫌参与国际的天主教阴谋，这

① ［美］弗朗西斯·福山著，毛俊杰译：《政治秩序的起源：从前人类时代到法国大革命》，广西师范大学出版社2014年版，第364页。

一切都有助于议会阵营的精诚团结。”①

“中国和印度的经验表明，强大国家和强大社会同时出现，随着时间的流逝，而相互平衡，相互抵消，这样才会有较好形式的自由。”②马克思·韦伯认为，中国在秦朝就具有现代国家治理的要素，但是没有形成强大社会相平衡，法治要素缺乏，所以难以形成现代民主化的国家构建；相反，印度则因宗教、种姓制度形成了强大的社会要素基础，但难以形成强大的统一国家，也影响了现代国家的构建。英国基于个人主义、权力制衡基础上的政治治理结构，是特定条件下形成的特定结果。

从上述因素看，我们不能断言以后西方这种彻底分权式的政治模式会落地中国，但就中国的国情看，目前套用西方的模式是不合时宜的。幅员辽阔、叠加公民意识差异较大，个人权利及法治信念，地方或社区自治能力等，都不适合英美的政治分权模式。当然，福山在“政治发展和政治衰败”一章中也强调，如果觉得“类似制度要在今日出现必须要有的类似条件，各国因独特的历史背景已被锁定在各自单一的发展路径上……这肯定是误解……厘清制度初建时的复杂可帮助我们看到，它们的转变和模仿，即使在现代条件下，也是异常艰难的”。③“人类天生追求的不只是物质，还有承认……近代民主政体的兴起，如避而不谈其内核的平等承认，也是无法理解的。在英国，追求承认的性质循序渐进，从部落或村庄的权利，到英国人民的权利，再到洛克式的天赋人权。”④ 这也说明，现代民主国家的构建是随条件循序渐进的。美国历史学家斯塔夫里阿诺斯在其《全球通史——从史前到21 世纪》中也强调，西欧特殊的历史经历创造了它独特的可以建立现代国家的基础。

所以，就中国目前的政治、社会条件而言，西方联邦式彻底分权模式并不适合。中国现代的民主意识，治理的传统影响等，都不支持中国照搬西方

① ［美］弗朗西斯·福山著，毛俊杰译：《政治秩序的起源：从前人类时代到法国大革命》，广西师范大学出版社 2014 年版，第 370 页。

② ［美］弗朗西斯·福山著，毛俊杰译：《政治秩序的起源：从前人类时代到法国大革命》，广西师范大学出版社 2014 年版，第 171 页。

③ ［美］弗朗西斯·福山著，毛俊杰译：《政治秩序的起源：从前人类时代到法国大革命》，广西师范大学出版社 2014 年版，第 395 ~396 页。

④ ［美］弗朗西斯·福山著，毛俊杰译：《政治秩序的起源：从前人类时代到法国大革命》，广西师范大学出版社 2014 年版，第 398 ~399 页。

联邦式彻底的分权模式，必须探索适合中国特色的“中央统一领导、地方授权执行”的财政体制分权模式。

二、财政事权与支出责任划分的方向选择

根据国家建构模式，我们概括出央地事权和支出责任划分的两种方向。一是彻底分权模式，如美国联邦和州彻底的政治分权，事权和支出责任按照相应的项目划分，联邦项目的事权和支出责任归联邦，州项目的事权和支出责任归州，市项目的事权和支出责任归市，从项目决策、执行、监督到相应责任追究及惩罚机制，都在各级政府内部自行解决，形成权责内洽的分权模式，如美国地方政府可以破产，就是后果自担或化解风险的权责内洽分权管理机制。

二是要素划分模式，按照事权的权责要素划分，如我国目前践行的事权划分情况，“中央统一决策，地方授权执行”，在动态中不断完善增强地方的自主性和积极性。此模式有高效的一面，可集中力量办大事，但难形成如彻底分权模式下的各层级政府内部的权责内洽机制，一方面会存在“中央点菜、地方买单”的问题，导致地方特别是基层财政困难；另一方面又会有地方非理性的短期化行为或责任失控的情况，如地方债问题，总是存在幻想中央财政会救助或兜底，这两方面都说明权责难以在一个层级的政府内部形成自洽的机制。

根据前面的分析，本书认为，中国目前政治、社会制度的条件，比如传统的集权影响、幅员辽阔差异巨大、社会自治基础和能力不足等，不具备央地彻底分权模式的条件，可行的模式是应该探索“中央统一领导、地方授权执行”的分权模式，并在其中不断探索合理授权地方，通过机制探索实现央地之间权责内洽的机制建立。

三、权责内洽是央地关系的核心

无论采取哪一种央地财政关系模式，就治理角度看，财政体制的权责内洽机制安排是核心。在收支决策都集中在中央的情况下，由中央统筹发展，事权和支出责任的匹配性由中央掌控，支出超出收入能力的纠错机制是内洽的，因为信息对于中央是相对充分的。在分税制的情况下，着力在财政收入增量支配权的关系明确的基础上，使央地各有相应的自主权，调动了地方的

积极性。但是，在支出事权没有法定明确的情况下，按照组织法上级政府可以将事权下放，收支匹配是很难做到的。为了避免“中央点菜、地方买单”的情况，以及由此导致的体制机制出现问题，一方面，导致基层困难，另一方面，地方在既定的财政资源分配体制格局下，都存在过度使用其可控的财政性资源的问题，如乱收费、偏依土地收入等，同时也存在中央部门确定事权或支出标准水平超越地方能力的问题等，迫切需要进一步明确权责内洽的机制问题。

财政事权与支出责任划分，西方彻底分权的划分模式中国目前不具备相应的先决条件，应在“中央决策、地方执行”的框架下推进，可考虑按照事权要素的划分，“中央决策、地方执行”，但是中央的决策权再进一步细分，决策可分为“做什么”和“做到什么程度”，在“做什么”权利保留在中央政府的前提下，“做到什么程度”是可给地方应有的自主权。强化科学的绩效考核机制提升地方履行事权的效率和效果。

（一）深化财政体制改革需要具体的财政事权清单

深化财政体制改革没在收入划分既定的基础上，要出财政事权的具体清单，将财政事权按照中央事权、地方事权和中央地方共担事权进一步划分，根据财政事权划分的属性原则，尽可能划分出具体清晰的事权清单。财政事权的清单，是与行政部门的行政事权清单有机统一，是“钱”与“事”的有机统一，所以每个领域的事权清单都要体现业务管理部门的主体责任，体现行业的特殊属性，与此相结合，形成钱事统一的事权清单。

从目前财政事权清单的改革进展看，已有外交领域的清单和医疗卫生领域的财政事权清单，多是对现行体制运行状况的进一步确认，前瞻性的财政体制治理问题仍有待进一步突破。当然，这也是鉴于财政事权划分的复杂性和改革稳妥推进出发的现实选择。改革只到这个层次，财政体制的一些问题还没有得到根本解决，需要在权责清晰上进一步深化。

（二）完善权责清晰的央地财政治理机制

治理就是多元主体在规则既定的情况下，通过平等协商互动形成的利益均衡的结果。央地财政治理，中央和地方作为治理的主体，在组织服从的架构情况下，应该有相对独立平等的主体关系，要建立健全相应机制，保障地方政府的诉求能够在治理机制中得以反映。党的十九大报告在深化机构和行政体制改革部分中要求“赋予省级及以下政府更多自主权”，时任财政部部长肖捷也强调“激励地方政府主动作为”的财政事权和支出责任划分原则，都突出了地方自主权或能动性发挥的问题，体制改革要特别注意央地财政治理机制的建设。

可以的逻辑是明晰央地财政权责关系，中央决策中央执行和地方决策地方执行的事项，权责内洽程度高，责任管理相对容易，核心问题就是那些中央部门决策而由地方政府执行的事权，就需要在权责内洽方面高度重视。其中有两个层面的要点：一是赋予地方政府更大的自主权，可以将事权要素细分，如决策可分为管控方向性的“干什么”和具体操作性的“干到什么程度”两个层面，中央决策具体体现在“干什么”及底限程度，在此基础上，扩大地方政府的自主权；二是对“中央决策、地方执行”的事权分清责任主体，中央决策的责任归属中央决策部门，地方决策和执行的责任归到地方政府，权责清晰化。既要避免中央部门只决策不负相应责任而导致地方执行面临两难问题，比如有些专项资金依照部门意图分配，导致资助金碎片化，地方执行的话钱不足，不执行面临进度考核问题，干不干都是问题；再比如工资调标等问题，有的地方被动调标，又没有财力，最终形成拖欠，等等，这些决策责任在中央部门，执行难题在地方政府，迫切需要将决策的责任与决策主体加以对应，考核监督，该谁的责任谁负责。

增强地方在支出层面的自主权。在下一步事权与支出责任划分中，要赋予地方更多的自主权，如支出标准，在中央总体决策的框架内，增加地方在支出方面自主决策的空间，增加地方自求平衡的空间，解决基层财政困难的问题；同时，要切实打破法定挂钩导致的固化和其他一些限制安排如预算稳定调节基金5%的限制等，体现因地制宜的因素，提升地方支出安排的自主权。

（三）完善转移支付制度，强化“大专项+任务清单”的模式

在对财政收入和支出划分相对清晰的基础上，转移支付制度就成为调节体制运行的重要制度安排。完善转移支付制度，在现行的改革基础上，进一步提高地方可以自主安排的一般转移支付比重，适度降低专项转移支付的比重。对专项转移支付，在当前专项转移支付加大整合力度的基础上，着力改革推行“大专项+任务清单”的模式，使具体的业务部门精力集中在任务清单的制定上，要科学合理，既不能高出财力承担能力，也不能过低完不成基本的兜底任务，将资金整合或统筹使用的权力多留点自主性给地方，增强地方政府决策的自主权，以使公共服务更加适应地方的能力，更加符合地方的需求。

权责不匹配不仅会导致地方基层财政困难，而且还容易导致整个公共服务保障水平超出整个财政能力，导致财政风险不断积累。比如，现在仍然有高速公路等基建项目，需要地方配套，贫困地区配套困难，但是如果不要这些项目就会差距拉得更大，没有办法，地方只得通过变通渠道配套，导致超出财政能力。

（四）创新考核机制，保证任务的落实到位

对于各自决策和负责的事权，各自权责内恰，管理相对容易。对于“中央决策、地方执行”的事权，与自主权下放相适应，需要创新监督机制，既要保障地方自主权，又要保障地方执行与中央大政方针和战略目标一致。

利用信息经济学原理建立权责内洽的监督机制——绩效报告制度。大财政大预算管理改革既然赋予部门（地方）预算管理的自主权，那么在绩效管理上它就得负起相应的责任。根据信息经济学原理，部门（地方）在大财政大预算改革中应该属于信息优势一方，它在预算执行过程中具有一定的自主权，那么在绩效管理和监督机制的设计上，也要与信息对称要求原理一致，应该有预算绩效报告制度。也就是部门（地方）在预算执行完成后，要报告绩效情况，达到要求的要如实报告，没有达到要求的要如实报告原因，以备后续监督审核。这样，就为后续的监督创造了条件，没有完成绩效的预算执行将是监督的重点，但监督的内容不限于绩效有问题的预算支出。同时，处理（罚）措施也要配套，诚实报告绩效情况属实且不低于目标要求的属于完成；诚实报告绩效情况属实且原因客观合理的，是一种处理情况；对于没有如实报告绩效、或是原因分析不客观属实的，处罚措施一定要更加严格，这样利用信息经济学的原理建立绩效报告制度，有利于促进权责的内洽机制建立。

第七章

完善央地财政治理的思考

治理是多元共治（善治），公共治理则是公共领域的多元共治善治，一般由治理目标、治理主体、治理规则、治理手段、治理（制度）环境五个基本要素构成①。其中，组织是公共治理得以有效运转不可或缺的要素，突出体现为央地关系、府际关系的构造，组织有效性对公共治理及其现代化目标的实现具有重要影响。央地财政治理是公共治理的重要内容，从中华人民共和国成立到现在，央地财政治理改革实现体制转轨，并不断完善，对于调动中央和地方两个积极性、促进经济健康持续发展发挥了重要作用。传统的“大一统”财政体制下，国家是一部有机统一的“机器”，地方和部门都是这个有机体中的一个构成部分，是典型的中央计划经济体制的模式，在特定时期对于集中力量办大事、快速形成国民经济的基础格局具有重要作用。但是，传统计划经济体制的弊端也随着经济社会发展日益凸显，相应主体的积极性发挥成为央地财政治理的矛盾的焦点。历史文化背景差异的影响、渐进式改革的过渡性举

① 程光辉、叶金宝：《中国式现代化视域下公共治理的有效性研究》，《学术研究》2022 年第 11 期。

措，中央和地方的事权和支出责任划分不够细化，相应的责任主体和主体责任也同样不够清晰，权责内洽机制不够健全，以及经济社会发展面临的新情况、新任务和新挑战，都对完善中央和地方财政治理机制提出了新的要求，亟待深化央地财政治理改革。

第一节 央地事权与支出责任划分的关键问题

央地事权和支出责任划分是央地财政治理的核心内容。西方的财政分权理论发展相对较早，是基于“个人主义”至上的逻辑，国家权利是个人权利的让渡；但是，中国则是践行集体主义逻辑来处理央地财政关系的，特别突出国家的作用，这与西方的基于“个人主义”逻辑的理论是有着显著区别的，因而也对相应的央地财政治理机制带来了根本性的影响。具体体现为两种思路，呈现为两种不同的治理逻辑，表现为两种不同的权责内洽机制和风险出清机制。进入新时代以来，央地财政关系改革积极推进，治理格局逐渐形塑，治理机制不断完善，但是与国家治理现代化的治理要求仍有距离，仍有许多重要的问题亟待深化探索。

一、央地事权与支出责任划分改革呈现两种思路，涉及“按什么划分”问题

事权划分改革呈现两种思路：一种思路是按照项目划分，更多地借鉴西方联邦制国家事权划分的经验做法，中央和地方的事权划分归属明确，呈现一定的对等匹配性，权利和责任形成一种内洽的自我约束机制，但在逻辑上对地方政府独立性有较强要求。另一种是按照事权要素划分，按照决策权、执行权、监督权等划分，同一事权可将不同要素划归不同层级政府，即按要素为主将事权划分清楚，这对权责的清单要求会更高。按照第一种思路，央地事权按项目划分，即有的项目归地方，则决策权和执行权都在地方，强调一种地方的自我约束机制，但是如何保持中央的统一领导，这种划分没有给出一个逻辑保障。因为，这种逻辑推演下去，最大风险就是政治上没有一个明细的保障“中央决策、地方执行”的思路。

按第二种事权划分改革思路，可以将提供某些公共物品的决策责任、执行责任和监督管理责任一并赋予某一级政府，也可以将这三类不同的责任划分给不同层级的政府分别承担，甚至可以将决策责任和权力加以进一步细分并且赋予不同层级政府承担。国际上，法国大体上是把小学教育标准的决策责任与权力赋予中央政府，把具体确定校址和规模的责任与权力赋予最基层政府，而把对基层政府履行小学教育责任的监督管理责任和权力赋予中间层级的政府；与此相适应，将小学教育的财政支出责任按照教育服务提供责任划分情况等因素分别配置于各级政府，其中中央政府负责教师工资和困难地区校舍建设与维修经费补助，基层政府负责小学办公经费、课本费和校舍建设与维修投入，中间层级政府负责监督管理所需经费支出。按照要素划分有助于匹配“集体主义”的治理逻辑，更好贯彻中国特色的“中央决策、地方执行”要求，但是却在权责内洽的治理机制方面面临比较大的挑战，容易因信息不对称带来道德风险或逆向选择问题。

总之，我国单一制条件下中央和地方财政关系，是按照一家人“合”的关系来设计，还是按照两家人“分”的关系设计，相应按项目划分还是按要素划分，是新一轮财税体制改革必须明确并从顶层设计上进一步清晰化的基础性问题。

二、要合理确定政府职能和公共服务水平，明确“划分什么”

要正确处理政府与市场的关系，政府的职能范围及公共服务的水平要与经济发展水平相适应。事权划分要基于有限政府和法治政府，要防止民粹化倾向，防止政府职能泛化，要突出政府“兜底”的定位。一些涉及民生领域的改革，务必考量中国国情特别是地方财政承受能力，要保基本、讲机制、可持续、防风险，谨防陷入民生民粹主义倾向，盲目追求高标准、短平快。尤其在教育、医疗、养老、就业、收入、环保、福利、救助等方面，不能各部门攀比承诺，随意提高支出标准。合理确定公共服务水平，要注意代内公平和代际公平。

三、要全面统筹谋划，提升决策层次，明确“谁来划分”

要提高事权划分改革的组织和决策层次。发挥党中央“总揽全局、协调各方”的核心作用，必须要在党中央的坚强领导下，充分论证、谋定而动，作出慎重、科学的决策。针对地方、部门和社会各方面的不同利益诉求，调适这些差别化甚至矛盾对立的利益关系，引导各方面讲政治、讲大局、自觉服从中央决策是重要基础，同时也要重视通过制度建设，形成有效的激励约束机制，积聚改革合力，实现总体利益最大化。

以业务部门为主导或者财政部会同其他部门的改革设计模式需要改变，跨越部门主导设计的狭隘性。要对“财政”和“财政部门”深化认识，赋予财政“在国家治理中的基础和重要支柱作用”这种职能，财政要去谋这种职能；如果不谋的话，若机构不变、体制不变、理念不变，财政的基础和支柱作用是不可能实现的。这样基于党的十八届三中全会的定位，财政理论和实践中表现出三个层次的财政，基于财政不同层次的理解把握会有不同层次的治理认识。第一个层次是财政部门的财政，是基于财政部门工作层面的财政，体现的是财政部门代表国务院行使财政管理权的财政，是最为狭义层面的财政；第二个层面的财政是政府财政的概念，这应该是国务院层面的财政，财政部门是管“钱”的，发改委部门是管“事”的，其他行政部门是在“钱”和“事”有机统一的基础上将各项工作落实到位，这是一个完整的政府行政层面的财政；第三个层面的财政是国家治理层面的财政，除了财政、发改委及其他部门共同组成的政府财政外，还将人大作为权力机关、法检部门作为司法机关等共同构成的国家治理全域层面的财政。对于完善国家治理，具体操作上有两种选项：一是强化财政作用，提升财政职能定位层次，真正具有国家治理的基础和重要支柱的位置，有效解决事权划分由财政部门着手推进呈现“小马拉大车”的局面。要放在立法、行政、司法、监督体系下的国家治理整体中考虑发挥财政的治理效能，要放在国务院的政府财政的概念层面来统筹把握，赋予财政部门更高的定位和更大的统筹权力，切实有效推进央地财政治理改革，避免陷入财政部门的财政，那样对于央地财政治理改革则会是一种“小马拉大车”，会力不从心。二是可引入第三方专家设计机制（如原体改委），这样的方案设计才会更加公平，避免部门间事权和支出责任的改革阻力，统筹协调性更强。

四、要强化激励相容机制，解决“怎么划分”

激励相容是事权划分的基本原则。无论是按项目还是按要素划分，无论是事权机构机关化还是实体化，都不可避免地面对央地权责关系的激励约束问题。可能的话，要将一些决策权下放地方，进一步发挥地方财政在地方治理中的基础和支柱作用。单一制跟联邦制的区别就是地方是不是政治主体。单一制下地方不是政治主体，但从实践上看，地方作为管理主体没有问题，从改革上看变成一个治理主体也没有问题，但在决策上，适度加强地方决策权，唯此才能促使其转型成一个治理主体。同时过多的委托地方做的事情让中央自己去做，让中央不仅仅是决策，同时是执行。

依据效率与风险原则，划分中央和地方共同财政事权和支出责任。按事权构成要素、实施环节、分解细化各级政府承担的职责，避免职责交叉重叠带来的效率损失与风险空间。对应不同基本公共服务领域的共同支出责任，依其性质和特点分别采取按比例分担、按项目分担和按机构隶属关系分担等多种方式。

事权划分的改革事项应与其他改革事项统筹考虑，诸如社保事权与社保领域改革同步，教育事权与教育领域改革同步，民政事权与民政领域改革同步，等等。

五、机关化还是实体化：明确“事权履行方式”

事权划分改革缓慢的症结在于“机关化”。我国各级政府职能配置“机关化”特征显著，上级政府惯于通过行政命令方式管控下级政府，约束下级政府按上级偏好履行事权，而不是由各级政府根据事权属性，通过建立本级的机构队伍，采用“实体化”的方式直接承担相关事权，从而导致政府间权责边界模糊，共同事务泛滥，行政效率偏低。特别是中央事权的履行实体不到位，与单一制大国的基本要求不尽吻合。改革要通过实体化方式，改组或设立专门的机构和人员队伍，负责具体事务的执行，打破机关化层层转发文件履行事权问题。

逐步提高中央的事权。特别是在国防、外交、国家安全、社会保险等关系全国统一市场、海域和海洋使用管理、食品药品安全、生态环境安全、跨区域司法管理等领域，在维护中央决策权的同时，强化中央的执行权。按此思路，不仅强化了中央事权，还可以明显压缩中央和地方共同事务以及委托事务数量，降低清晰划分中央地方事权的难度。

六、要上升到国家基本制度层面予以规范化、法制化，解决“稳定性”

中央与地方的事权关系具有国家治理属性，是属于国家基本制度层面的问题，涉及国家稳定和公共风险治理的效率。改革开放以来，我国政府间财政关系和事权划分领域改革取得了很大的成效，但这些改革大多没有宪法层面，甚至法律层面的支撑。目前，中央地方事权划分方面仍具有浓厚的计划经济色彩，与社会主义市场经济已不契合。我国政府间事权划分的法律基础较为薄弱，宪法仅规定中央和地方国家机构职权的划分，遵循在中央的统一领导下，充分发挥地方主动性、积极性的原则，并授权国务院规定中央和省级政府的职权划分。但在实践中多以文件形式进行事权界定，讨价还价、互相博弈，上收下放频繁，缺乏必要的法律权威和约束力。

中央与地方财政关系法制化路径包括：以宪法为统领完善事权划分的法律框架，逐步实现中央对地方财政调控方式的法制化，用法律的方式明确央地间的关系、职责、权限分配等，增强中央政府财政能力，中央对地方财政预算管理的法制化，财政转移支付体系的法制化。

降低地方支出责任的不确定性。随着社会性支出比重快速上升，地方支出不确定、难以预期带来的风险越来越大。中央各个部门的职责要通过法制化方式来减少不确定性，要提高中央各部门行动的协调性、可预期性，并将地方的分工与责任明确稳定下来，避免发文件的随意性，不能把履行事权的责任层层往下推。在以“中央决策、地方执行”为主的事权划分方式下，法律没跟上，事权主要是按照偏好履行的。探讨事权划分改革很重要，但更重要的是，怎样以法治方式来履行好中央地方各自的责任，包括共同事权，减少随意性。否则，即使事权重新界定了，也不一定管用。

第二节 “中央决策、地方执行”权责内洽治理机制的实践探索

财政是国家治理的基础和重要支柱，治理的核心是基于利益机制的多元共治。党的十八届三中全会以来预算改革取得长足进展，侧重完善流程和制度强化对预算主体的控制，而突出权责匹配、治理机制的改革与国家治理现代化尚有距离。中国特色的央地财政治理关系的特点是五级政府、两级治理，包括中央和地方以及地方即省以下政府间财政治理关系。中央的地方财

政治理关系改革在1994年奠定的框架基础上，国务院于2016年、2018年、2022年陆续出台了《国务院关于推进中央与地方财政事权和支出责任划分改革的指导意见》《国务院办公厅关于印发基本公共服务领域中央与地方共同财政事权和支出责任划分改革方案的通知》《关于进一步深化省以下财政体制改革的指导意见》等文件，结合11个领域出台的事权与支出责任划分清单，进一步探索完善具有中国特色的央地财政治理机制。

一、央地财政治理机制探索——涉农资金整合

央地财政治理机制的完善，涉农领域财政资金整合是管理机制改革的积极探索，即“大专项＋任务清单”的模式，“大专项＋任务清单”明晰了中央和地方的事权要求，在这个任务清单要求下，地方政府具有一定的统筹权限，体现了地方的自主权；同时配套强化地方对事权清单的结果负责的责任，中央强化决策的参与和绩效结果的监督管理，形成中央“管两头、放中间”、地方在具体事项安排上的自主权并对结果负责的治理模式，形成权责内洽的治理机制。央地政府之间的财政治理探索首先在涉农资金领域展开。财政涉农资金作为引导和聚集要素的关键资源，是实现脱贫攻坚及后续乡村振兴的重要抓手。在脱贫攻坚及后续的乡村振兴过程中，财政向“三农”事业倾斜的力度持续加大，专项资金是其中的重要部分。专项在自上而下转移资金的同时附带了上级政府的政策目标，比如各类支农专项资金就是为推进“三农”事业发展而设立。项目制实施以来的很长一段时间，涉农专项资金来源十分广泛，从纵向看涵盖了中央、省、市等各级政府，从横向看包括了财政、农林水、发改、交通等各部门，由于涉农专项“资出多门”，故而存在规范性不强、资金零散化等问题 。在此背景下，2004年《中共中央 国务院关于促进农民增加收入若干政策的意见》指出要整合支农投资，提高财政支农资金的使用效益。2017年《中共中央 国务院关于深入推进农业供给侧结构性改革加快培育农业农村发展新动能的若干意见》提出要改革财政支农投入机制，多层次多形式整合涉农资金，掀起了全国层面大范围推进涉农资金统筹整合改革的热潮。多年的统筹整合探索历程在一定程度上推动了市县政府的资金管理与项目谋划的主动性，有效缓解了以往涉农资金投入“撒胡椒面”所造成的资源浪费现象。然而，目前在长效机制的构建上仍存在一些艰难梗阻。

（一）统筹整合涉农资金的运作模式

从涉农资金运作流程看，尽管不同市县规定有所不同，但基本都涉及涉农项目谋划与申报、项目审查与资金下拨、资金分配与使用管理、资金绩效与监督管理等环节，由此形成涉农资金“自下而上”申报和“自上而下”划拨的循环管理模式。

首先是由市县进行项目谋划与申报。农林水等业务主管部门组织有关单位做好项目申报及前期工作，选择成熟度高、具备实施条件的项目，确定绩效目标并报送同级财政部门，由财政部门对业务主管部门报送的项目进行规范性审核，如项目是否属于负面清单的范畴。其次，挂靠在财政部门的涉农资金办公室统一将项目上报到由本级政府和涉农部门主要领导组成的领导小组，由领导小组召开会议进行讨论。完成涉农项目谋划与申报后，须经省级审查后才能下拨资金。涉农资金包括农业产业发展、农村人居环境整治、精准扶贫精准脱贫、生态林业建设、农业救灾应急和农业农村基础设施建设六类，各类资金的牵头部门会同相关业务主管部门联合审查市县涉农项目，省财政厅按照因素法下拨涉农资金，各业务主管部门谋划年度考核任务，资金与考核事项同步下达。其中，因素法的参考依据包括市县承担考核任务的情况、项目联合审查结果、往年涉农资金使用情况以及地区财力状况等。

项目通过审查与资金到位后，进入市县资金分配与使用管理阶段。市县涉农办将审核通过的项目报送领导小组，领导小组根据上级下达的涉农资金与本级预算安排，依照考核事项、本县工作重点确定实施的项目，涉农办组织本级部门向上级报备项目与绩效目标。完成报备程序后，各主管部门指导项目承担单位开展建设，对项目实施进度、资金支出进度、绩效目标实施情况进行监控，接受财政等部门监督，定期向本级领导小组和上级业务主管部门报送进展，省级业务主管部门对项目进行重点抽查与督促。

年度终了后，需要进行市县绩效自评、省级业务主管部门自评与省财政厅重点绩效评价。市县涉农主管部门将绩效自评报告提交给财政部门，财政部门开展本级的报告核查与重点评价工作。省级业务主管部门收集汇总地级以上市政府的自评报告，形成行业领域自评报告，提交省财政厅。省财政厅根据自评情况，选择部分涉农资金或地区开展重点绩效评价，包括政策综合实施效果、地方政府监管资金情况、项目完成情况和效益等。涉农资金的支出进度与绩效评价结果将成为次年涉农资金安排的重要依据。

（二）统筹整合涉农资金面临的瓶颈制约

1. 财政分配机制欠妥，资金与任务有脱节

从涉农资金的分配情况看，资金总量与区域不平衡问题并存。从 2020 年开始，地方省级不再指定具体涉农项目，由市县上报项目并经省级联合审查后按因素法下达涉农资金。由于基期因素法涉及项目通过率、当年贫困村数量等指标，但部分欠发达地区谋划能力不强，改革初期项目审查通过率低，一些存在返贫风险的县域完成脱贫任务时间较早，种种情况导致这类市县分配的资金量明显减少，加之后续年份在分配资金过程中将基年作为参照，故而一些地区在改革后资金缺口较大。

从财政安排的前期费用来看，尽管涉农整合资金中安排了 2% 的前期经费，但由于存在使用上的约束限制，不少市县变通采取从本级财政中划出资金的方式进行前期工作，对于本级财政运转较好的地区而言尚不构成太大问题，而财政紧缺的地区则存在较大的配套困难。另外，一些支付了前期费用的项目最终没有获批入库，这对财力紧缺的地区无异“雪上加霜”。

从考核任务来看，除了涉农资金连带了考核任务外，各级政府及行业部门亦有向市县下发需要依赖涉农资金解决的考核事项（如省十件民生实事涉农领域事项），对于财力不足的地区而言，下达的涉农资金能应付考核事项就已不易，实际可由本级灵活支配的涉农资金量就更少了。对此，一些市县对非考核任务采取象征性安排资金的做法，“撒胡椒面”的投入方式未完全扭转，一些地区还出现不得已挤占资金的现象。

2. 部门协调机制不畅，谋划项目能力较弱

前期论证不充分、缺乏长期谋划是致使项目质量不高的主要原因。尽管统筹整合的通知发放较早，地方财政部门的传达也较为及时，但部分涉农单位的重视程度不高，领导小组召开的会议亦有限，往往是在项目库将要落实之时才匆忙上报项目，上报的项目有没有深入调研无从考察，没有形成全年整体谋划的格局。此外，还有市县反映 2021 年的部分类别项目除需在涉农库申报外，还要在行业部门的项目库申报，由于指引和谋划欠妥，导致当年该类项目均未能通过。而综合性项目谋划也存在一定难度。涉农项目的开展容易触及建设用地、退耕还林、基本农田等红线，牵涉利益众多，需要农林水、国土、交通等部门协调配合，但目前各自为政的情况并没有得到根本性改善。一些历史遗留问题并未得到妥善解决，导致统筹工作开展存在较大的

困难。从协调机构看，一些市县的涉农办由财政局下属的农业股承担相关工作，在工作任务较重时抽调人员，办公室实则为上传下达的“传令兵”。

另外，涉农项目“重硬轻软”的现象依旧比较明显，资金配置偏向基础设施等“硬件”建设，而乡村公共服务等“软件”投入则相对忽视，即使是产业项目，也偏好农旅、农家乐等易于见效的项目，与农民生产生活紧密相关的种养项目遭“冷遇”。同时，一些项目在实施过程中存在可持续性不足的问题，如个别地方在农房管控和乡村风貌带建设的过程中，使用寿命较短的塑料建材，建设质量并不高，后续的维护也较为困难。

3. 资金使用能力不强，杠杆效益未充分发挥

部分地区资金使用进度慢，主要是因为项目在早期未合理谋划，“钱等项目”问题突出。一些市县改革第一年的项目通过率不高，下达资金少，到了第二年不管项目有没有完成前期工作也拼命向上申报，资金下达后，市县再匆忙赶前期，结果是涉农资金支出进度缓慢。某地植树造林项目需要年前备耕，开春后种，但对应主管部门难以确定能到手的资金量，不敢枉然公开招投标，只能留待在资金下达后开展，严重影响进度。此外，少数项目还存在交叉申报的情况，除在涉农资金中获得支持以外，后续又获得了中央专项支持，由于涉农资金存在调剂空间，故优先使用中央专项资金。一些单位还存在“资金支出不出那就调整吧”的错误思想，没有深入探寻问题根源，因此资金使用水平也不高。

与之相对的，部分涉农资金存在使用进度较快的情况。比如说，2021 年 9 月下达的驻镇帮镇扶村资金，由于下达之初资金使用指引不明晰，某县就选择将该部分资金投入已实施但资金不够，并且符合驻镇帮镇扶村要求的涉农项目，到 10 月底出台详细指引时资金已经分配完成，只能通过后续的调剂进一步规范。

在撬动社会资本方面，亮点项目尚可以通过引进企业投资的方式拉动杠杆，但一些位于欠发达地区，较为分散的普惠性公共服务项目则难以实现。比如说，某县的特色小镇项目依托现代农业产业园进行规划，依托产业为基础的涉农项目由于具有收益，企业有愿意投资，不过也依旧存在土地等要素制约问题。而对于一些投资需求大、公共性强的项目，如农村供水，人口密度较大的地区尚可以通过与企业合作建立小型水库予以解决，边远地区则由于人口分散，社会力量参与意愿弱，涉农资金量少，本级财政紧缺，只能单

纯依赖债券资金投入。

4. 绩效管理体系不佳，支出考核层层加码

目前，综合考核评价制度尚未建立完全，资金的使用效益难以保证。从绩效反馈来看，2021 年市县已经通过绩效自评的方式，对照考核目标总结资金使用情况和任务完成情况，不过，不少市县反映目前绩效情况与次年资金安排的挂钩不深，目前依然以支出进度作为考核的主要依据。而在监控支出进度方面也存在部分不合理之处。首先，以支出进度作为资金分配的主要标准，资金支付较快的地区次年获得的扶持就多。其次，在涉农资金支出进度把关较严的背景下，市县就将支出进度的时间约束依次前挪，故而在资金划拨阶段，就已经将资源向易于快速支出的项目倾斜，而对项目的可持续性、长期效益的考虑有所欠缺。另外，支出进度督促采取一刀切的方式会对特殊行业造成一定负面后果：比如森林保险由林农购买，购买时间往往跨越全年，支出进度截止时间前移的后果便是部分保费需要等到下一年的资金到位后才能支付；又如植树造林项目，从 3 月开始谋划，经历设计、招标等环节，11 月验收成活率后才支付资金，早已超出资金支出进度要求。

（三）涉农资金整合改革的措施优化

1. 优化资金配置机制

从资金下达的总量上看，上级在保证县域基层民生事项资金足额到位的情况下，有必要建立涉农资金的稳定增长机制，避免下达临时性考核任务，持续加大土地出让收入用于农业农村的比例，以资金稳步增长激发县域自主谋划项目的动力。另外，将政策性农业保险、农产品质量安全及动植物疫病体系建设等民生类项目列入今后的省级涉农资金重点政策任务，确保民生事项资金足额到位。从资金在地区间的分配看，不仅要加大粤东西北地区的涉农资金倾斜力度，还要把握粤东西北地区内部的区域平衡和奖励先进的关系，避免因涉农资金分配悬殊引发的新一轮县域发展不平衡局面。从地区涉农资金的具体投向看，应根据市县发展规划逐步调整涉农资金支持乡村振兴的投入结构，逐年提高涉农资金向产业项目倾斜的比例，鼓励资金用于与农民生活息息相关的种养项目。

2. 深化组织体系改革

省级层面在组建以省政府领导和各分管部门负责人为主的涉农资金统筹整合领导小组的基础上，推进各资金牵头部门、业务主管部门在项目联合审

查、任务下达等领域的联动性。而市县政府应参照省级做法，组建以市县一把手、各涉农部门、财政部门主要负责人为成员的涉农资金统筹整合领导小组，将涉农资金分配、项目申报等事项纳入“三重一大”事项清单，定期召开涉农领导小组会议研究审议。市县涉农资金办公室除通过抽调人手的形式组建工作团队外，可单独设立一个组织单位，另外聘请一定数量的专职人员，处理好不同分管部门之间的矛盾与纠纷，衔接业务主管部门与本级领导小组，聘请高质量的第三方中介进行前期规划，由涉农办组织各单位涉农资金工作联络员参加业务培训，加强部门间沟通协商。

3. 提高统筹项目水平

省级层面，可根据成功地区案例经验对薄弱县提供细化的指引，为市县政府提供前期论证和项目申报指导。而对于市县政府而言，从早期的政策研究上，应密切关注乡村振兴工作形势的发展变化，提高涉农资金整合政策的前瞻性和针对性，根据乡村振兴的不同阶段制定不同的资金分配方案，切实做好涉农资金整合使用的业务培训。从项目储备环节看，涉农项目在入库前应确保完成前期准备，倡导在县域本级预算中列支涉农整合资金入库项目前期论证经费，依据前期工作复杂程度，对不同类型项目计取不同比例的财政涉农资金前期工作经费，用于支持各涉农单位及早开展项目的立项申请、可行性研究、初步设计等工作。另外，利用互联网技术建立项目评审专家库，保障偏远县域项目的论证，提前 1 年储备高质量项目，因地制宜编制分年度实施计划和中长期规划。在项目库动态管理方面，聘请具有公信力的第三方开展项目论证、监理与验收工作，实行入库项目按照轻重缓急和成熟度的“阶梯式”动态管理模式。在涉农资金审批流程简化方面，可采取大额支出才需最高领导签字的方式，充分将权力授予基层。此外，市县在项目申报过程中根据往年本级绩效考评情况限制涉农单位申报项目的额度，形成“项目做好，才能争取更多资金”的共识。

4. 健全绩效考核体系

一是加快推进考核评价体系由单项任务向行业综合绩效考核转变，推进指标体系从重“数量和规模”向重“质量和效益”转变，建立行业综合绩效考核，更加重视财政支农资金经济性、效率性和效果性等指标，将项目前期调研、执行和后期管理纳入绩效考核体系。二是在兼顾区域平衡的基础上，将绩效情况作为资金分配的重要因素，保障乡村振兴资金安全和使用效果的提升。三是采取第三方中介机构绩效评分作为重要参考依据，及时跟进项目进度和解决项目实施过程中的困难和问题。四是改变层层加码的项目资金使用进度考评，充分考虑不同类型的农业产业特性，侧重评价项目为农户赋能增收的效果，适度允许特色种养殖业经营绩效不佳。五是部分后支付的项目可推进按照周期考核的方式进行，加大资金使用弹性。六是加快推进智慧化涉农资金管理平台建设，全面掌握涉农资金使用动向，全面监控项目实施流程。

二、省以下财政治理机制改革的探索

为完善央地财政治理关系，地方政府间财政治理关系改革也进行了积极的探索，成为深化央地财政治理改革的有益借鉴。分税制财政体制实施以来，地方进行了不同层面的尝试，有的是采用分税模式，有的是采用体制上解模式，体制安排也不尽统一，但总体上都是按照中央与地方财政事权与支出责任的划分方式“照葫芦画瓢”，并结合地方特点进行因地制宜的安排，治理机制上也与央地财政体制的治理机制类似。但是财政体制安排中“上级决策、下级执行”在充分体现“集中力量办大事”和上级有效统筹的体制优势的基础上，也面临权责不匹配的问题。体制运行本身就会存在信息不对称问题，制约了地方因地制宜的积极性发挥。财政责任又是下一级政府负责的，不能左右决策，但又要对结果负责，必然会影响地方的积极性；同时，上一级政府财政部门又没有充分的能力跟踪管理好地方的支出事项绩效，但管理责任又在所难免，形成财政体制机制的矛盾状况。广东积极推进财政治理机制改革创新，推行“大财政大预算”改革，形成了新型的政府间财政治理关系，对深化央地财政治理改革具有一定的参考意义。2018 年广东深化省级预算编制、执行和监督改革，通过转变部门权责配置和财政管理重心，精简项目审批事项和预算执行流程，提高各方积极性和资金使用效益，积极创新政府治理，体现在横向财政部门与业务部门之间的财政治理关系，和纵向上下级政府之间的财政治理关系，核心机理变化是由财政对业务部门外部控制转向部门内部自我约束；同时，也探索改进了上下级政府间财政治理权责的改革。广东省基于权责内洽的积极探索，推进“抓两头一放中间”的上下级政府之间的财政关系改革，完善了政府预算治理，推进了政府间财政治理，对当前深化政府间财政管理体制管理改革具有一定参考价值。

（一）广东财政预算改革的背景

广东实行预算改革，主要基于财政与部门和地方政府间治理关系不顺，难以形成有效的权责内洽的治理机制，影响资金使用效率和效益的问题。

1. 财政部门陷于日常琐事审批，难腾精力“观大势、谋大事”

（1）财政管全程，被动为部门和地方执行责任背书。财政在预算全程参与管理的实践中，忙于琐碎的审批事务，既没有能力也没精力管理到位，但却在形式上为部门和地方执行责任进行了背书，责任交叉重叠，难以精准追责和形成有效问责机制。

（2）财政陷入日常琐碎事务，审批统筹作用难发挥。财政管全程而陷入琐碎的日常事务审批，没有精力“观大势、谋大事”，导致财政统筹能力弱化，治理的基础和重要支柱作用不能有效发挥。

（3）部门绕开财政谋事，形成对财政的倒逼。一些部门谋事不与财政充分协调沟通，而是自己先谋事，通过政府分管领导审批后，再找财政要钱，形成倒逼机制，如果财政给钱，财政没有那么多活钱；如果不给，部门就把做事不力的责任推给财政，财政陷入两难。

（4）部门缺乏一定灵活性不利于财政保障。省级政府可以保证在预算批准后不出增支政策，但难以保证行业主管部门和地方不会在预算执行期间出增支政策，执行部门相对信息更充分，而财政信息不充分难以提前预先安排，而执行部门没有应有的自主权又无法提前预留空间，增支压力就落到财政身上，容易形成财政疲于应付的局面。

2. 部门和地方责任不清，预算约束软化，执行进度滞后

（1）部门和地方的道德风险缺乏制约。由于财政与部门和地方之间信息不对称，部门和地方倾向于使自身的利益最大化或责任最小化，结果不是资源低效使用，就是责任由部门向财政、由下级政府向上级政府转嫁，道德风险或逆向选择难以避免，这不仅没有解决问题，反而会延误解决问题的时机。

（2）形式审批使部门和地方责任虚化。由于预算执行中部门和地方所有事项都要到财政审批，审批后就有了财政背书，相应责任就交叉在一起，甚至更多落在财政身上，但事情都是部门和地方来做，形成了形式上的“脱责化”。

（3）部门和地方预算约束软化。预算编制阶段，业务主管部门习惯于“报大数”，然后与财政部门“谈判”，等财政部门“砍一刀”，拿到钱后再

组织研究“分钱”，存在“谋事不实”、“谋事”与“要钱”严重脱节的问题，导致要到钱不知道做什么事、做不好事，造成资金沉淀、浪费、低效。

（4）层层审批影响预算执行。一是省级财政既管资金又管具体项目，市县政府要“跑步进厅”“要钱要项目”，要到后还要制定具体方案层层上报审批，当年项目当年无法实施是“家常便饭”。二是事无巨细都要增加一道财政审批，执行部门缺乏应有的自主性，必然会影响业务部门和地方做事的效率。

（二）广东财政预算改革的治理机制创新

广东预算改革涉及预算编制、执行、监督到绩效管理的流程优化再造，实现了职责归位、权责配位和绩效到位，是政府治理的重大创新，体现为政府间和政府内部部门间两方面治理关系的改进，具体改革措施对照见表7－1。

1. 重塑治理主体，促进职责归位

广东预算改革，聚焦厘清部门职责，优化预算管理各环节权责划分。将部门职责配置从预算管理相互交叉转变为权责明晰、各负其责，明确主管部门和地方预算执行的主体责任；同时，财政管理重心从全流程预算管控转变为聚焦预算编制和监管，突出主责主业，负责组织总预算执行，不直接参与具体项目审批等事务。

改革核心体现为财政对部门和地方的适度放权、明晰责任。财政向部门放权，如顺德实践的“封套预算”，纳入封套预算管理的预算资金，预算批准后，部门有相应自主权，财政则做好总预算以及绩效监管，对总预算事项调整具有很强的话语权；省级财政向地方放权，依托“大专项＋任务清单”，在强化责任的基础上，赋予部门和市县履行职责的相应自主权，在预算执行中有一定的调整自主权，并对预算结果负责。财政主抓资源配置的大格局，强化财政统筹全局的能力，财政作为国家治理的基础和重要支柱作用日益突显；部门和地方预算执行职责进一步明确，自主权进一步提升，为政府治理奠定了基础。

2. 创新治理机制，强化激励相容

改革促进“事”与“钱”和“权”与“责”“两统一”，强调谁决策、谁对结果负责的权责内洽治理机制，最大创新就在于使部门依靠财政的外部控制转变为部门强化内部激励相容的自我约束。

（1）“创新机制”促进预算“事”“钱”统一。改革着力强化部门在预算管理中的自我约束机制。在预算编制中，一是注重“谋事”。部门重视与国家大政方针和战略对接，聚焦主责主业，自发“谋事”，将管财用财与中央和省委、省政府的决策部署紧密衔接，立足职能，先研究业务行动规划，再提出资金配置建议，全面提升管财用财水平，推动全省“事”与“钱”的高效融合，工作局面发生根本性的转变。二是强化“事”“钱”统一，实现从“先要钱后谋事”向“先谋事后要钱”转变。预算编制环节通过提升科学性和合理性，强化可研、论证和评审，有效促进“事”与“钱”统一，提升预算编制的科学性、执行的遵从性及进度和效果的到位性。改革实现业务主管部门职能转变、主体责任归位，促进部门和地方“先谋好事再争取财政资金”的观念转变。

（2）“权责匹配”强化预算治理机制。通过权责明确，致力于形成激励相容机制。改革使财政部门从琐碎的日常审批事务中解放出来，集中精力谋大事，统筹财政资源配置编制好预算，通过绩效监管抓好资金效果；部门要抓好预算编制中的谋划和预算执行，并对结果负责，部门“随意要钱”的行为得到有效规范，甚至通过增强自主权调动部门积极性，财政和部门实现权责内洽，有助于建立自主决策、独立承担责任的机制。

对地方简政放权，赋予地方适度的管理自主权，实现上下级政府之间的权责匹配。通过匹配地方相应的权责，有助于地方在资金管理上主动作为，增强自身的统筹谋划，挖掘内部潜力解决问题，避免中途增加事项或通过各种谈判形成对财政倒逼的格局。

3. 依托绩效管理，抓好机制落实

广东预算改革，绩效既是财政“抓两头”的后一“头”，也是部门拥有自主权而必须承担的责任，绩效管理是财政和部门在权责配置清晰后的重要联结点。改革特别突出预算的绩效管理，结合《全面实施预算绩效管理的指导意见》，广东出台了相关的预算绩效管理措施，保障了改革机制作用的发挥和目标的落实。

4. 流程机制创新，治理效能提升

（1）流程再造提升财政管理效率。改革精简了项目审批事项和预算执行流程，一是部门项目审批效率提升。通过流程优化，过去由财政和部门共同审批的项目，改革后财政不再参与部门具体项目审批等事务，增强部门的自主性，项目审批效率大幅提升。二是地方项目审批效率有效提升。审批权限下放市县，市县按照省级任务清单一两个月就能完成审批，资金使用效率和效益迅速提高。

部门和地方的统筹和自我调节能力加强，比如，部门对预算编制、执行和监督事项独立抉择，自主决策、自主组织开展，各项工作节约时间50%以上。一定限度内的预算调整，部门分管领导确定就行，只有超过限度的审批，需财政和部门领导共同审批，并且共同审批不断压缩。

（2）强化治理机制提升资金绩效。通过职责归位和流程优化，部门和地方定位清晰，实现权责内洽的治理机制，实现各方积极性和资金使用效益双提高。一是部门和地方主动谋事、高效花钱的积极性大大提高。预算治理创新机制，业务主管部门聚焦主责主业，增强自主性，有助于提升地方和部门自我管理和约束的积极性，有助于部门统筹能力的发挥和预算资金效果的提升。财政也能腾出手来“观大势、谋全局、抓大事”，全面提升管财用财水平。二是预算绩效管理有效提升。财政重点“抓两头放中间”，“前头”财政强化预算编制、抓好财政资源统筹；“后头”财政做好绩效监管，两者相辅相成，切实促进财政部门“以审代管”“全程参与”的预算管理方式转变为“政策导向”“绩效导向”和“标准导向”，促进绩效提升。同时，部门也因自主权增强而在预算编制环节强化事钱的匹配性，执行环节增强对绩效负责的责任意识。

表7-1　广东省财政预算改革措施对比

序号	环节	改革前	改革后
1	权责划分	省财政部门负责预算管理全流程管控	省财政部门聚焦预算编制和监管，不直接参与执行中的具体项目审批等事务
		省业务主管部门与省财政部门共同负责预算执行	省业务主管部门全面负责本部门预算执行
2	预算编制	省业务主管部门编报部门预算相对固化，不安排应急机动资金	省业务主管部门统筹安排部门预算，可适当安排少量应急机动资金。编实编细项目库，从专项资金安排基建项目应先入库后安排
		注重总收支预算的平衡，侧重项目预算的审核	加大资金统筹，用好用足地方政府债务限额，健全支出标准体系，注重绩效评审，健全预算安排与绩效管理挂钩机制
		专项资金目录清单和使用总体计划由财政部门汇总后，专项提交省政府常务会议审议	专项资金目录清单和使用总体计划纳入预算草案一并报批

续表

序号	环节	改革前	改革后
3	项目审批	省级直接审批市县和用款单位的具体项目	省级原则上不审批具体项目，推广“大专项＋任务清单”模式，将项目审批权下放市县和用款单位，审批结果向省级报备。省级加强任务清单管理和业务指导服务
		省业务主管部门和省财政部门联合审批项目	保留省级审批的项目，省业务主管部门自助办理，组织项目申报、评审、分配、公示、验收等
4	预算执行	基建项目由省财政部门审核进度款	基建项目由省业务主管部门审核进度款，省财政部门事后抽查
		预算调整每年办理一次或多次	预算调整原则上每年只集中办理一次
		预算调剂由省业务主管部门报财政部门审批（重大项目报副省长、常务副省长、省长）	预算调剂由省业务主管部门按权限办理，调剂金额达10%的报副省长；达20%的，加报常务副省长、省长
		存量资金在年底一次性清理收回	存量资金在年中定期清理盘活
5	预算监督	未建立预算执行承诺制度	建立省级和市县预算管理联动机制，省业务主管部门按承诺书执行预算，省政府对执行进度慢、效果差的加强问责追责
		审计部门对省财政部门和省业务主管部门开展审计	省审计部门直接对负责资金分配使用的省业务主管部门、市县和用款单位开展审计

（三）广东财政预算改革仍待深化

广东预算改革的治理机制作用切实发挥，还有若干问题有待深化。

1. 治理主体权责细化

（1）人员素质基础。一是相应主体转变观念和提升遵法自觉性，是改革到位和取得实效的关键。二是不断提升财政管理法制化水平，适时、及时将改革成果法制化，增强法治化，使财政治理机制从强制逐渐变为自觉。

（2）权责细化到位。权责清晰是现代治理的基础，广东的预算改革，实现了理念的转变，但具体部门和市县主体责任细化落实尚不够到位，省级部门与市县以及市县内部权责还不够细化清晰还有待细化完善。

2. 预算保障能力支撑

广东的预算管理改革，是在财政保障能力相对较好，预算编制、执行相对规范的基础上展开的。如果财政本身必保事项不能平衡，需要部门或地方在执行中既要规范执行，又要动态中调动积极性挖掘潜力，实际上是两种行政模式：一种是“照章执行”，一种是强调发挥积极性挖潜力谋发展。两者同时要求，除非部门主体自觉性极高，否则权责清晰界定就增加了难度，内洽的治理机制就难以保证。

3. 绩效管理落实到位

广东预算绩效管理机制创新的关键是绩效管理到位。但是，实践中绩效管理在资金使用合规性、安全性方面相对到位，但对经济效益等方面管理受主客观因素影响尚未到位，而全面深化预算绩效管理的指导意见，也侧重在项目绩效评价上，对于部门和政府预算绩效评价仍留下比较大的探索空间，等等，这些都会制约绩效管理的到位程度，进而影响改革的成效。

4. 权责内洽机制建立

现有框架下，绩效结果偏重财政和主管部门监管，全部到位恐怕很难，改革有待深化。比如建立绩效报告制度，结合绩效监管，利用信息经济学原理，与抽样监管结合，自我报告不实的从重处理（罚），一方面可以使财政监管更加有的放矢、更加有效；另一方面有助于提升部门绩效意识，有助于深化权责内洽机制建设。

三、深化央地间财政治理改革实践的启示

央地间涉农资金整合及广东大财政发预算改革，实际上是对央地财政治理改革的而积极探索，总体上都是突出多元共治的治理理念，在明晰相关主体和主体权责的基础上，努力实现权责内洽机制，努力使相关主体自主决策、各负其责，形成有效的权责匹配和风险出清机制，努力在发挥各主体积极性实现财政治理效能的前提下，积极努力防范各项负面消极的影响和风险，促进财政经济健康可持续发展。

（一）明晰主体权责，形塑财政治理格局

央地财政关系中包含了中央和地方两级治理主体，而每一级治理主体中又涉及不同部门等多个主体，深化央地间财政治理改革，需要打破传统计划经济体制下责任或风险“大锅饭”的问题，要做到明晰多元主体，并进一步明晰各主体的权利和责任。同时，深化央地间财政治理的关系改革，把不同主体放到央地治理格局中，在明晰各主体的基础上，努力实现权责匹配，为逐渐形塑财政治理格局奠定基础。

（二）权责主体和主体权责界定具体化、法制化

相应权责主体和主体权责的界定要具体化，做到权利和责任可操作、可追究，可以参照《中华人民共和国预算法》和《中华人民共和国预算法实施条例》，对相应的主体权责或违规行为进行分类列举，实践中简明、易判断、易甄别，责任好界定。在此基础上，逐渐形成完善的制度，在条件成熟时可以上升到法律层面加以界定，增强权威性和约束性。

（三）权责安排要突出权责内洽

央地财政治理的制度安排，要在“中央决策、地方执行”这个前提下，采用要素法划分事权和支出责任的方式，不能用项目法划分的原因是与“中央决策、地方执行”难以形成内洽的治理机制。按照要素法划分，需要将决策权、执行权和监督权等纵向分解，决策权在中央，执行权在地方，核心问题是结果由谁负责。当前的实践中，基本上事权的兜底责任都是由地方承担，在地方出现系统性风险之前，基本上谁的风险谁自己化解。但是，对于一个事项而言，决策需要对应相应的责任，执行也要对应相应责任，如果事项的责任全部由执行者来承担，是不匹配的，因为决策层面导致的问题和责任，是执行层面无法解决的，其支出责任一味地规定由地方承担，就会导致权责不够内洽。因此，决策者有决策的权力，但是要负决策者对应的责任，如出现问题或风险，则应该由决策者承担责任；执行者有执行者的责任，其应该对执行的责任负责。

鉴于这种要求，进一步而言，就需要考虑中央部门由机关化转向实体化的问题。也就是对于多年前讨论的上收中央事权问题，能够真正成为中央的事权，虽然上收的比例不会太高，但是能上收的尽量上收，对于这些事权就可以按照项目法的管理实现权责内洽机制。除此之外，再与“中央决策、地方执行”的要素法划分相匹配，安排相应的权责内洽机制。

（四）有效的绩效评价机制

对于决策和执行分离的治理机制安排，决策者或执政者如何要求或监督执行者，执行过程中的事项更适合放权管理，那么决策者要对执行结果有效控制，最为有效的抓手就是绩效评价。因此，合理科学地制定绩效评价机制，增强项目绩效评价目标的穿透性，增强部门绩效目标评价的整体性，增强政府预算绩效评价的有机性，在有效做好合规性评价的同时，进一步强化绩效效果的评价，通过绩效评价形成决策和执行环节的有机衔接，使财政支出真正符合国家治理效能发挥的要求。

此外，还要注意政府或部门整体决策与具体主要负责人的关系的处理，避免为了个人利益而损失整体利益的短期行为做法，防止道德风险和逆向选择问题。

第三节　权责内洽治理机制核心：健全债务闭环管理机制，防止道德风险

央地财政治理改革，要落实“中央决策、地方执行”，在经济财政形势好、增长速度高的时候，地方从财政收入的增量中拿到一定的比例，是地方积极性的重要激励因素。随着经济社会发展，经济和财政增长速度的换挡及发展方式转型，收入增量激励的空间收窄，但是地方政府债务风险却与日俱增，成为央地财政治理中的权责内洽的核心问题。有效的央地财政治理，就是在做好地方财政保障的同时，健全地方政府债务闭环管理机制，把好债务风险关，防范道德风险。

1994 年分税制改革时，按照《中华人民共和国预算法》规定，地方政府预算不能列赤字，不能举债。随着改革推进以及经济社会情况的变化，中国现有中央政府举债转贷地方，再有代地方政府举债，后来在地方政府自行发债的试点基础上，到 2015 年新预算法实施，赋予地方政府举债权，地方政府债务规模不断增长。2017 年，审计署网站发布《财政部关于坚决制止地方政府违法违规举债遏制隐性债务增量情况的报告》，强调“健全地方政府债务问责机制，坚决查处问责违法违规行为”，并通报了有关地方违法违规举债及问责处理情况。地方政府债务在我国特殊的发展阶段，对经济社会健康发展和落实改革政策发挥了重要作用。但是，随着我国经济进入新常态，财政收支压力日增，叠加其他兜底线责任，防范财政风险愈加紧迫。总书记在党的十九大报告中强调，要更加自觉地防范各种风险，把防范化解重大风险放在了三大攻坚战的首位；2017 年 7 月全国金融工作会议、中央政治局会议、国务院常务会议先后强调，规范地方政府举债融资，落实属地责任，强化问责机制，积极稳妥化解地方政府债务风险，遏制地方政府违规举

债成为防风险的重中之重。此后历次中央重要的会议都提出防范系统性金融风险，地方政府债务风险都是其中的重要内容。

一、中国地方政府债务规模不断增长但风险总体可控

新修订的《中华人民共和国预算法》实施之前，地方政府无法定权限举债，但在当时的体制下，地方政府要促进经济社会持续健康和落实相关改革政策，凭借政府信用通过各种“平台”进行融资，我们称之为地方政府性债务。2014 年底，财政部对政府性债务进行甄别，属于政府偿还责任的归为地方政府债务，不属于政府偿还责任的归为市场，政府不再承担偿还责任。通过甄别将存量债务规模锁定，并通过债务置换，将非政府债券置换为政府债券，降低了地方政府利息支出。同时，由财政部代地方发行部分地方政府债券。

新修订的《中华人民共和国预算法》于 2015 年实施，赋予地方政府举债权。根据财政网站数据，截至 2022 年末，全国法定限额内政府债务余额 60.9 万亿元，政府整体的负债率（债务余额/GDP）为 50.35%，低于主要市场经济国家和新兴经济体水平，风险可控；地方政府债务余额 350618 亿元，债务率（债务余额/综合财力）略超 120%，地方政府债务风险程度进一步提高，但总体可控。

二、地方政府债务管理闭环机制不断完善

随着地方政府债务正式赋权发行，地方政府举债融资机制不断规范完善，基本形成覆盖地方政府债务管理的“闭环”风险防控体系。

（一）建立规范的地方政府举债融资管理机制

在《中共中央关于全面深化改革若干重大问题的决定》和全面深化改革方案基础上，完成预算法修订，并先后以国务院、财政部名义发布《关于加强地方政府性债务管理的意见》以及限额管理、地方政府一般债务和专项债务预算管理办法等一系列文件，建立规范的地方政府举债融资机制，赋予地方政府依法适度举债权限，明确了地方政府债务“谁来发、怎么发、怎么还”等问题。进一步明确“怎么管”问题，对地方政府债务实行规模控制，依法设置地方政府举债规模的“天花板”；强化预算管理，一般债务和专项债务分别纳入相应的一般公共预算和政府性基金预算管理，地方政府债务接

受人大和社会监督。

（二）建立地方政府债务风险管理机制

建立风险管理机制更好地控制和化解地方政府性债务风险。一是实施地方政府债务风险预警。综合运用债务率、偿债率等指标，每年组织评估、预警、通报地方各级政府债务风险情况，督促各省级政府制定风险化解规划或应急处置预案，多渠道筹集资金化解存量债务风险。二是风险应急处置机制。财政部门先后出台《地方政府性债务风险应急处置预案》《地方政府性债务风险分类处置指南》，对地方政府性债务风险应急处置作出系统性安排，妥善做好风险事件应急政策储备。三是建立地方政府债务日常监督机制。财政部门印发办法，授予专员办就地查处的权力，实现地方政府债务常态化监督。

同时，根据运行中的问题，出台文件规范管理，严禁借政府投资基金、政府和社会资本合作（PPP）、政府购买服务等名义变相举债，使具体领域管理更加明确细化，并对相关问题进行了整改。

（三）探索建立项目收益与偿债自求平衡的地方专项债券发行机制

在严格执行法定限额管理的基础上，财政部会同有关部门印发土地储备、政府收费公路专项债券管理办法，试点发行项目收益与融资自求平衡的专项债券品种，开好规范举债的“前门”。

三、地方政府隐性债务风险问题及原因

虽然地方政府债务风险总体可控，但个别地方政府通过融资平台公司、PPP、政府投资基金、政府购买服务等方式违法违规变相举债，问题核心在于超范围、超时限违规举债担保，超越财政承受能力，由此造成的风险不容忽视。地方政府违法违规举债原因，有的是被动为之，有的是主动所为。

（一）政府治理机制不健全，地方财政被动所为

有的地方党政领导干部未认真贯彻新发展理念，过度举债谋“政绩”，超出财力可能铺摊子，无序举债搞建设；有的地方政府建设项目缺乏统筹规划和长远考虑，或债务约束软化，只管举债建设、不管日后还钱。一些财政干部明知不可为而为之，导致这些违法违规或变相举借的债务缺乏预算约束，“借、用、还”管理脱节，形成企业借债、政府使用、偿债资金无法落

实的局面。

（二）供需双方权责不对等，地方被动回购（担保）

有的领域中央企业占据绝对市场优势，在项目进行中提出额外要求，如一些中央企业向金融机构融资后，通过合同约定由地方政府回购或保证最低收益等方式，参与地方政府项目建设，地方政府要推进项目，别无选择，不得回购（担保）不变相举债。

（三）部门预算管理缺位，项目实施责任不落实

有些地方和部门审核项目把关不严，在项目前期论证评估中，对举债建设项目财务可持续性评估不够，对项目市场前景和经济效益测算不科学，没有充分考虑地方政府还款能力，存在风险隐患。更有甚者，有些项目单位未按项目批复要求落实各项建设资金来源，加剧风险隐患。

（四）金融机构存在财政兜底幻觉，助推地方违规举债

在经济下行、"安全资产荒"的背景下，有些金融机构认为地方政府不会也不敢破产，存在财政兜底幻觉，把地方政府项目当作"安全资产"；加上政府背景项目融资规模大，利率弹性小，容易快速提升单位经营业绩和个人绩效奖励，对这类项目趋之若鹜，未按市场化原则严格评估项目风险，放松风险管控要求，违规提供融资。

（五）认识偏差导致违法违规融资行为问责不到位

不少地方政府没有落实属地管理责任，甚至认为违法违规举债上项目、搞建设有利于地方发展，对相关违法违规人员问责不到位，约束软化，导致违法违规举债行为不断出现。金融监管部门问责金融机构的制度尚不健全，对相关违法违规行为处罚不严。

四、完善地方政府债务管理的建议

针对地方政府隐性债务的问题，我们要高度重视，应该完善治理、消除各种隐性债务产生的诱因，控新增、化存量有效遏制地方政府隐性债务，注重长效机制建设，形成合力，打好防范化解重大风险的攻坚战。

（一）完善政府治理，强化财政约束

明确地方债属地管理责任及相应主体责任，建立终身问责、倒查责任制度，做到问责要准、要严，相关主体问责要形成合力，提升治理能力。严格执行预算法和担保法，强化财政法规约束，健全监督问责机制，提升财政治理能力。要督促省级政府健全责任追究机制，强化政府决策领导干部约束，消除地方隐性债务无序增长的内在压力。强化部门监督管理，从严审核把关，严禁建设形象工程、政绩工程以及脱离当地财力可能的项目；金融机构管控好金融闸门，做好尽职调查，严格商业化原则提供融资；中央企业强化遵循市场规则办事，不得违规要求地方政府担保或回购。

特别要强调违规债务风险中央不救助原则，给出明确信号，坚决打消地方政府认为中央政府会“买单”的“幻觉”和金融机构认为政府会兜底的“幻觉”。

（二）完善管理机制，增强规范举债能力

适度增加地方政府举债限额，满足地方政府的没有收益、但又不得不做的项目，如易地搬迁等项目需要；完善具有收益的项目，通过专项债融资的制度规定，支持地方自我良性发展的机制。

（三）合理利用市场机制，增强地方公共服务提供能力

完善政府与社会资本合作，廓清政府与社会资本合作的财政本质，提升各方认识，促使地方政府规范利用PPP、政府投资基金等方式，消除一切“异化”行为。创新方式支持市场化融资和担保，鼓励政府出资的担保公司依法依规提供融资担保服务，地方政府在出资范围内对担保公司承担责任。

（四）化解存量“隐患”，清除潜在动因

一是推动现存融资平台市场化转型，同时，切实防止异化形式的“平台”再生。二是积极化解存量隐性债务。建立市场化、法治化的债务违约处置机制，依法实现债权人、债务人共担风险，防止违约风险扩散蔓延。既抓好整改，促使存量隐性债务不断化解；又适度鼓励地方政府合法合规增信，防范存量债务资金链断裂风险。

（五）加快推进改革，健全长效管理机制

深化财税体制、投融资体制、金融改革，促进地方事权与财力适配性，减小地方偏倚举债的压力，强化主体的自我约束机制；全面推进地方政府债务公开，加强各方监管；加快编制以权责发生制为基础的政府综合财务报告；充分发挥市场机制激励约束作用，促进市场融资自律机制形成；推进政府债务立法，强化法律保障。

第四节　新发展阶段央地财政关系改革的思路建议

央地财政关系改革是财政改革的核心地位，与预算、税收形成一个有机整体，相互协同，共同致力于财政作为国家治理基础和重要支柱的作用，强化财政治理效能的发挥。在新时期我国步入新发展阶段，基于国家治理体系和治理能力现代化的目标要求，深化央地财政关系改革思路建议如下。

一、深化央地财政关系改革的思路

深化央地财政关系改革，是在改革中最重要也是最为复杂、最难推进的改革。不仅涉及经济问题，还涉及政治、社会等问题，同时面临价值形态管理的财政部门与实物形态管理的业务部门的关系协同处理问题，更面临央地政府间信息不对称存在的潜在道德风险和逆向选择问题，需要综合多维度、多层次、多因素考量，统筹涉及推进。第一，要创新指导政府间分权的理论。分税制改革初期借鉴的西方分权理论，底层的逻辑基础与我国有着根本的差别，意味着道路上最终可能会有不同的走向结果，因此我们需要在吸收分权理论共性的基础上，充分考虑我国单一制国家的政治要求，将“中央决策、地方执行”的基本原则落实到制度、体制以及权责内洽的治理机制上，切实推进央地财政关系治理改革。第二，要完善权责内洽的治理及风险出清机制。“中央决策、地方执行”的要求下，将决策者和执行者分离，但是最终解决则既取决于决策也取决于执行，需要对决策和执行的责任进行有效的界定和划分，形成权责匹配的治理机制，避免道德风险和逆向选择问题，有效促进央地财政关系之间的风险化解，防止风险的积聚和转嫁。第三，基于权责匹配机制将决策责任细化和具体化。对决策提出更高要求，将决策与最终的结果责任关联，完善决策的权责内洽机制，增强决策部门提高要求的动力，使决策和政策制度制定更加接地气、更可操作、更可行，避免决策与执行脱节。第四，审视中央事权实体化问题。机关化和实体化是中央事权改革的核心和关键问题，对于完善央地财政关系具有重要影响。事权的实体化有助于形成统一主体的权责一体化和内洽的问题，现实看有关部门倾向于回避责任，事权实体化不会有积极性，甚至会抵触，但是从权责内洽的治理机制看，这是必要的，可以采取渐进性逐步改革的方式推进。第五，推进央地财政事权和支出责任划分、完善转移支付制度改革。在上述理念逻辑基础上，考虑收支划分和转移支付制度改革，完善央地财政关系改革，完善央地财政治理机制。

二、深化央地财政治理改革的建议

（一）健全地方税体系，完善央地收入划分

财力协调是央地财政关系划分改革的重要目标之一，对中央和地方财力划分的调整也要适当给予地方更大自主性，要以健全地方税、直接税体系，完善以共享税为主体的收入划分模式为依据，加快中央与地方收入划分改革。

1. 健全地方税体系

培育地方税主体税种，除现有的增值税分享外，积极推进消费税改变征收环节后移并下放作为地方税种的改革；同时，积极研究推进房地产税改革，适时出台并作为地方税主体税种。通过完善地方税体系，培育地方税源，实现中央和地方财力格局的总体稳定完善，构建激励相容的政府间财政关系。

2. 适度扩大地方税收管理权

在中央统一立法和税种开征权的前提下，通过立法授权，适当扩大省级税收管理权限，授权省级根据本地经济社会发展实际和需要，依法确定地方税具体税率、税收优惠政策等事项。可以适当考虑因地制宜设置地方税税种，以弥补财权上收中央后地方财力不足、对转移支付依赖性较强的隐患，通过提高地方财政的自给能力来激励地方治理积极性的有效发挥。

同时，要加强财政管理和审计，进一步促进地方政府的税收优惠管理权的规范，避免出现“政策洼地”等区域间恶性竞争的局面，不利于公平的税收环境的形成，不利于全国统一大市场的形成。

3. 健全央地间财政收入划分

完善以共享税为主体的收入划分模式，探索消费税等税种从中央税向共享税转变，有效地解决地方政府承担基层事务较多而财政支撑不足的现状。进一步确定个人所得税中央和地方的分享比例，提高地方税收收入水平，弥

补地方的财政收支缺口。结合数字化、低碳化和老龄化的经济社会发展趋势，制定中央与地方收入划分的动态调整机制，避免由政府间税源分布变化导致的财力差距。

具体实践中，除了要以减税降费继续深化增值税“五五分享”、消费税征收环节后移并下放归地方的税收分享举措，还要结合事权划分改革以及相应的财力需求，努力在中央与地方之间寻求一个可计算、相对稳定、相对明确的制度安排。这一过程中要谨防“中央请客、地方买单”或“地方倒逼中央”的双向道德风险，这也是财政审计的重点。

（二）明晰事权与支出责任，健全权责匹配机制

立足“建立权责清晰、财力协调、区域均衡的中央和地方财政关系”的要求，必须要从适度增强中央财政事权、进一步明确共同事权中的央地责任等方面，着手进行财政事权改革，促进健全央地权责相匹配机制。

1. 进一步明晰政府与市场的关系，厘清政府职能边界

政府与市场关系的处理，是科学划分央地事权和支出责任的前提。如果政府的职能边界划分不清，那么央地之间的事权和支出责任无论如何也划分不清。因此，需要对政府的职能边界进行清晰化界定，并进行清单管理，并适时上升到法律层面强化约束力，避免“政府无限责任”的倾向。加强财政审计，强化对突破政府职责边界，违规将该市场化处理的事项转嫁为政府负担的事项。

2. 适当上收部分事权，增强中央财政支出责任

着力完善财力协调的央地关系格局。政府间财政事权划分要充分考虑受益范围、信息复杂程度，并有利于调动各方积极性。现代财政治理框架下，财政事权和财力分配关系的矛盾令中央和地方在事权承担上存在明显不匹配。垂直型行政管理模式下，中央上收财力过多，而又将大量的事权交给地方，如此收支矛盾下，地方“小马拉大车”的现象较为突出。为此，必须基于公共产品提供的普惠性、保基本、均等化方向，加强中央在保障国家安全、维护全国统一市场、体现社会公平正义、推动区域协调发展等方面的事权。中央上收部分事权，尤其是社会保障、全国性重大传染病防治、全国性大通道、全国性战略性自然资源使用和保护等，增强中央财政支出责任，改变“小马拉大车”的状况，减轻地方负担。要加强养老等事权的统筹的财政审计，要看政策文件已经要求的统筹层次，是否不折不扣地做到位，有没有

名义上统筹而实质上还是与下一级政府按照相应的体制结算的情况，同时探究事权上收过程中的阻力或障碍，并推进解决，支撑财政事权上收规格落实到位。

3. 明晰共同事权的权责，健全财力与事权匹配的机制

在各级财政之间，界定较多的共同财政事权，固然要考虑到我国人均一般公共预算财力在区域间不平衡的事实，以财政事权为基础，形成共同负担机制，有利于满足基本公共服务均等化需要。但客观地说，目前已出台的各领域事权和支出责任划分方案中，都或多或少地存在共同事权偏多的问题，中国特色的央地财政体制框架下，共同事权更偏向在支出层面的划分，实质上地方政府承担预算平衡的兜底责任。如果不加以解决，财力与事权匹配机制的构建也将仅停留在面上。共同财政事权事项的划分可以根据地区间异质性分地区实行差异化区分，弥补均衡性转移支付计算方式上的不足。同时要将共同事权的划分同转移支付制度的优化完善相结合，通过转移支付财力下沉来保障共同财政事权中地方财政职能的有效发挥，释放地方分级治理效能。当然，“水无常形，人无常势”，共同事权的划分也必须要根据经济社会发展需要以及各级政府财力增长状况，建立起高效运行的动态调整机制，于中央、地方以及市场三元关系框架内统筹考虑有关共同财政事权和支出责任的有效界定与履责。财政审计对共同事权的审计，要看事权划分是否清晰，是否存在明确了中央和地方的支出比例后，整体事项还存有缺口，加剧了地方的财政支出责任。

（三）优化转移支付结构，发挥转移支付资金绩效

1. 优化转移支付结构，推动专项整合由“物理整合”到“化学整合”

一是精简项目，优化结构，加大清理整合归并力度。进一步规范专项转移支付设立、评估和退出机制，精简现有专项，改变专项转移支付项目分散繁杂的现状。着力优化转移支付结构，增加均衡性转移支付的规模，保证各级政府职责的实现，缩小各地区政府财力差距。在优化转移支付结构改革中，加强对专项转移支付整合的审计，要促进“化学整合”，避免简单的“物理整合”，切实促进转移支付结构优化。

二是完善转移支付管理体制，消除部门多头管理和分配之弊端。增强政府间转移支付的统一性和完整性，明确财政部门为财政性转移支付唯一的实施和管理主体，取消系统内转移支付做法，上下级部门之间往来的专项资金

全部纳入财政转移支付，由财政统一予以安排，并纳入部门预算管理。要强化转移支付管理统一性的财政审计，对转移支付是否按时下达、按要求纳入预算管理等相关事项加强审计。对于困难地区有没有专项转移支付违规挪用如暂付款等的问题，也要加强审计。

三是探索“大专项＋任务清单”的模式。从预算编制和执行等环节加大专项资金的整合力度，探索转移支付“大专项＋任务清单”管理方式，尽可能避免各部门专项的交叉重叠。由于“专项”转移支付与部门利益紧密相连，“专项”转移支付的“碎片化”一定程度上体现为部门利益的固化。为了有效打破部门利益的藩篱，完善转移支付管理，可以借鉴在农业领域探索实践的“大专项＋任务清单”的模式，大专项由财政和部门根据任务需要合理确定财力保障，具体行业部门不再具体插手资金分配，而是将专项对应的本领域的任务具体化为可考核的工作，主要负责任务落实和监督，增强地方在执行“大专项”时的统筹性和适度的自主性。财政审计要适度增长包容性，对于地方发挥主动性整合使用专项资金的行为，要谨慎机械地按原来的办法判定是否违规，避免“错上加错”，适度改善此安置审计的评判尺度。

2. 健全转移支付分配办法，加力促进区域均衡发展

一是完善转移支付分配办法。在完善转移支付的人口、标准财政收入和支出等方面的基础上，进一步将公共服务的成本考虑到因素法分配中，如地标起伏度等，使转移支付从侧重“资金的均等化”转向“服务的均等化”。同时，加强财政激励因素在转移支付资金分配中的应用。将绩效结果与转移支付资金分配挂钩，提升资金使用效率和公共服务转化率。财政审计可以在转移支付促进基本公共服务均等化的层面，既要关注资金投入的维度，也要看服务产出的维度，将公共服务的行政成本作为重要的因素纳入考量的范围。

二实现转移支付由“人随钱走”转向“钱随人走”。中国社会转型发展的最大特点是从静态社会向动态社会转型，从劳动力流动向家庭（包括老人、儿童等）、人口迁徙转变，过去转移支付分配中的人口主要基于户籍人口进行分配，近些年虽然也考虑到常住人口，但是权重仍不够，非户籍的常住人口公共服务覆盖也不全。完善转移支付分配，需要更加突出常住人口因素的分配权重，做到“人随钱走”向“钱随人走”转变，更好适应社会转型需要，着力促进城乡、区域协调发展，促进人的市民化，体现以人为本的

理念。

3. 完善转移支付管理，充分发挥资金绩效

一是加强转移支付资金预算管理。统筹衔接四本预算，避免一般公共预算、政府性基金预算等转移支付项目重叠。及时下达专项资金，督促地方依法依规使用，杜绝超进度拨付或拨付至财政专户等违规行为，相关问题财政审计需要及时跟进关注。

二是完善资金直达机制。一方面不是转移支付资金直达的规模越多越好，对于项目在立项时可能面临天气等要素因素制约具有较大不确定性的转移支付资金，建议不要纳入资金直达机制管理。另一方面，已经纳入直达机制管理的资金，要提升基层的预算管理能力，包括项目的准备和论证、要素的保障等，使资金直达后就能马上实施，落地见效，避免"钱等项目"的问题。再者，特别是在资金直达机制下，要强化财政部门的资金计划与行业部门的业务计划协同推进，避免"钱等项目"的问题。对于直达资金，财政审计需要既从"钱"的角度关注财政资金下达的效率，也要从"事"的角度关注部门的计划下达的情况，强化两者协同，促进直达资金落地生效。

三是强化转移支付资金绩效评价。加大转移支付资金的全面预算绩效管理，尤其针对专项转移支付加大事前绩效评价，认真谋划布局一批民生保障项目和乘数效应明显的重点项目，进一步提高资金使用效能。此外，进一步加大绩效评价结果的运用，对地方政府形成有效的激励约束，确保每一分财政资金都花在刀刃上。

四是全面提高转移支付管理的规范性和有效性。规范资金分配程序，严格执行将转移支付资金分配事项纳入党组（党委）"三重一大"决策范围。核实资金分配基础数据，慎重对预算执行率极低地区继续分配，进一步取消合并小散专项，更好发挥财政资金撬动作用。决策失误的损失会更大，财政审计需要就转移支付决策强化审计，提升资金绩效。

4. 健全转移支付绩效审计评价体系

完善科学、可行和合理的转移支付绩效审计评价方法和指标体系，有利于切实提高转移支付资金使用效益。一是丰富定性评价与定量评价标准，全方位地对转移支付进行绩效审计，降低审计风险，确保审计评价质量。对于转移支付中可以通过量化指标进行评价的应当采用多角度、多层次的指标进行量化评价。二是注重评价指标的全面性，同时兼顾经济效益和社会效益。

在对一些较大规模的专项财政转移支付审计时，不仅应当全面地关注到资金的划分、拨付、管理以及使用等所有环节，将全过程纳入审计范围当中，还应当运用合适的审计方法，依据涉及经济效益、社会效益、生态效益等方面的各项指标，从经济性、社会性等层面对财政转移支付的效率、效益、效果进行全方位的审计评价。

（四）健全激励相容机制，发挥央地财政关系治理效能

1. 完善治理机制，充分发挥中央和地方两个积极性

治理是多元主体在规则既定的情况下，通过平等协商互动形成的利益均衡的结果。央地财政治理，地方作为治理的主体，在组织服从的架构情况下，应该有相对独立平等的主体关系，要完善治理机制，保障地方政府的诉求能够在治理机制中得以反映。基于中国幅员辽阔所带来的地区异质性，赋权地方，给予地方在分级治理中更大的自主性，是健全发挥两个积极性体制机制的题中应有之义。为此，一方面要立足事权划分中信息复杂程度与受益范围等原则，把大量直接切中地方现实需要且地方也能有效承接的事项下放地方，特别是行政审批、便民服务、资源配置、市场监管、综合执法、社会治理等具体事项，依靠地方信息与治理可及性的优势，通过大量事权的逐级下放来增强地方治理能力。另一方面要强化地方治理中的结果导向，把工作成效作为考核、督察、评价的根本标准，防止过度留痕、过多检查，切实为基层减负松绑；要强化容错机制，防止问责泛化，鼓励担当作为，支持地方围绕中央顶层设计进行差别化探索。

2. 健全权责机制，有效防止央地财政关系中的道德风险

中央决策中央执行和地方决策地方执行的事项，权责内洽程度高，责任管理相对容易，核心问题就是那些中央部门决策而由地方政府执行的事权，就需要在权责内洽方面高度重视。为防止央地财政关系中的道德风险，需要健全权责机制，对“中央决策、地方执行”的事权分清责任主体，中央决策的责任归属中央决策部门，地方决策和执行的责任归到地方政府，权责清晰化。既要避免中央部门只决策不负相应责任而导致地方执行面临两难的问题，比如有些专项资金依照部门意图分配导致资金碎片化，地方执行该项目则钱不足，不执行又面临进度考核问题，整合使用主动干事还要面临审计挪用的问题；再比如工资调标等问题，有的地方被动调标，又没有财力，最终形成拖欠等，这些决策责任在中央部门，执行难题在地方政府，迫切需要将

决策的责任与决策主体加以对应，考核监督，该谁的责任谁负责。又要避免地方不顾风险举债，倒逼中央兜底的道德风险。总之，需要健全权责内洽机制，提升地方自我决策、自我负责的能力，实现“中央统一决策、地方授权执行”与赋予地方自主权的有机统一。强化央地财政治理的审计，要强化系统理念，看地方有无超出水平发放津补贴、超出能力举借地方政府债务等问题，导致风险积累并倒逼转嫁给中央的情况。

3. 创新中国特色的央地财政管理理论

中国的分税制改革，注意基于国外市场化条件下财政分权理论，强调的是彻底的分权模式。就不同层次的政府按照事权项目划分，某项事权不是在中央，就是在地方，项目的决策、执行和绩效及责任都在一级政府之中，相对的权责内洽机制比较完善，责任机制也比较健全。但是，中国的“中央统一领导、地方授权执行”模式，西方的理论并不能针对性地给予指导，这就主要我国探索创新具有中国特色的财政分权理论，适应中国的分权模式，我们建议采用要素法划分，有别于项目法划分的彻底分权的模式，而是将事权按照决策、执行、监督等要素划分，同一项事权不同要素回归不同层级的政府，这样会更加适合中国的国情特色。核心就是需要分清决策的责任和执行的责任，并分别匹配不同的结果责任，形成权责内洽的治理机制，避免“决策者”不用为结果负责，而“执行者”对结果负责却对决策没有话语权的局面。

参考文献

1. 安德鲁·海伍德：《政治学核心概念》中译本，天津人民出版社 2008 年版。

2. 财政部《财政制度国际比较》课题组：《法国财政制度》，中国财政经济出版社 1998 年版。

3. 财政部干部教育中心组编：《现代政府间财政关系研究》，经济科学出版社 2017 年版。

4. 查尔斯·蒂利：《强制、资本和欧洲国家，公元 990—1992 年》，中译本，上海世纪出版社 2007 年版。

5. 陈共：《财政学对象的重新思考》，《财政研究》2015 年第 4 期。

6. 戴园晨、徐亚平：《财政体制改革与中央地方财政关系变化》，《经济学家》1992 年第 4 期。

7. 邓子基：《深化财政改革　理顺分配关系》，《经济研究》1992 年第 11 期。

8. 封丽霞：《国家治理转型的纵向维度——基于央地关系改革的法治化视角》，《东方法学》2020 年第 2 期。

9. 弗朗西斯·福山著，毛俊杰译：《政治秩序的起源：从前人类时代到法国大革命》，广西师范大学出版社 2014 年版。

10. 冯兴元：《地方政府竞争》，译林出版社 2010 年版。

11. 高培勇：《由适应市场经济体制到匹配国家治理体系——关于新一轮财税体制改革基本取向的讨论》，《财贸经济》2014 年第 3 期。

12. 高培勇：《新时代中国财税体制改革的理论逻辑》，《财政研究》2018 年第 11 期。

13. 郭庆旺：《以习近平新时代中国特色社会主义思想指导新时代中国

财政理论创新和财政制度建设》,《财政科学》2017 年第 11 期。

14. 《国务院关于推进中央与地方财政事权和支出责任划分改革的指导意见》(国发〔2016〕49 号),中华人民共和国中央人民政府网站,2016 年 8 月 24 日。

15. 哈耶克:《通往奴役之路》,中译本,中国社会科学出版社 2016 年版。

16. 何振一:《财政的集中与分散数量界限的研究》,《财政研究》1985 年第 1 期。

17. 嵇雷、巨英:《论我国中央与地方关系的内涵、特征与原则》,《法制与社会》2009 年第 36 期。

18. 贾康:《中国财政体制改革之后的分权问题》,《改革》2013 年第 2 期。

19. 贾康、白景明:《县乡财政解困与财政体制创新》,《经济研究》2002 年第 2 期。

20. 李俊生、乔宝云、刘乐峥:《明晰政府间事权划分,构建现代化政府治理体系》,《中央财经大学学报》2014 年第 3 期。

21. 李萍:《财政体制简明图解》,中国财政经济出版社 2010 年版。

22. 李学文、卢新海、张蔚文:《地方政府与预算外收入:中国经济增长模式问题》,《世界经济》2012 年第 8 期。

23. 林毅夫、刘志强:《中国的财政分权与经济增长》,《北京大学学报(哲学社会科学版)》2000 年第 4 期第 37 卷(总第 200 期)。

24. 刘承礼:《以政府间分权看待政府间关系:理论阐释与中国实践》,中央编译出版社 2016 年版。

25. 刘吉瑞:《论行政性分权和经济性分权》,《经济社会体制比较》1988 年第 3 期。

26. 刘尚希:《分税制的是与非》,《经济研究参考》2012 年第 7 期。

27. 刘尚希:《财政与国家治理:基于三个维度的认识》,《中国财经报》2015 年 7 月 7 日。

28. 刘尚希:《新中国 70 年发展的财政逻辑》,《中国财政》2019 年第 22 期。

29. 刘尚希:《推进城镇化要学会“打飞靶”》,《经济日报》2021 年 1

月 4 日第 5 版。

30. 刘尚希、吉富星：《公共产权制度：公共资源收益全民共享的基本条件》，《中共中央党校学报》2014 年第 5 期。

31. 刘尚希、李敏：《论政府间转移支付的分类》，《财贸经济》2006 年第 3 期。

32. 刘尚希、石英华、武靖州：《公共风险视角下中央与地方财政事权划分研究》，《改革》2018 年第 8 期。

33. 刘尚希、唐虎梅、傅志华、赵福昌、程瑜、郭丰、陈龙：《我国审判领域财政事权与支出责任划分改革研究》，《财政研究》2021 年第 5 期。

34. 刘尚希、武靖州：《从国家治理视角进一步推进财税体制改革》，《国家治理》2019 年第 40 期。

35. 刘尚希、赵大全：《辖区财政：财政体制改革的构想》，《地方财政研究》2013 年第 10 期。

36. 刘仲藜（口述）：《1994 年财税体制改革回顾》（汪文庆、刘一丁整理），《百年潮》2009 年第 4 期。

37. 楼继伟：《借鉴和改造“分权制”——政治经济体制综合改革思路探索》，《经济社会体制比较》1987 年第 1 期。

38. 楼继伟：《中国政府间财政关系再思考》，中国财政经济出版社 2013 年版。

39. 卢梭：《社会契约论》，中译本，商务印书馆 2017 年版。

40. 洛克：《政府论》，中译本，商务印书馆 2016 年版。

41. 吕冰洋：《现代政府间财政关系的构建》，《中国人民大学学报》2014 年第 5 期。

42. 吕冰洋：《“顾炎武方案”与央地关系构建：寓活力于秩序》，《财贸经济》2019 年第 10 期。

43. 吕炜、张妍彦、周佳音：《财政在中国改革发展中的贡献——探寻中国财政改革的实践逻辑》，《经济研究》2019 年第 9 期。

44. 马海涛，郝晓婧：《中央和地方财政事权与支出责任划分研究——以公共教育领域为例》，《东岳论丛》2019 年第 3 期，第 46 ~ 59 页、第 191 页。

45. 马骁，唐清利等：《遵从 · 背离 · 弥合——我国中央与地方财政关系的重构》，法律出版社 2014 年版。

46. 毛泽东：《论十大关系》，《人民日报》1976 年 12 月 26 日第 1 版。

47. 苗连营、王圭宇：《地方“人格化”、财政分权与央地关系》，《河南社会科学》2009 年第 2 期。

48. 钱穆：《中国历代政治得失》，三联书店 2001 年版。

49. 荣敬本，赖海榕：《关于县乡两级政治体制改革的比较研究——从村到乡镇民主制度建设的发展》，《经济社会体制比较》2000 年第 4 期。

50. 《社会主义产权制度与产权理论》课题组：《矛盾与前景：行政性分权与市场取向相结合的改革战略》，《改革》1991 年第 6 期。

51. 世界银行：《1997 年世界发展报告》，中国财政经济出版社 1997 年版，第 199 页。

52. 苏东斌：《当代中国经济思想史断录》，社会科学文献出版社 2009 年版。

53. 孙开：《财政联邦制的理论与实践——发达国家各级政府间财政关系探析》，《财政研究》1994 年第 11 期。

54. 谭波：《央地关系视角下的财权、事权及其宪法保障》，《求是学刊》2016 年第 1 期。

55. 吴敬琏、周小川、李剑阁：《关于各级政府职能和分层管理的思考》，《经济管理》1986 年第 12 期。

56. 谢旭人，《中国财政改革三十年》，中国财政经济出版社 2008 年版。

57. 熊伟：《财政分税制与地方预算自主权》，《武汉大学学报（哲学社会科学版）》（第 68 卷），2015 年第 3 期。

58. 许毅：《论财政分配结构与国民经济结构的关系》，《江西财经学院学报》1980 年第 1 期。

59. 许毅、沈经农：《经济大词典·财政卷》，上海辞书出版社 1987 年版。

60. 杨其静、聂辉华：《保护市场的联邦主义及其批判》，《经济研究》2008 年第 3 期。

61. 詹姆斯·B. 柯林斯：《君主专制政体下的财政极限》，上海财经大学出版社 2016 年版。

62. 张军、高远、傅勇、张弘：《中国为什么拥有了良好的基础设施?》，

《经济研究》2007 年第 3 期。

63. 赵福昌：《财政体制改革的治理逻辑》，《财政监督》2019 年第 12 期。

64. 赵福昌：《央地财政关系重构的新思路——〈国务院关于中央和地方财政事权划分改革的指导意见〉解读》，《紫光阁》2016 年第 10 期。

65. 赵福昌：《权责内恰机制是央地关系的核心》，《财政科学》2018 年第 8 期。

66. 赵人伟：《作为改革的方向和目标应是经济性分权和行政性分权的结合》，《经济研究》1987 年第 4 期。

67. 郑永年：《中国的"行为联邦制"：中央—地方关系的变革与动力》，东方出版社 2013 年版。

68. 中共中央马克思恩格斯列宁斯大林著作编译局编译：《马克思、恩格斯文集》第 1 卷，人民出版社 2009 年版。

69. 周朝阳：《进一步完善现行分税制预算管理体制》，《武汉交通科技大学学报（社会科学版）》2000 年第 1 期。

70. 周飞舟：《锦标赛体制》，《社会学研究》2009 年第 3 期。

71. 周黎安：《晋升博弈中政府官员的激励与合作——兼论我国地方保护主义和重复建设问题长期存在的原因》，《经济研究》2004 年第 4 期。

72. 周黎安：《行政发包制》，《社会》2014 年第 6 期。

73. 朱之鑫：《全面正确履行政府职能》，《求是》2013 年第 22 期。

74. Buchanan, J. M., 1965, "An Economic Theory of Clubs", *Economics*, 32 (125), 1 – 14.

75. Elazar, D., 1967, "American Federalism: A view from the states", *Journal of Politics*.

76. Groenendijk, Nico (2002). 'Fiscal Federalism Revisited' paper Presented at Institutions in Transition Conference Organized by IMAD, Slovania Ljubljana. King, David. 1984. Fiscal Tiers: The Economics of Multilevel Government, London: George Allen and Unwin.

77. Hayek, F. A., 1945, "The Use of Knowledge in Society", *The American economic review*, 35 (4), 519 – 530.

78. Jin, H., Y. Qian, and B. R. Weingast, 2005, "Regional Decentralization

and Fiscal Incentives: Federalism, Chinese Style", *Journal of Public Economics*, 89 (9-10), 1719-1742.

79. King, David (2009). Fiscal Tiers: The Economics of Multi-Level Government. London: George Allen and Unwin, 1984; Bird, Richard, Fiscal Federalism, 2009年7月5日下载, http://www.urban.org/UploadedPDF/1000529.pdf.

80. Maskin, E., Y. Qian, and C. Xu, 1997, "Incentives, Scale Economies and Organizational Form", Social Science Electronic Publishing, 41 (3-4), 122-128.

81. McGuire., 1972, "Private good clubs and public good clubs: Economic models of group formation", *The Swedish journal of economics*, 84-99.

82. Montinola, Gabriella, Ying-yi Qian, and Barry R. Weingast., 1995, "Federalism, Chinese style: the political basis for economic success in China." *World Politics* 48 (1) 50-81.

83. Musgrave, Richard (1959). Theory of Public Finance: A Study in Public Economy, New York: McGraw; Musgrave, Richard and Peggy Musgrave (1980): Public Finance in Theory and Practice. McGraw-Hill Book Company; Oates, Wallace (1972). Fiscal Federalism, New York: Harcourt Brace Jovanovich.

84. Oates, Wallace E. (1999). An Essay on Fiscal federalism, Journal of economic Literature, 37 (3), pp. 1120-1149.

85. O Oates, Wallace E.: Introduction (1998), in: Oates, Wallace E. (ed.): The Economics of Fiscal Federalism and Local Finance. Cheltenham and Northampton: Edward Elgar Publishing, p. xiv.

86. Qian and Roland., 1998, "Federalism and the soft budget constraint", *American economic review*, 1143-1162.

87. Qian and Weingast., 1996, "China's transition to markets: market-preserving federalism, Chinese style", *The Journal of Policy Reform*, 1 (2), 149-185.

88. Qian, Y., 1994, "Incentives and loss of control in an optimal hierarchy", *The Review of Economic Studies*, 61 (3), 527-544.

89. Richard A. Musgrave (1983), 'Who Should Tax, Where, and What?', in Charles E. McLure, Jr. (ed.), Tax Assignment in Federal Countries, Chap-

ter 1, Canberra: Centre for Research on Federal Financial Relations, Australian National University, 2 – 19.

90. Sharma, Chanchal Kumar. (2005a). When Does decentralization deliver? The Dilemma of Design, South Asian Journal of Socio-Political Studies 6 (1): 38 – 45, 以及 Sharma, Chanchal Kumar (2005b). The Federal Approach to Fiscal Decentralization: Conceptual Contours for Policy Makers, Loyola Journal of Social Sciences, XIX (2): 169 – 188。转引自维基百科,"fiscal federalism" 词条。

91. Stigler, G., 1957a, "Federal Expenditure Policy for Economic Growth and Stability", *Subcommittee on Fiscal Policy*, 213 – 219.

92. Stigler, G., 1957b, "Perfect competition, historically contemplated", *Journal of Political Economy*, 65 (1), 1 – 17.

93. Thiessen, U., 2003, "Fiscal decentralization and economic growth in high-income OECD Countries", *Fiscal Studies*, 24 (3), 237 – 274.

94. Tiebout, C. M., 1956, "A pure theory of local expenditures", *Journal of Political Economy*, 64 (5), 416 – 424.

95. Wallace E. Oates., 1972, 'Fiscal Federalism,' Books, Edward Elgar Publishing, number 14708.

96. Weingast, B. R., 2008, "Second generation fiscal federalism: The implications of fiscal incentives", *Journal of Urban Economics*, 65 (3), 279 – 293.

97. Weingast, B. R., 1995, "The economic role of political institutions: Market-preserving federalism and economic development", *JL Econ. & Org.*, 11, 1.

98. Weingast., 1999, "From federalism, Chinese style to privatization, Chinese style", *Economics of Transition*, 7 (11), 3 – 131.

后　记

财政是国家治理的基础和重要支柱，科学的财税体制是优化资源配置、维护市场统一、促进社会公平、实现国家长治久安的制度保障，中央和地方财政关系，又是大国财税体制的主体。我初识中央与地方财政关系是从经济维度开始的，但随着研究和认识的深化，颇感中央和地方财政关系远不止是经济问题，更是政治、法律等问题。今年恰逢分税制改革三十周年，改革的成效显著，提高“两个”比重、提升中央的宏观调控能力的改革初衷已圆满完成，并助力中国经济实现二十多年高速增长的奇迹。但是，由于中国与西方政治制度、体制底层逻辑的差异，改革初期借鉴西方分权理论的改革红利释放殆尽，底层逻辑的差异的矛盾问题日益突出；同时，叠加新形势、新情况下财政体制激励相容机制又面临新挑战。本书梳理了分税制实施三十年来的制度运行与成效，基于当前的问题和挑战，提出了解决问题的思路性探讨，可是中央与地方财政关系这个内容广阔、视角多维、运行机制复杂的问题，特别是政治制度差异及理论的底层逻辑的差异，中国的中央和地方财政关系在形成权责内洽机制、风险出清机制方面面临越来越大的挑战，亟待我们进行理论创新。本书只是一个开始和尝试，很多更重要、更深层次、更广维度的问题仍有待深化研究。

三十多年的学习、工作积累凝练成书，费时两年。值此成书之际，掩卷覃思，透过时间的面纱，久远的认知感悟如今仍历历在目。在此，特别感谢我的博士生导师项怀诚老师和硕士生导师陈穗红老师，感谢财科院（所）的领导和同事们，感谢出版社的编辑，感谢我的研究生。特别是本书成型的过程中，感谢中国财政科学研究院刘尚希院长，带领我们深入研讨央地财政体制，成文发表在《经济研究》；孙维、侯海波等同事们不仅在央地财政关系研究中与我一路同行，在工作中勇于分担，为我总结凝练思考完成本书提供了大力支持；出版社的编辑们在本书的设计、出版方面给出了重要的意见，付出了大量辛苦。此外，还有邵林涛、宋恒、赵久悦、刘英俊、王静等我的研究生也为本书成稿做了大量查补资料、核稿等工作，还有很多领导同事在学习工作中给予了大力支持，在此不再一一列举，一并表示诚挚感谢。

著者

2023 年 12 月 8 日